# みんなの日本語

初級II 第2版

## Minna no Nihongo

මූලික ජපන් භාෂාව II
පරිවර්තනය සහ ව්‍යාකරණ විස්තරය: සිංහලෙන්

翻訳・文法解説
シンハラ語版

スリーエーネットワーク

© 2024 by 3A Corporation

All rights reserved. No part of this publication may be reproduced, stored in a retrieval system or transmitted in any form or by any means, electronic, mechanical, photocopying, recording, or otherwise, without the prior written permission of the Publisher.

Published by 3A Corporation.
Trusty Kojimachi Bldg., 2F, 4, Kojimachi 3-Chome, Chiyoda-ku, Tokyo 102-0083, Japan

ISBN978-4-88319-960-0 C0081

First published 2024
Printed in Japan

# පෙරවදන

"සැමට ජපන් භාෂා ප්‍රවේශය" නමැති මෙම ග්‍රන්ථය එහි පරිසමාප්ත අර්ථයෙන්ම ප්‍රථම වරට ජපන් භාෂාව හදාරන සැමට වඩාත් සරලව සැහැල්ලුවෙන් ඉගෙනීමට හැකි වනු පිණිස මෙන්ම, ඉතා කැමැත්තෙන් සහ උනන්දුවෙන් ඉගැන්විය හැකි වනු පිණිස වසර තුනකට අධික කාලයක් පුරා සැලසුම් කොට සංස්කරණය කර ඇති පාඨ ග්‍රන්ථයක් වන අතර, "නව්‍ය ජපන් භාෂාවේ පදනම" නමැති ග්‍රන්ථයේ විකාශනයක් වශයෙන් සැලකිය හැකි සියලු පහසුකම් සහිත පාඨ ග්‍රන්ථයක් වේ.

ඔබ දන්නා පරිදි, "නව්‍ය ජපන් භාෂාවේ පදනම" නමැති ග්‍රන්ථය තාක්ෂණික පුහුණුව ලබන්නන් සඳහා සකසා ඇති පාඨ ග්‍රන්ථයක් වුවද, මූලික මට්ටමේ ජපන් භාෂාව ඉගැන්වීමේ මෙවලමක් වශයෙන් එම ග්‍රන්ථයේ අන්තර්ගතය ප්‍රාමාණික ව සැලසුම් කොට ඇති බැවින් මෙන්ම, කෙටි කාල වකවානුවක් තුළ ජපන් භාෂා සන්නිවේදන හැකියාව වර්ධනය කරගැනීමට බලාපොරොත්තුවෙන් සිටින සිසුන් සඳහා ඉතා ඉහළ කාර්යක්ෂමතාවකින් යුතුව ජපන් භාෂාව ග්‍රහණය කරගැනීමට අවස්ථාව සලසා දෙන බැවින් ද, අද දක්වාම ජපානය තුළ මෙන්ම විදේශ රටවල ද, ඉතා පුළුල් ආකාරයෙන් පරිශීලනය කරනු දක්නට ලැබේ.

ජපන් භාෂා අධ්‍යයනය ඉතා ශීඝ්‍රයෙන් ව්‍යාප්ත වෙමින් පවතී. ජාත්‍යන්තර සම්බන්ධතා වර්ධනයත් සමඟ විවිධ රටවල ජනතාව අතර අන්තර් පුද්ගල සන්නිවේදනය වඩාත් තීව්‍රවෙමින් පවතින අතරතුර, විවිධ පසුබිම් සහ අරමුණු සහිත විදේශකයින් ජපානයේ ප්‍රාදේශීය වශයෙන් විවිධ සමාජතලයන් හි පිළිගැනීමට ලක්ව තිබේ. මෙවැනි විදේශකයින්ගේ සංඛ්‍යාව ඉහළ යාමත් සමඟ ජපන් භාෂා අධ්‍යයනය වටා දිවෙන සමාජ පසුබිම වෙනස් වීම තුළින්, ජපන් භාෂා අධ්‍යාපනය ලබාදෙන එක් එක් ආයතන කෙරෙහි විශාල බලපෑමක් ඇතිව තිබේ. එබැවින් සිසුන්ගේ ඉගෙනුම් අවශ්‍යතා සම්බන්ධයෙන් සිදුව ඇති විපර්යාසයන්ට සිරිලන පරිදි අවශ්‍ය පියවර ගත යුතුව ඇත.

ඒ අනුව, 3 ඒ. නෙට්වර්ක් සමාගම විසින් ජපානයේදී මෙන්ම වෙනත් විදෙස් රටවල්වලදී ද දීර්ඝ කාලයක් පුරා ජපන් භාෂා අධ්‍යාපනයෙහි නියැළුණු බොහෝ දෙනෙකුගේ අදහස් සහ යෝජනා මත "සැමට ජපන් භාෂා ප්‍රවේශය" නමැති ග්‍රන්ථය ප්‍රකාශයට පත් කරන ලදී. "නව්‍ය ජපන් භාෂාවේ පදනම" නමැති ග්‍රන්ථයේ අන්තර්ගත ලක්ෂණ, ඉගෙනුම් කරුණු සහ පහසුවෙන් අවබෝධ කරගත හැකි ඉගෙනුම් ක්‍රම ආදිය පදනම් කරගනිමින්, විවිධ පසුබිම් සහිත සිසුන්ට ගැළපෙන පරිදි සංවාදමය අවස්ථා පිළිබඳ විශේෂ සැලකිල්ලක් යොමු කොට වඩාත් පුළුල් භාවිතයකට යෝග්‍ය වන පරිදි "සැමට ජපන් භාෂා ප්‍රවේශය" ග්‍රන්ථය සැලසුම් කර ඇත. එමෙන්ම සංවාදාත්මක අවස්ථාවන් නව්‍යකරණයට ලක් කිරීමෙන් ද, ජපානයේ මෙන්ම වෙනත් විදෙස් රටවල සිසුන්ට කිසිදු ගැටලුවකින් තොරව, ඒ ඒ රටවලට අනන්‍ය වූ ලක්ෂණවලට කිසිදු බලපෑමක් ඇති නොවන පරිදි, ජපන් භාෂා අධ්‍යයනය වඩාත් විනෝදයෙන් කළ හැකි වන පරිදි ග්‍රන්ථයේ අන්තර්ගතය තවදුරටත් වර්ධනය කිරීම සඳහා වඩාත් සූක්ෂ්ම ආකාරයෙන් සැලසුම් සකස් කරන ලදී.

"සැමට ජපන් භාෂා ප්‍රවේශය" නමැති ග්‍රන්ථය, රාජකාරි ස්ථාන, නිවස, පාසල, සමාජය යනාදි ස්ථානවල වඩාත් ඉක්මනින් ජපන් භාෂාවෙන් සන්නිවේදනය කිරීමේ අවශ්‍යතාවක් සහිත විදේශකයින් සඳහාම වන්නකි. මෙය ප්‍රාථමික මට්ටමේ ඉගැන්වීම් මෙවලමක් වුවද, විදේශකයින් සහ ජපන් ජාතිකයන් අතර ගනුදෙනු කිරීමේ සංවාදමය අවස්ථාවන්හි, ජපානය පිළිබඳ තොරතුරු, ජපන් ජාතිකයන්ගේ සමාජ ජීවිතය මෙන්ම

දෛනික ජීවිතය හැකි පමණින් පිළිබිඹු කිරීමට උත්සාහ කරනු ලැබ ඇත. මෙම ග්‍රන්ථය ප්‍රධාන වශයෙන්ම සාමාන්‍ය ජනතාව සඳහා වුවත්, විශ්වවිද්‍යාල ප්‍රවේශය සඳහා වන සූදානම් වීමේ පාඨමාලා සඳහා මෙන්ම, වෘත්තීය තාක්ෂණ විද්‍යාලවල සහ විශ්වවිද්‍යාලවල කෙටි කාලීන කඩිනම් පුහුණු පාඨමාලා සඳහා ද, අනිවාර්ය පාඨ ග්‍රන්ථයක් වශයෙන් නිර්දේශ කළ හැකි ග්‍රන්ථයකි.

විවිධ සිසුන්ගේ අවශ්‍යතාවන් මෙන්ම අධ්‍යාපන ආයතනවල විවිධ අවශ්‍යතාවන් සඳහා ද, අවශ්‍ය ඉගෙනීමේ ද්‍රව්‍ය අතිශය උනන්දුවෙන් නිර්මාණය කරමින් පවතින බැවින්, ඉදිරියටත් සියලු දෙනාගේ අනුග්‍රහය ඒ සඳහා බලාපොරොත්තුවෙන් සිටිමු.

මෙම ග්‍රන්ථය සංස්කරණය කරන අතුරතුර එක් එක් ක්ෂේත්‍රවලින් විවිධ අදහස් ඉදිරිපත් කරමින් මෙන්ම ග්‍රන්ථය විවිධ ආයතනවලදී අත්හදා බලමින් විශාල සහයෝගයක් ලබා දුන් සැමට කෘතඥ පූර්වක වෙමු. 3 ඒ. නෙට්වර්ක් සමාගම මඟින් ඉදිරියටත් ජපන් භාෂාව ඉගෙනීම සඳහා වූ ඉගෙනුම් මෙවලම් ප්‍රකාශයට පත් කිරීම මඟින් ලොව පුරා අන්තර්පුද්ගල සබඳතා පුළුල් කරනු පිණිස ඔබ සියලු දෙනාගේ නොමසුරු සහාය අපේක්ෂා කරන්නෙමු.

1998 ජූලි මස,

සීමාසහිත 3 ඒ.නෙට්වර්ක් සමාගම,

විධායක සභාපති ඔගාවා ඉවාඕ.

# දෙවෙනි මුද්‍රණයේ පෙරවදන

—''සැමට ජපන් භාෂා ප්‍රවේශය'' (දෙවෙනි මුද්‍රණය) ග්‍රන්ථයේ ප්‍රකාශනය සඳහා—

''සැමට ජපන් භාෂා ප්‍රවේශය'' නමැති ග්‍රන්ථයේ පළමුවන මුද්‍රණයේ පෙරවදනෙහි සඳහන් වූ පරිදි, තාක්ෂණික පුහුණුව ලබන්නන් සඳහා නිර්මාණය කර ඇති ''නව්‍ය ජපන් භාෂාවේ පදනම'' නමැති ග්‍රන්ථයේ විකාශනයක් ලෙස සැලකිය හැකි පාඨ ග්‍රන්ථයක් වශයෙන් ''සැමට ජපන් භාෂා ප්‍රවේශය'' (දෙවෙනි මුද්‍රණය) ප්‍රකාශයට පත් කරන ලදී.

මෙම ග්‍රන්ථයේ පළමුවන ප්‍රකාශනයේ ප්‍රථම මුද්‍රණය, 1988 වසරේ මාර්තු මස ප්‍රකාශයට පත්විය. ජාත්‍යන්තර සම්බන්ධතා වර්ධනයත් සමඟ, ජපන් භාෂා අධ්‍යයනය වටා දිවෙන සමාජ පරිසරය වෙනස් වීමෙන්, ජපන් භාෂාව හදාරන සිසුන්ගේ සංඛ්‍යාව ශීඝ්‍ර ලෙස වර්ධනය විය. ඒ සමඟම ඉගෙනුම් අරමුණු සහ ඉගෙනුම් අවශ්‍යතාවන්ගේ සිදු වූ විවිධත්වය අනුව ඊට උචිත පරිදි පියවර ගන්නා ලදී. ජපානයේදී මෙන්ම විදේශ රටවලදී ද ජපන් භාෂා අධ්‍යයනයෙහි නිරත වී සිටි සැමගේ අදහස් සහ යෝජනා මත ''සැමට ජපන් භාෂා ප්‍රවේශය'' නමැති ග්‍රන්ථය 3 ඒ. නෙට්වර්ක් සමාගම විසින් ප්‍රකාශයට පත් කරන ලදී.

පහසුවෙන් අවබෝධ කරගත හැකි ඉගෙනුම් කරුණු සහ ඉගෙනීමේ ක්‍රම, විවිධ පසුබිම් සහිත සිසුන්ට ගැළපෙන පරිදි වඩාත් පුළුල් ව භාවිත කළ හැකි වන අයුරින්, ඉගැන්වීමේ මෙවලමක් වශයෙන් ග්‍රන්ථයේ අන්තර්ගතය ප්‍රාමාණික ව සැලසුම් කොට ඇත. ඒ අනුව කෙටි කාල වකවානුවක් තුළ ජපන් භාෂා සන්නිවේදන හැකියාව වර්ධනය කරගැනීමට බලාපොරොත්තුවෙන් සිටින සිසුන්ට ඉතා ඉහළ කාර්යක්ෂමතාවකින් ඉගෙනීමට අවස්ථාව සලසා දෙන බැවින් ''සැමට ජපන් භාෂා ප්‍රවේශය'' නමැති ග්‍රන්ථය අගය කළ හැකි ය. එබැවින්, වසර 10කට වඩා වැඩි කාලයක් පුරා මෙම ග්‍රන්ථය භාවිත කරනු ලැබ ඇත. නමුත් ''භාෂාව'' කාලයත් සමඟ විකාශනය වේ. එම කාලයත් සමඟ ලෝකය ද ජපානය ද දැඩි පෙරළියට ලක්ව තිබෙන අතර, විශේෂයෙන්ම මෙම වසර කිහිපය තුළ ජපන් භාෂාව සහ එය හදාරන සිසුන්ගේ පසුබිම විශාල ලෙස වෙනස් වී ඇත.

මෙම තත්ත්වය පදනම් කරගෙන මෙවර අප සමාගම විසින් විදේශිකයින් ජපන් භාෂා අධ්‍යාපනය කෙරෙහි වඩ වඩාත් නැඹුරු කරගැනීම සඳහා ප්‍රකාශන සහ පුහුණු කිරීමේ වැඩ කටයුතු පිළිබඳ අත්දැකීම්, සිසුන්ගෙන් සහ අධ්‍යාපන ආයතනවලින් ලැබුණ අදහස් සහ ප්‍රශ්න සියල්ලන්ටම ප්‍රයෝජනවත් වන පරිදි ''සැමට ජපන් භාෂා ප්‍රවේශය I, II'' නමැති ග්‍රන්ථවල ඇතැම් කොටස් සංශෝධනය කරනු ලැබ ඇත.

සන්නිවේදන හැකියාව වර්ධනය කිරීම සහ වෙනස් වීගෙන යන කාලයත් සමඟ වර්තමානයට නුසුදුසු වචන සහ සංවාදමය අවස්ථා වෙනස් කිරීම මෙම සංශෝධනයේ අරමුණ වශයෙන් සඳහන් කළ හැකි ය. එමෙන්ම සිසුන් සහ අධ්‍යාපන ආයතන විසින් ඉදිරිපත් කරන ලද අදහස් කෙරෙහි අවධානය යොමු කරමින්, 'පහසුවෙන් ඉගෙනගත හැකි, පහසුවෙන් ඉගැන්විය හැකි' යන ප්‍රතිපත්තිය මත පදනම්ව අභ්‍යාස සහ ප්‍රශ්න වැඩි ප්‍රමාණයක් ඇතුළත් කරන ලදී. එහි අරමුණ වන්නේ, හුදෙක් උපදෙස් අනුව යාන්ත්‍රිකව පුහුණු නොවී, තමාගේ දැනුම මට්ටම තමන්ම වටහාගෙන, තම අදහස් ප්‍රකාශ කිරීමේ හැකියාව වර්ධනය කිරීම ය. ඒ සඳහා චිත්‍ර සටහන් බොහොමයක් භාවිත කරන ලදී.

මෙම ග්‍රන්ථය සංස්කරණය කරන අතුරතුර එක් එක් ක්ෂේත්‍රවලින් අදහස් ලබාදෙමින්, අධ්‍යාපන ආයතන

තුළ එම ග්‍රන්ථය අත්හදා බලමින් විශාල සහායක් ලබාදුන් සැමට කෘතඥ පූර්වක වෙමු. ඉදිරියටත් අප සමාගම ජපන් භාෂාව ඉගෙනීම සඳහා වූ ඉගෙනුම් මෙවලම් ප්‍රකාශයට පත් කිරීම මඟින් පුද්ගල සබඳතා වඩාත් ශක්තිමත් කරනු පිණිස ඔබ සියලු දෙනාගේ නොමසුරු සහයෝගය අපේක්ෂා කරන්නෙමු.

2013 ජනිවාරි මස,

සීමාසහිත 3 ඒ.නෙට්වර්ක් සමාගම,

විධායක සභාපති කොබයාෂි තකුජි.

# මෙම ග්‍රන්ථය පරිශීලනය කරනු ලබන පාඨකයන් වෙත

## I. ආකෘතිය

"සැමට ජපන් භාෂා ප්‍රවේශය II" ග්‍රන්ථයේ දෙවැනි මුද්‍රණය, "පෙළ පොත" (සංයුක්ත තැටි සහිත) සහ "පරිවර්තනය සහ ව්‍යාකරණ විස්තරය" යන කොටස්වලින් සමන්විත වේ. "පරිවර්තනය සහ ව්‍යාකරණ විස්තරය" සඳහා ඉංග්‍රීසි පරිවර්තිත පිටපත මෙන්ම ඊට අමතරව වෙනත් භාෂා දොළහකින් ද පිටපත් ප්‍රකාශයට පත් කිරීමට නියමිතව ඇත.

මෙම පාඨ ග්‍රන්ථය, ජපන් භාෂාව කතා කිරීම, සවන් දීම, කියවීම සහ ලිවීම යන සතර විධ ආකාරයෙන් හැදෑරීම සඳහා සකස් කරනු ලැබ තිබේ. එනමුත්, හිරගනා, කතකනා සහ කන්ජි යන අක්ෂර කියවීම හා ලිවීමට ඉගැන්වීම, මෙම "පෙළ පොත" හා "පරිවර්තනය සහ ව්‍යාකරණ විස්තරය" නමැති ග්‍රන්ථ ද්විත්වයට අන්තර්ගත කොට නොමැත.

## II. අන්තර්ගතය

### 1. පෙළ පොත

1) පාඩම

සැමට ජපන් භාෂා ප්‍රවේශය I දෙවැනි මුද්‍රණය (මුළු පාඩම් 25) ග්‍රන්ථයෙන් පසුව නිකුත්වූ ජපන් භාෂා ප්‍රවේශය 2 මුද්‍රණය 26 සිට 50 දක්වා පාඩම් වලින් සමන්විත වන අතර, එක් එක් පාඩම්වල අන්තර්ගතය පහත සඳහන් පරිදි වෙන් වෙන් වශයෙන් හඳුනාගත හැකි ය.

① වාක්‍ය රටාව

එක් එක් පාඩමෙන් විස්තර කරනු ලබන මූලික වාක්‍ය රටා පිළිබඳව සඳහන් කෙරේ.

② උදාහරණ වගන්ති

මූලික වාක්‍ය රටා සැබෑ ජීවිතයේ භාවිත වන ආකාරය පිළිබඳව කෙටි සංවාදයන් මඟින් ඉදිරිපත් කෙරේ. එමෙන්ම, ක්‍රියා විශේෂණ හෝ සමුච්චයාර්ථයේ නිපාත යනාදි අලුත් වචනවල භාවිතය මෙන්ම මූලික වාක්‍ය රටාවලට අමතරව උගත යුතු කරුණු පිළිබඳව ද සඳහන් කෙරේ.

③ සංවාදය

සංවාදවලදී හමුවන ජපානයෙහි ජීවත් වන විදේශිකයන් විසින් විවිධ කතා තේමාවන් ඉදිරිපත් කරනු ලබයි. එම සංවාද සකස් කරනු ලබන්නේ, එක් එක් පාඩමේ ඉගෙනගත යුතු කරුණුවලට අමතරව, දෛනිකව ආචාර කිරීමේදී භාවිත වන යෙදුම් යනාදි සාම්ප්‍රදායික යෙදුම් යොදාගනිමින් ඉදිරිපත් කරනු ලබන ප්‍රකාශනයන් ද ඇතුළත් කිරීමෙනි.

කාලය ප්‍රමාණවත් නම් "පරිවර්තනය සහ ව්‍යාකරණ විස්තරය" නමැති ග්‍රන්ථයේ සඳහන් වචන භාවිත කිරීමෙන් සංවාදයේ එන කතා වස්තු තව දුරටත් ඉදිරියට විස්තර කිරීම සුදුසු ය.

④ අභ්‍යාසය

අභ්‍යාසය A, B, C යන පියවර 3කින් සකස් කරනු ලබයි. ව්‍යාකරණ ව්‍යුහය පහසුවෙන් වටහාගත හැකි වන පරිදි වඩාත් ආකර්ෂණීය ස්වරූපයකින් අභ්‍යාස A සකසා ඇත. මූලික වාක්‍ය රටා හැසිරවිය හැකි වීම මෙන්ම, වර නැඟෙන රූප සකස් කරන ආකාරය, වාක්‍ය කොටස් එකිනෙකට සම්බන්ධ කිරීමේ ක්‍රමය යනාදි කරුණු පහසුවෙන් ඉගෙනගත හැකි ආකාරයෙන් ඉදිරිපත් කිරීම කෙරෙහි වැඩි අවධානයක් යොමු කොට ඇත.

අභ්‍යාස B හි අරමුණ වන්නේ, විවිධාකාර ක්‍රියාකාරකම් භාවිත කිරීමෙන් මූලික වාක්‍ය රටා මනාව හැසිරවීමට හැකියාව ය. කෙටි ඊතලයක් ‘➡’ මගින් නිරූපණය කෙරෙන රූපසටහන් ආශ්‍රයෙන් වාක්‍ය නිර්මාණය කරමින් පුහුණු විය යුතු අභ්‍යාස මෙමඟින් දැක්වේ.

අභ්‍යාස C යනු සන්නිවේදන හැකියාව වර්ධනය කිරීමේ අභ්‍යාස වේ. පෙළ පොතෙහි සඳහන් වූ සංවාදවල ඇති යටින් ඉරි ඇඳි වචන වෙනුවට එක් එක් අවස්ථාවලට අනුව සුදුසු වචන ආදේශ කරමින් කතාබහ කළ යුතු ය. නමුත් අදාළ වචන ආදේශ කිරීමේ ක්‍රියාකාරකමක් පමණක්ම බවට පත් නොවනු පිණිස තමන්ගේ තත්ත්වයන්ට ගැළපෙන පරිදි ආදර්ශ වාක්‍යවල ආදේශන වෙනස් කිරීමට, විෂය කාරණය පුළුල් කිරීමට සහ තව දුරටත් කතාබහ දිග හැරීමට අභ්‍යාස කළ යුතුය.

අභ්‍යාස B සහ අභ්‍යාස C සඳහා ආදර්ශ පිළිතුරු පෙළ පොතෙහි අවසානයේ දැක්වෙන උපග්‍රන්ථයේ අන්තර්ගත වේ.

### ⑤ අභ්‍යාස ප්‍රශ්න

සවන්දීමේ ප්‍රශ්න, ව්‍යාකරණ ප්‍රශ්න, කියවීමේ ප්‍රශ්න සහ ප්‍රායෝගික ප්‍රශ්න යනුවෙන් අභ්‍යාස ප්‍රශ්න වර්ග හතරකට බෙදෙයි. සවන්දීමේ ප්‍රශ්න්න කෙටි ප්‍රශ්නවලට පිළිතුරු සපයන ප්‍රශ්නවලින් සහ කෙටි සංවාදයකට සවන් දී ප්‍රධාන කරුණු ග්‍රහණය කර ගන්නා ප්‍රශ්නවලින් සමන්විත වේ. ව්‍යාකරණ ප්‍රශ්න මඟින් වචන සහ ව්‍යාකරණ පිළිබඳ අවබෝධය පරීක්ෂා කරනු ලැබේ. කියවීමේ ප්‍රශ්න සඳහා, කලින් ඉගෙන ගත් වචන සහ ව්‍යාකරණ අඩංගු වන වාක්‍ය මාලාව කියවීමෙන් පිළිතුරු දෙන විවිධ ආකාරවල ප්‍රශ්න ඇතුලත් වේ. එමෙන්ම, ප්‍රායෝගික ප්‍රශ්න සඳහා ඡේදවලට අදාළ මාතෘකා යටතේ ලිවීමේ සහ කතා කිරීමේ වැඩ කටයුතු ඇතුළත් වේ. මෙම පෙළ පොතෙහි අධ්‍යාපනික අරමුණු සඳහා පද බෙදා ලිවීමේ ක්‍රමය යෙදෙන නමුත් මධ්‍ය මට්ටමේ සිසුන් පද බෙදීම නොමැති වාක්‍යවලට ටිකෙන් ටික හුරුවීමට “සැමට ජපන් භාෂා ප්‍රවේශය II” ග්‍රන්ථයෙහි ඡේදවල පද බෙදා ලිවීමේ ක්‍රමය භාවිත කරනු නොලැබේ.

### ⑥ සමාලෝචනය

සෑම පාඩම් කිහිපයකටම පසුව ඉගෙනගත් කරුණුවලින් වැදගත්ම කරුණු සම්පිණ්ඩනය කොට දැක්වීම මෙහි අරමුණ වේ.

### ⑦ ක්‍රියා විශේෂණ, සමුච්චයාර්ථයේ නිපාත සහ සංවාදමය ස්වරූපයේ යෙදුම් පිළිබඳ සාරාංශය

එක් එක් පාඩමේ සඳහන් වූ ක්‍රියා විශේෂණ, සමුච්චයාර්ථයේ නිපාත සහ සංවාදමය ස්වරූපයේ යෙදුම් පිළිබඳ දැනුම ලබාදීම සඳහා උපකාර වන අභ්‍යාස සහ ප්‍රශ්න මෙම පාඨ ග්‍රන්ථයෙහි ඇතුළත් වී ඇත.

## 2) ක්‍රියා පදයේ රූප

මෙම පෙළ පොතෙහි (“සැමට ජපන් භාෂා ප්‍රවේශය I” ඇතුළුව) ඉදිරිපත් කර ඇති ක්‍රියා පදවල රූපවල සාරාංශය, ක්‍රියා පදවල අගට එකතු කරන ලද විවිධ ආකාර දක්වා ඇත.

## 3) ඉගෙනුම් කරුණු පිළිබඳ පෙළ පොතේ අවසානයේ සඳහන් වන ලැයිස්තුව

මෙම පාඨ ග්‍රන්ථයෙන් ඉදිරිපත් කරන ලද ඉගෙනුම් කරුණු, අභ්‍යාස A කේන්ද්‍ර කරගනිමින් පිළියෙල කොට ඇත. එම නිසා අභ්‍යාස B සහ අභ්‍යාස C අතර ඇති සම්බන්ධතාව වටහාගත හැකි වන අයුරින් වාක්‍ය රටා, උදාහරණ වගන්ති සකසා ඇත.

## 4) වචන සූචිය

1 සිට 50 දක්වා පාඩම් වල හඳුන්වා දී නව වචන සහ වාක්‍ය ඛණ්ඩ, ඒවා මුලින්ම හමුවන පාඩමෙහි ලැයිස්තු ගත කර ඇත.

5) අමුණා ඇති සී. ඩී. තැටි

එක් එක් පාඩමක සංවාදය, අභ්‍යාස ප්‍රශ්න සඳහා සවන් දිය යුතු කොටස් පටිගත කරන ලද සී.ඩී. තැටි පෙළ පොතට අමුණා ඇත.

## 2. පරිවර්තනය සහ ව්‍යාකරණ විස්තරය

26 සිට 50 දක්වා පාඩම් වල පහත සඳහන් කොටස් වලින් සමන්විත වේ.

① අලුත් වචන මාලාව සහ එම පරිවර්තනය

② වාක්‍ය රටා, උදාහරණ වගන්ති සහ සංවාදවල පරිවර්තන

③ එක් එක් පාඩම ඉගෙනීමට ප්‍රයෝජනවත් වන වචන මාලාව සහ ජපානය පිළිබඳ සරල හැඳින්වීම

④ වාක්‍ය රටා සහ යෙදුම් පිළිබඳ ව්‍යාකරණ විස්තරය

# III. ඉගෙනීමට අවශ්‍ය වන පැය ගණන

සාමාන්‍යයෙන් එක් පාඩමකට පැය 4 - 6ක් වශයෙන් එකතුව පැය 150ක් ඉගෙනීම සඳහා අවශ්‍ය වේ.

# IV. වචන මාලාව

දෛනික ජීවිතයෙහි වැඩි වාර ගණනක් භාවිත කරන වචන වලට ප්‍රමුඛත්වය ලබාදී වචන 1,000ක පමණ ප්‍රමාණයක් තෝරාගෙන ඇත.

# V. අක්ෂර වින්‍යාසය

ප්‍රතිපත්තියක් වශයෙන් පොදුවේ භාවිත වන කන්ජි අක්ෂර "දෛනික භාවිතය සඳහා කන්ජි අක්ෂර වගුව" (1981 වසර කැබිනට් දැනුම්දීම) යනුවෙන් ඉදිරිපත් කරන ලද වගුවට අනුව දක්වා ඇත.

1) "ජුකුජිකුං" (දෙකකට වඩා වැඩි කන්ජි අක්ෂරවලින් සංයෝග වී විශේෂ ආකාරයෙන් ශබ්ද වන කන්ජි) අතරින් "ජෝයෝ කන්ජි හොයෝ" නමැති කන්ජි අක්ෂර වගුවේ "හුහොයෝ" (උපග්‍රන්ථය) හි ඉදිරිපත් කරන ලද වචන කන්ජි අක්ෂරවලින් දක්වා ඇත.

උදා:- 友達(ともだち) මිතුරා　　果物(くだもの) පලතුරු　　眼鏡(めがね) උපැස් යුගල

2) රටවල්වල නම්, ස්ථාන නාම හෝ කලාව, සංස්කෘතිය යනාදි විශේෂ විෂය ක්ෂේත්‍රවල භාවිත වන වචන ලිවීම සඳහා "ජෝයෝ කන්ජි හොයෝ" නමැති කන්ජි අක්ෂර වගුවේ නොමැති කන්ජි අක්ෂර සහ "ඔන්කුන්" (චීන භාෂාවේ ශබ්ද කිරීම් මුල් කරගත් උච්චාරණ විධි සහ ජපන් භාෂාවේ උච්චාරණ විධි) අක්ෂර ද භාවිත කෙරේ.

උදා:- 大阪(おおさか) ඕසකා　　奈良(なら) නරා　　歌舞伎(かぶき) කබුකි

3) පහසුවෙන් කියවිය හැකි වන පරිදි ඇතැම් වචන ලියන විට කන්ජි අක්ෂර භාවිත නොකර හිරගන අක්ෂර භාවිත කෙරේ.

උදා:- ある(有(あ)る・在(あ)る) හිමිවෙනවා · තියෙනවා　　たぶん(多分(たぶん)) සමහරවිට
きのう(昨日(きのう)) ඊයෙ

4) ප්‍රතිපත්තියක් වශයෙන් සංඛ්‍යා දැක්වීම සඳහා අරාබි ඉලක්කම් භාවිත කෙරේ.

උදා:- 9時(じ) වේලාව නවය යි　　4月1日(がつついたち) අප්‍රේල් මාසෙ පළමුවෙනිදා
1つ(ひと) එකක්

## VI. ඊට අමතරව

1) වාක්‍යයක ලොප් කළ හැකි වචන වරහන් [ ] මඟින් නිරූපණය කරනු ලබයි.

උදා:- 父(ちち)は 54[歳(さい)]です。 තාත්තාට වයස [අවුරුදු] 54 යි.

2) වෙනත් වචන හෝ යෙදුම් ඇතොත් වරහන් ( ) මඟින් නිරූපණය කරනු ලබයි.

උදා:- だれ（どなた） කවුද

# පෙළ පොතේ සඳහන් ඉගෙනුම් කරුණු ඵලදායී ලෙස භාවිත කරනු ලබන ආකාරය

### 1. වචන කටපාඩම් කළ යුතු ය.

"හොන්යකු බුන්පෝ කයිසෙත්සු" නම් ග්‍රන්ථයේ එක් එක් පාඩමට අදාළ අලුත් වචන සහ එම පරිවර්තනය ඉදිරිපත් කෙරේ. එසේ ඉදිරිපත් වූ අලුත් වචන යොදා කෙටි වගන්ති සකස් කරමින් කටපාඩම් කිරීම වඩාත් සුදුසු ය.

### 2. වාක්‍ය රටා පුහුණු විය යුතු ය.

වාක්‍ය රටාවල අර්ථ නිවැරදිව අවබෝධ කරගෙන වාක්‍ය ස්වරූප නිවැරදිව හුරුපුරුදු වන තෙක් ශබ්ද නඟා "අභ්‍යාස A", "අභ්‍යාස B" පාඩම් කරන්න.

### 3. සංවාද පුහුණු විය යුතු ය.

"අභ්‍යාස C" යනු කෙටි ගනුදෙනු කිරීම් ය. මෙහි අරමුණ වන්නේ, වාක්‍ය රටා පුහුණු වීම පමණකින් සෑහීමකට පත් නොවී, සංවාදයක් පවත්වාගෙන යාමේ හැකියාව පුහුණු වීම ය. දෛනික ජීවිතයෙහි සැබෑ වශයෙන්ම මුහුණ දෙන අවස්ථාවන් මුල් කරගනිමින් සංවාදය සකස් කෙරේ. සංයුක්ත තැටිවලට සවන් දීමෙන් සැබෑ සංවාදයකදී සිදුකරනු ලබන ශාරීරික අංග චලන මනාව සංකලනය කොට ගනිමින් සංවාදයෙහි යෙදීම මඟින්, ස්වභාවිකව ගනුදෙනු කිරීමේ රිද්මය හුරුපුරුදු විය හැකි වේ.

### 4. උගත් පාඩම් කරුණු තහවුරු කරගත යුතු ය.

එක් එක් පාඩම මැනවින් අවබෝධ කරගැනීම සඳහා "අභ්‍යාස ප්‍රශ්න" ඇත. එමඟින් නිවැරදිව අවබෝධ කරගත් බව තහවුරු කරගත හැකි ය.

### 5. ස්වභාෂිකයන් සමඟ කරනු ලබන භාෂාමය ගනුදෙනු වලදී තමන් උගත් භාෂා කරුණු සැබෑ ලෙසම භාවිත කළ යුතු ය.

ඉගෙනගත් ජපන් භාෂාව භාවිත කරමින් ජපන් ජාතිකයන් සමඟ සංවාදයෙහි යෙදීම මඟින් ඉතා ඉක්මනින් භාෂා ප්‍රවීණත්වයට පත්විය හැකි ය.

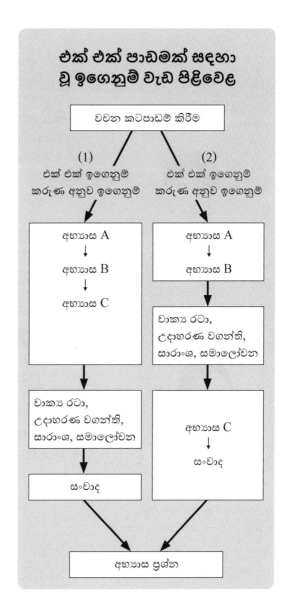

(1) හෝ (2) හි සඳහන් අනුපිළිවෙළින් ඉගෙනුම් කරුණු උගත යුතු ය. ඉගෙනුම් කරුණු පිළිබඳව පෙළ පොතේ අවසානයෙහි සඳහන් වන ලැයිස්තුව බලන්න.

# චරිත

**මයික් මිලර්**
ඇමෙරිකානු ජාතිකයෙකි,
අයි.එම්.සී සමාගමේ සේවකයෙකි

**සුසුකි යසුඕ**
ජපන් ජාතිකයෙකි,
අයි.එම්.සී. සමාගමේ සේවකයෙකි

**නකමුර අකිකො**
ජපන් ජාතිකයෙකි, අයි.එම්.සී.
සමාගමේ අලෙවි අංශයේ අංශ ප්‍රධානි

**ර් ජින් ජු**
කොරියානු ජාතිකයෙකි,
ඒ.කේ.සී ආයතනයේ පර්යේෂකයෙකි

**තවාපොන්**
තායිලන්ත ජාතිකයෙකි,
සකුරා විශ්වවිද්‍යාලයේ ශිෂ්‍යයෙකි

**කරීනා**
ඉන්දුනීසියානු ජාතිකයෙකි,
ෆුජි විශ්වවිද්‍යාලයේ ශිෂ්‍යයෙකි

**ඔගවා යොනෙ**
ජපන් ජාතිකයෙකි,
ඔගවා හිරොෂිගේ මව

**ඔගවා හිරොෂි**
ජපන් ජාතිකයෙකි,
මයික් මිලර්ගේ අසල්වැසියෙකි

**ඔගවා සචිකො**
ජපන් ජාතිකයෙකි,
සමාගමේ සේවකයෙකි

**කාර්ල් ස්මිත්**

ජර්මන් ජාතිකයෙකි, පවර් විදුලිබල සමාගමේ ඉංජිනේරුවරයෙකි

**ක්ලාරා ස්මිත්**

ජර්මන් ජාතිකයෙකි, ජර්මන් භාෂා ගුරුවරියකි

**ඉතෝ චිසෙකො**

ජපන් ජාතිකයෙකි, හිමවරි ප්‍රාථමික පාසලේ ගුරුවරියකි, හන්ස් ස්මිත්ගේ පන්ති භාර ගුරුවරිය

**තකහෂි තෝරු**

ජපන් ජාතිකයෙකි, පවර් විදුලිබල සමාගමේ සේවකයෙකි

**වතනබෙ අකෙමි**

ජපන් ජාතිකයෙකි, පවර් විදුලිබල සමාගමේ සේවකයෙකි

**හයෂි මකිකො**

ජපන් ජාතිකයෙකි, පවර් විදුලිබල සමාගමේ සේවකයෙකි

**ජෝන් වොට්**

බ්‍රිතාන්‍ය ජාතිකයෙකි, සකුරා විශ්වවිද්‍යාලයේ ඉංග්‍රීසි භාෂා ගුරුවරයෙකි

**මත්සුමොතො තදාෂි**

ජපන් ජාතිකයෙකි, අයි.එම්.සී. සමාගමේ ප්‍රධානි

**මත්සුමොතො යොෂිකො**

ජපන් ජාතිකයෙකි, ගෘහණියකි

**හන්ස්**

ජර්මන් ජාතිකයෙක්, 12 හැවිරිදි ප්‍රාථමික පාසලේ ශිෂ්‍යයෙකි, කාර්ල් සහ ක්ලාරා ස්මිත්ගේ පුතා

**ගුප්තා**

ඉන්දියානු ජාතිකයෙකි, අයි.එම්.සී සමාගමේ සේවකයෙකි

**කිමුරා ඉසුමි**

ජපන් ජාතිකයෙක්, නිවේදකයෙකි

※**IMC** (පරිගණක මෘදුකාංග සමාගමක්)

※**AKC** (アジア研究(けんきゅう)センター：ආසියානු පර්යේෂණ ආයතනය)

# පටුන

『みんなの日本語 初級Ⅰ 第2版』ග්‍රන්ථයේ
වාක්‍යකරණ විස්තරය, අදාළ වචන සහ තොරතුරු ······ 2
ඉගැන්වීම සඳහා භාවිත වන කියමන් ······ 6
භාවිත වූ සංකේත ······ 7

## විසිහයවන පාඩම ······ 8

I. වචන මාලාව
II. පරිවර්තනය
වාක්‍ය රටා සහ උදාහරණ වගන්ති
සංවාදය:
**කුණු දාන්නෙ කොහෙද?**
III. අදාළ වචන සහ තොරතුරු
**කසළ වර්ග කර බැහැර කරන ආකාරය**

IV. ව්‍යාකරණ විස්තර
1. ක්‍රියා පද / い- නාම විශේෂණ → සාමාන්‍ය රූපය → んです
   な- නාම විශේෂණ → සාමාන්‍ය රූපය / නාම පද → ～だ→～な → んです
2. ක්‍රියා පදයේ て රූපය いただけませんか
3. ප්‍රශ්නවාචී පද ක්‍රියා පදයේ た රූපය ら いいですか
4. නාම පද (කර්මය) は 好きです／嫌いです, 上手です／下手です, あります, ආදි

## විසිහත්වන පාඩම ······ 14

I. වචන මාලාව
II. පරිවර්තනය
වාක්‍ය රටා සහ උදාහරණ වගන්ති
සංවාදය:
**ඕන දෙයක් හදාගන්න පුළුවන් නේ.**
III. අදාළ වචන සහ තොරතුරු
**අසල ඇති වෙළඳ සැල**

IV. ව්‍යාකරණ විස්තර
1. හැකි බව දැක්වෙන ක්‍රියා පද
2. හැකි බව දැක්වෙන ක්‍රියා පද සහිත වාක්‍ය
3. 見えます සහ 聞こえます
4. できます
5. しか
6. නාම පද は (ප්‍රභේදය)
7. නිපාතවලට එකතු වූ පදවලට は නිපාතයෙන් අවධානය යොමු කිරීම

## විසිඅටවන පාඩම ······ 20

I. වචන මාලාව
II. පරිවර්තනය
වාක්‍ය රටා සහ උදාහරණ වගන්ති
සංවාදය:
**ව්‍යාපාර ගමන් ගොඩක් තියෙනවා. විභාගෙත් තියෙනවා...**
III. අදාළ වචන සහ තොරතුරු
**නිවසක් කුලියට ගැනීම**

IV. ව්‍යාකරණ විස්තර
1. ක්‍රියා පද$_1$ ます රූපය ながら ක්‍රියා පද$_2$
2. ක්‍රියා පදයේ て රූපය います
3. සාමාන්‍ය රූපය し、සාමාන්‍ය රූපය し、～
4. それで
5. ～ とき + නිපාත

# විසිනවවන පාඩම ······················································· 26

**I.** වචන මාලාව

**II.** පරිවර්තනය

වාක්‍ය රටා සහ උදාහරණ වගන්ති

සංවාදය:

**මගේ බෑග් එක අමතක වුණා.**

**III.** අදාළ වචන සහ තොරතුරු

**තත්ත්වය සහ ආකාරය**

**IV.** ව්‍යාකරණ විස්තර

1. ක්‍රියා පදයේ て රූපය　います
2. ක්‍රියා පදයේ て රූපය　しまいました／しまいます
3. නාම පද (ස්ථාන) に 行きます／来ます／帰ります
4. それ／その／そう
5. ありました
6. どこかで／どこかに

# තිස්වන පාඩම ························································· 32

**I.** වචන මාලාව

**II.** පරිවර්තනය

වාක්‍ය රටා සහ උදාහරණ වගන්ති

සංවාදය:

**පෙර සූදානම් බෑග් එකක්
සූදානම් කරගන්න ඕන.**

**III.** අදාළ වචන සහ තොරතුරු

**හදිසි අවස්ථාවකදී**

**IV.** ව්‍යාකරණ විස්තර

1. ක්‍රියා පදයේ て රූපය　あります
2. ක්‍රියා පදයේ て රූපය　おきます
3. まだ ＋ ඇත අර්ථය
4. とか
5. විභක්ති සුචක නිපාත ＋ も

# තිස්එක්වන පාඩම ··················································· 38

**I.** වචන මාලාව

**II.** පරිවර්තනය

වාක්‍ය රටා සහ උදාහරණ වගන්ති

සංවාදය:

**මම ඉවුන් පිහුන් ඉගෙන ගන්න
කියලා හිතාගෙන ඉන්නවා.**

**III.** අදාළ වචන සහ තොරතුරු

**විෂය ක්ෂේත්‍රය**

**IV.** ව්‍යාකරණ විස්තර

1. චේතනා රූපය
2. චේතනා රූපයේ භාවිතය
3. ක්‍රියා පදයේ ශබ්දකෝෂ රූපය ⎫
   ක්‍රියා පදයේ ない රූපය ない ⎭ つもりです
4. ක්‍රියා පදයේ ශබ්දකෝෂ රූපය ⎫
   නාම පද の ⎭ 予定です
5. まだ ක්‍රියා පදයේ て රූපය　いません
6. 帰ります － 帰り

## තිස්දෙවන පාඩම ·········································· 44

**I.** වචන මාලාව

**II.** පරිවර්තනය

වාක්‍ය රටා සහ උදාහරණ වගන්ති

සංවාදය:

**සෙණඛ්‍යය ගැන නොසලකා**

**ඔනෑවට වඩා මහන්සි වෙන්න**

**හොඳ නැ තෙ.**

**III.** අදාළ වචන සහ තොරතුරු

**කාලගුණ අනාවැකිය**

**IV.** ව්‍යාකරණ විස්තර

1. ක්‍රියා පදයේ た රූපය
   ක්‍රියා පදයේ ない රූපය ない $\Big\}$ ほうが いいです

2. ක්‍රියා පද
   い - නාම විශේෂණ $\Big\}$ සාමාන්‍ය රූපය $\Big\}$
   な - නාම විශේෂණ $\Big\}$ සාමාන්‍ය රූපය $\Big\}$ でしょう
   නාම පද $\Big\}$ ～だ

3. ක්‍රියා පද
   い - නාම විශේෂණ $\Big\}$ සාමාන්‍ය රූපය $\Big\}$
   な - නාම විශේෂණ $\Big\}$ සාමාන්‍ය රූපය $\Big\}$ かも しれません
   නාම පද $\Big\}$ ～だ

4. ක්‍රියා පදයේ ます රූපය ましょう

5. ප්‍රමාණවාචී සංඛ්‍යා පද で

6. 何か 心配な こと

## තිස්තුන්වන පාඩම ·········································· 50

**I.** වචන මාලාව

**II.** පරිවර්තනය

වාක්‍ය රටා සහ උදාහරණ වගන්ති

සංවාදය:

**මේකේ තේරුම මොකක්ද?**

**III.** අදාළ වචන සහ තොරතුරු

**සංඥාව**

**IV.** ව්‍යාකරණ විස්තර

1. විධාන රූපය සහ තහනම් රූපය

2. විධාන රූපය සහ තහනම් රූපය භාවිත කිරීමේ ක්‍රම

3. ～と 書いて あります／～と 読みます

4. Xは Yと いう 意味です

5. වාක්‍ය
   සාමාන්‍ය රූපය $\Big\}$ と 言って いました

6. වාක්‍ය
   සාමාන්‍ය රූපය $\Big\}$ と 伝えて いただけませんか

## තිස්හතරවන පාඩම ·········································· 56

**I.** වචන මාලාව

**II.** පරිවර්තනය

වාක්‍ය රටා සහ උදාහරණ වගන්ති

සංවාදය:

**මම කරපු විදියටම කරන්න.**

**III.** අදාළ වචන සහ තොරතුරු

**ආහාර පිසීම**

**IV.** ව්‍යාකරණ විස්තර

1. ක්‍රියා පද₁ た රූපය
   නාම පද の $\Big\}$ とおりに、ක්‍රියා පද₂

2. ක්‍රියා පද₁ た රූපය
   නාම පද の $\Big\}$ あとで、ක්‍රියා පද₂

3. ක්‍රියා පද₁ て රූපය
   ක්‍රියා පද₁ ない රූපය ないで $\Big\}$ ක්‍රියා පද₂

# තිස්පස්වන පාඩම ⋯⋯⋯⋯⋯⋯⋯⋯⋯⋯⋯⋯⋯⋯⋯⋯⋯ 62

**I.** වචන මාලාව

**II.** පරිවර්තනය

වාක්‍ය රටා සහ උදාහරණ වගන්ති

සංවාදය:

**කොහේ හරි හොඳ තැනක් නැද්ද?**

**III.** අදාළ වචන සහ තොරතුරු

**ප්‍රස්ථාව පිරුළු**

**IV.** ව්‍යාකරණ විස්තර

1. අසම්භාව්‍ය රූපය සාදා ගන්නා ආකාරය

2. අසම්භාව්‍ය රූපය、 ～

3. ප්‍රශ්නාවී පද ක්‍රියා පදයේ අසම්භාව්‍ය රූපය いいですか

4. නාම පද なら、 ～

5. ～は ありませんか (නිශේධනාර්ථ ප්‍රශ්නාවී වාක්‍ය)

# තිස්හයවන පාඩම ⋯⋯⋯⋯⋯⋯⋯⋯⋯⋯⋯⋯⋯⋯⋯⋯⋯ 68

**I.** වචන මාලාව

**II.** පරිවර්තනය

වාක්‍ය රටා සහ උදාහරණ වගන්ති

සංවාදය:

**හැමදාම ව්‍යායාම කරන්න උත්සාහ කරනවා.**

**III.** අදාළ වචන සහ තොරතුරු

**සෙඛ්‍යය**

**IV.** ව්‍යාකරණ විස්තර

1. ක්‍රියා පද$_1$ ශබ්දකෝෂ රූපය ⎱
   ක්‍රියා පද$_1$ ない රූපය ない ⎰ ように、ක්‍රියා පද$_2$

2. ක්‍රියා පදයේ ශබ්දකෝෂ රූපය ように なります

3. ක්‍රියා පදයේ ශබ්දකෝෂ රූපය ⎱
   ක්‍රියා පදයේ ない රූපය ない ⎰ ように します

4. 早（はや）い→早（はや）く　　上手（じょうず）な→上手（じょうず）に

# තිස්හත්වන පාඩම ⋯⋯⋯⋯⋯⋯⋯⋯⋯⋯⋯⋯⋯⋯⋯⋯⋯ 74

**I.** වචන මාලාව

**II.** පරිවර්තනය

වාක්‍ය රටා සහ උදාහරණ වගන්ති

සංවාදය:

**කින්කකු පන්සල දහහතර වෙනි ශත වර්ෂයේදී ඉදි කරලා තියෙන්නෙ.**

**III.** අදාළ වචන සහ තොරතුරු

**අනතුරු සහ සිද්ධි**

**IV.** ව්‍යාකරණ විස්තර

1. කර්මකාරක ක්‍රියා පද

2. නාම පද$_1$ (කෙනා$_1$) は නාම පද$_2$ (කෙනා$_2$) に කර්මකාරක ක්‍රියා පද

3. නාම පද$_1$ (කෙනා$_1$) は නාම පද$_2$ (කෙනා$_2$) に නාම පද$_3$ を කර්මකාරක ක්‍රියා පද

4. නාම පද (දෙයක්/සිද්ධික්) が／は කර්මකාරක ක්‍රියා පද

5. නාම පද から／නාම පද で つくります

6. නාම පද$_1$ の නාම පද$_2$

7. この／その／あの නාම පද (පිහිටුම)

## තිස්අටවන පාඩම ⋯⋯⋯⋯⋯⋯⋯⋯⋯⋯⋯⋯⋯ 80

**I.** වචන මාලාව

**II.** පරිවර්තනය

වාක්‍ය රටා සහ උදාහරණ වගන්ති

සංවාදය:

**පිළිවෙළට අස්පස් කරන එකට කැමතියි.**

**III.** අදාළ වචන සහ තොරතුරු

**පිහිටුම**

**IV.** ව්‍යාකරණ විස්තර

1. නාමිකකරණය කරන の

2. ක්‍රියා පදයේ ශබ්දකෝෂ රූපය のは නාම විශේෂණ です

3. ක්‍රියා පදයේ ශබ්දකෝෂ රූපය のが නාම විශේෂණ です

4. ක්‍රියා පදයේ ශබ්දකෝෂ රූපය の を 忘(わす)れました

5. ක්‍රියා පදයේ සාමාන්‍ය රූපය の を 知(し)っていますか

6. ක්‍රියා පද ⎫
い- නාම විශේෂණ ⎬ සාමාන්‍ය රූපය ⎫
な- නාම විශේෂණ ⎬ සාමාන්‍ය රූපය ⎬ のは නාම පද₂ です
නාම පද₁ ⎭ 〜だ→〜な ⎭

## තිස්නවවන පාඩම ⋯⋯⋯⋯⋯⋯⋯⋯⋯⋯⋯⋯ 86

**I.** වචන මාලාව

**II.** පරිවර්තනය

වාක්‍ය රටා සහ උදාහරණ වගන්ති

සංවාදය:

**පරක්කු වුණාට සමා වෙන්න.**

**III.** අදාළ වචන සහ තොරතුරු

**හැඟීම්**

**IV.** ව්‍යාකරණ විස්තර

1. 〜て（で）、〜

2. ක්‍රියා පද ⎫
い- නාම විශේෂණ ⎬ සාමාන්‍ය රූපය ⎫
な- නාම විශේෂණ ⎬ සාමාන්‍ය රූපය ⎬ ので、〜
නාම පද ⎭ 〜だ→〜な ⎭

3. 途中(とちゅう)で

## හතලිස්වන පාඩම ⋯⋯⋯⋯⋯⋯⋯⋯⋯⋯⋯⋯ 92

**I.** වචන මාලාව

**II.** පරිවර්තනය

වාක්‍ය රටා සහ උදාහරණ වගන්ති

සංවාදය:

**යාළුවෙක් ඉන්නවා ද නැද්ද කියලා හිතලා මම බයෙන් ඉන්නවා.**

**III.** අදාළ වචන සහ තොරතුරු

**ඒකකය, රේඛාව, හැඩතලය, රටාව**

**IV.** ව්‍යාකරණ විස්තර

1. ක්‍රියා පද ⎫
い- නාම විශේෂණ ⎬ සාමාන්‍ය රූපය ⎫
な- නාම විශේෂණ ⎬ සාමාන්‍ය රූපය ⎬ か、〜
නාම පද ⎭ 〜だ ⎭

2. ක්‍රියා පද ⎫
い- නාම විශේෂණ ⎬ සාමාන්‍ය රූපය ⎫
な- නාම විශේෂණ ⎬ සාමාන්‍ය රූපය ⎬ か どうか、〜
නාම පද ⎭ 〜だ ⎭

3. ක්‍රියා පදයේ て රූපය みます

4. い- නාම විශේෂණ（〜い）→〜さ

5. 〜でしょうか

# හතලිස්එක්වන පාඩම ⋯⋯⋯⋯⋯⋯⋯⋯⋯⋯⋯⋯⋯⋯ 98

**I.** වචන මාලාව

**II.** පරිවර්තනය

වාක්‍ය රටා සහ උදාහරණ වගන්ති

සංවාදය:

**සුබ මංගලම්.**

**III.** අදාළ වචන සහ තොරතුරු

**ප්‍රයෝජනවත් තොරතුරු**

**IV.** ව්‍යාකරණ විස්තර

1. ලබාදීම සහ ලබාගැනීම පිළිබඳ ප්‍රකාශන

2. ක්‍රියාවක් ලබාදීම සහ ලබාගැනීම

3. ක්‍රියා පදයේ て රූපය くださいませんか

4. නාම පද に ක්‍රියා පදය

---

# හතලිස්දෙවන පාඩම ⋯⋯⋯⋯⋯⋯⋯⋯⋯⋯⋯⋯⋯⋯ 104

**I.** වචන මාලාව

**II.** පරිවර්තනය

වාක්‍ය රටා සහ උදාහරණ වගන්ති

සංවාදය:

**බෝනස් එක මොන වගේ දෙයකට ද වියදම් කරන්නේ?**

**III.** අදාළ වචන සහ තොරතුරු

**ලිපි ද්‍රව්‍ය හා උපකරණ**

**IV.** ව්‍යාකරණ විස්තර

1. ක්‍රියා පදයේ ශබ්දකෝෂ රූපය ⎫
   නාම පද の ⎬ ために、〜

2. ක්‍රියා පදයේ ශබ්දකෝෂ の ⎫
   නාම පද ⎬ に 〜

3. ප්‍රමාණවාචී සංඛ්‍යා පද は／も

4. 〜に よって

---

# හතලිස්තුන්වන පාඩම ⋯⋯⋯⋯⋯⋯⋯⋯⋯⋯⋯⋯⋯⋯ 110

**I.** වචන මාලාව

**II.** පරිවර්තනය

වාක්‍ය රටා සහ උදාහරණ වගන්ති

සංවාදය:

**හැම දාම සතුටින් ඉන්නවා වගේ.**

**III.** අදාළ වචන සහ තොරතුරු

**ගතිගුණ සහ චරිත ලක්ෂණ**

**IV.** ව්‍යාකරණ විස්තර

1. 〜そうです

2. ක්‍රියා පදයේ て රූපය 来ます

3. ක්‍රියා පදයේ て රූපය くれませんか

---

# හතලිස්හතරවන පාඩම ⋯⋯⋯⋯⋯⋯⋯⋯⋯⋯⋯⋯⋯⋯ 116

**I.** වචන මාලාව

**II.** පරිවර්තනය

වාක්‍ය රටා සහ උදාහරණ වගන්ති

සංවාදය:

**මේ පින්තූරේ විදියට කරන්න.**

**III.** අදාළ වචන සහ තොරතුරු

**බාබර් සාප්පුව, සැලෝනය, රූපලාවන්‍යාගාරය**

**IV.** ව්‍යාකරණ විස්තර

1. ක්‍රියා පදයේ ます රූපය ⎫
   い- නාම විශේෂණ (〜い) ⎬ すぎます
   な- නාම විශේෂණ [な] ⎭

2. ක්‍රියා පදයේ ます රූපය ⎰ やすいです
   ⎱ にくいです

3. නාම පද₁ を ⎧ い- නාම විශේෂණ (〜い)→〜く ⎫
   ⎨ な- නාම විශේෂණ [な]→〜に ⎬ します
   ⎩ නාම පද₂ に ⎭

4. නාම පද に します

# හතලිස්පස්වන පාඩම ················· 122

**I.** වචන මාලාව

**II.** පරිවර්තනය

වාක\u200dය රටා සහ උදාහරණ වගන්ති

සංවාදය:

**කෝස් එක වැරදි නම්**

**මොකද කරන්නෙ?**

**III.** අදාළ වචන සහ තොරතුරු

**රෝහල**

**IV.** ව\u200dයාකරණ විස්තර

1. ක්‍රියා පදයේ ශබ්දකෝෂ රූපය

ක්‍රියා පදයේ ない රූපය ない

ක්‍රියා පදයේ た රූපය

い- නාම විශේෂණ (〜い)

な- නාම විශේෂණ な

නාම පද の

$\Bigg\}$ 場合は、〜

2. ක්‍රියා පද

い- නාම විශේෂණ $\Big\}$ සාමාන\u200dය රූපය

な- නාම විශේෂණ $\Big\}$ සාමාන\u200dය රූපය

නාම පද $\Big\}$ 〜だ→〜な

$\Bigg\}$ のに、〜


# හතලිස්හයවන පාඩම ················· 128

**I.** වචන මාලාව

**II.** පරිවර්තනය

වාක\u200dය රටා සහ උදාහරණ වගන්ති

සංවාදය:

**ගිය සතියෙ අලත්වැඩියා**

**කරවගත්තා විතරයි. ආයෙත්...**

**III.** අදාළ වචන සහ තොරතුරු

**කතකන වචනවල මූලයන්**

**IV.** ව\u200dයාකරණ විස්තර

1. ක්‍රියා පදයේ ශබ්දකෝෂ රූපය

ක්‍රියා පදයේ て රූපය いる

ක්‍රියා පදයේ た රූපය

$\Big\}$ ところです

2. ක්‍රියා පදයේ た රූපය ばかりです

3. ක්‍රියා පදයේ ශබ්දකෝෂ රූපය

ක්‍රියා පදයේ ない රූපය ない

い- නාම විශේෂණ (〜い)

な- නාම විශේෂණ な

නාම පද の

$\Bigg\}$ はずです


# හතලිස්හත්වන පාඩම ················· 134

**I.** වචන මාලාව

**II.** පරිවර්තනය

වාක\u200dය රටා සහ උදාහරණ වගන්ති

සංවාදය:

**විවාහ ගිවිස ගත්තා ලු.**

**III.** අදාළ වචන සහ තොරතුරු

**ශබ්දානුකරණය**

**IV.** ව\u200dයාකරණ විස්තර

1. සාමාන\u200dය රූපය そうです

2. ක්‍රියා පද

い- නාම විශේෂණ $\Big\}$ සාමාන\u200dය රූපය

な- නාම විශේෂණ $\Big\}$ සාමාන\u200dය රූපය 〜だ→〜な

නාම පද $\Big\}$ සාමාන\u200dය රූපය 〜だ→〜の

$\Bigg\}$ ようです

3. 声／音／におい／味が します

# හතලිස්අටවන පාඩම ·········································· 140

**I. වචන මාලාව**

**II. පරිවර්තනය**

වාක්‍ය රටා සහ උදාහරණ වගන්ති

සංවාදය:

**කරුණාකරලා මට නිවාඩු ගන්න දෙනවා ද?**

**III. අදාළ වචන සහ තොරතුරු**

**හික්මවනවා, ශරීරය පුහුණු කරනවා**

**IV. ව්‍යාකරණ විස්තර**

1. ප්‍රයෝජ්‍ය ක්‍රියා පද
2. ප්‍රයෝජ්‍ය ක්‍රියා පද අඩංගු වාක්‍ය
3. ප්‍රයෝජ්‍ය ක්‍රියා පදයේ භාවිතය
4. ප්‍රයෝජ්‍ය ක්‍රියා පදයේ て රූපය いただけませんか

# හතලිස්නවවන පාඩම ·········································· 146

**I. වචන මාලාව**

**II. පරිවර්තනය**

වාක්‍ය රටා සහ උදාහරණ වගන්ති

සංවාදය:

**මතක් කළා කියන්න.**

**III. අදාළ වචන සහ තොරතුරු**

**සැතු උත්සව**

**IV. ව්‍යාකරණ විස්තර**

1. 敬語 (ආචාරශීලී පද)
2. 尊敬語 (ගෞරව වාචී පද)
3. ආචාරශීලී පද සහ ලිවීමේ විලාසය
4. ～まして
5. ～ますので

# පනස්වන පාඩම ·········································· 152

**I. වචන මාලාව**

**II. පරිවර්තනය**

වාක්‍ය රටා සහ උදාහරණ වගන්ති

සංවාදය:

**හද පත්ලෙන්ම ස්තුතිවන්ත වෙනවා.**

**III. අදාළ වචන සහ තොරතුරු**

**තැපැල් ලිපිනය සහ ලබන්නාගේ නම ලියන ආකාරය**

**IV. ව්‍යාකරණ විස්තර**

1. 謙譲語 I (නිහතමාන වාචී පද I (ක්‍රියා පද))
2. 謙譲語 II (නිහතමාන වාචී පද II (ක්‍රියා පද))

# 『みんなの日本語 初級Ⅰ 第２版』 ග්‍රන්ථයේ
# ව්‍යාකරණ විස්තරය, අදාළ වචන සහ තොරතුරු

## පළමුවන පාඩම

1. නාම පද$_1$ は නාම පද$_2$ です
2. නාම පද$_1$ は නාම පද$_2$ じゃ(では) ありません
3. නාම පද$_1$ は නාම පද$_2$ ですか
4. නාම පද も
5. නාම පද$_1$ の නාම පද$_2$
6. ～さん

අදාළ වචන සහ තොරතුරු

**රට, ජාතිය සහ භාෂාව**

## දෙවන පාඩම

1. これ／それ／あれ
2. この නාම පද／その නාම පද／あの නාම පද
3. そうです
4. ～か、～か
5. නාම පද$_1$ の නාම පද$_2$
6. නාම පද වෙනුවෙන් යෙදෙන の
7. お～
8. そうですか

අදාළ වචන සහ තොරතුරු **නම්**

## තුන්වන පාඩම

1. ここ／そこ／あそこ／こちら／そちら／あちら
2. නාම පද は ස්ථාන です
3. どこ／どちら
4. නාම පද$_1$ の නාම පද$_2$
5. こ／そ／あ／ど (නිදර්ශක පද)
6. お～

අදාළ වචන සහ තොරතුරු

**සුපිරි වෙළඳ සංකීර්ණය**

## හතරවන පාඩම

1. 今(いま) －時(じ)－分(ふん)です
2. ක්‍රියා පද ます／ක්‍රියා පද ません／ක්‍රියා පද ました／ක්‍රියා පද ませんでした
3. නාම පද (වේලාව) に ක්‍රියා පද
4. නාම පද$_1$ から නාම පද$_2$ まで
5. නාම පද$_1$ と නාම පද$_2$
6. ～ね

අදාළ වචන සහ තොරතුරු

**දුරකථනය සහ ලියුම**

## පස්වන පාඩම

1. නාම පද (ස්ථානය) へ 行(い)きます／来(き)ます／帰(かえ)ります
2. どこ[へ]も 行(い)きません／行(い)きませんでした
3. නාම පද (වාහන) で 行(い)きます／来(き)ます／帰(かえ)ります
4. නාම පද (කෙනෙක්/සතෙක්) と ක්‍රියා පද
5. いつ
6. ～よ
7. そうですね

අදාළ වචන සහ තොරතුරු

**මහජන නිවාඩු දින**

## හයවන පාඩම

1. නාම පද を ක්‍රියා පද (සකර්මක ක්‍රියාව)
2. නාම පද を します
3. 何(なに)を しますか
4. なん සහ なに
5. නාම පද (ස්ථානය) で ක්‍රියා පද
6. ක්‍රියා පද ませんか
7. ක්‍රියා පද ましょう
8. ～か

අදාළ වචන සහ තොරතුරු **ආහාර**

## හත්වන පාඩම

1. නාම පද (උපකරණය/උපක්‍රමය) で ක්‍රියා පද
2. “වචන/වාක්‍ය” は ～語で 何ですか
3. නාම පද$_1$ (කෙනෙක්) に නාම පද$_2$ を
   あげます ආදි
4. නාම පද$_1$ (කෙනෙක්) に නාම පද$_2$ を
   もらいます ආදි
5. もう ක්‍රියා පද ました
6. නිපාත ලොප් කිරීම

අදාළ වචන සහ තොරතුරු **පවුල**

## අටවන පාඩම

1. නාම විශේෂණ
2. නාම පද は な- නාම විශේෂණ [な]です
   නාම පද は い- නාම විශේෂණ (～い)です
3. な- නාම විශේෂණ な නාම පද
   い- නාම විශේෂණ (～い) නාම පද
4. ～が、～
5. とても／あまり
6. නාම පද は どうですか
7. නාම පද$_1$ は どんな නාම පද$_2$ ですか
8. そうですね

අදාළ වචන සහ තොරතුරු

**වර්ණය සහ රසය**

## නවවන පාඩම

1. නාම පද が あります／わかります
   නාම පද が 好きです／嫌いです／
   上手です／下手です
2. どんな නාම පද
3. よく／だいたい／たくさん／少し／
   あまり／全然
4. ～から、～
5. どうして

අදාළ වචන සහ තොරතුරු

**සංගීත, ක්‍රීඩා සහ චිත්‍රපට**

## දහවන පාඩම

1. නාම පද が あります／います
2. ස්ථාන に නාම පද が あります／います
3. නාම පද は ස්ථාන に あります／います
4. නාම පද$_1$ (දෙයක්/කෙනෙක්/ස්ථානයක්) の
   නාම පද$_2$ (නිශ්චිත ස්ථානයක්)
5. නාම පද$_1$ や නාම පද$_2$
6. アジアストアですか

අදාළ වචන සහ තොරතුරු **නිවසේ ඇතුළ**

## එකොළොස්වන පාඩම

1. සංඛ්‍යාව සහ ප්‍රමාණය පිළිබඳ භාවිතය
2. ප්‍රමාණවාචී සංඛ්‍යා පද යොදන ආකාරය
3. ප්‍රමාණවාචී සංඛ්‍යා ප්‍රත්‍ය (කාල වකවානුව) に 一回
   ක්‍රියා පද
4. ප්‍රමාණවාචී සංඛ්‍යා ප්‍රත්‍ය だけ／නාම පද だけ

අදාළ වචන සහ තොරතුරු

**ආහාර ලැයිස්තුව**

## දොළොස්වන පාඩම

1. නාම පද හෝ な- නාම විශේෂණ ආඛ්‍යාතය
   වශයෙන් යෙදෙන වාක්‍යයක, කාලය/
   නිශ්චිතත්වය/ප්‍රතිෂේධනය
2. い- නාම විශේෂණ ආඛ්‍යාතය වශයෙන් යෙදෙන
   වාක්‍යයක, කාලය/නිශ්චිතත්වය/ප්‍රතිෂේධනය
3. නාම පද$_1$ は නාම පද$_2$ より නාම විශේෂණ です
4. නාම පද$_1$ と නාම පද$_2$ と どちらが
   නාම විශේෂණ ですか
   ……නාම පද$_1$／නාම පද$_2$ のほうが
   නාම විශේෂණ です
5. නාම පද$_1$ [の 中]で 何／どこ／だれ／
   いつが いちばん නාම විශේෂණ ですか
   ……නාම පද$_2$ が いちばん නාම විශේෂණ です
6. නාම විශේෂණ の (නාම පද වෙනුවට යෙදෙන の)

අදාළ වචන සහ තොරතුරු

**උත්සව සහ ප්‍රසිද්ධ ස්ථාන**

## දහතුන්වන පාඩම

1. නාම පද が 欲(ほ)しいです
2. ක්‍රියා පදයේ ます රූපය たいです
3. නාම පද (ස්ථාන) へ { ක්‍රියා පදයේ ます රූපය / නාම පද } に
   行(い)きます／来(き)ます／帰(かえ)ります
4. どこか／何(なに)か
5. ご～

අදාළ වචන සහ තොරතුරු **ටවුම**

## දහහතරවන පාඩම

1. ක්‍රියා පද වර්ග
2. ක්‍රියා පදයේ て රූපය
3. ක්‍රියා පදයේ て රූපය ください
4. ක්‍රියා පදයේ て රූපය います
5. ක්‍රියා පදයේ ます රූපය ましょうか
6. නාම පද が ක්‍රියා පද
7. すみませんが

අදාළ වචන සහ තොරතුරු **දුම්රිය ස්ථානය**

## පහළොස්වන පාඩම

1. ක්‍රියා පදයේ て රූපය も いいですか
2. ක්‍රියා පදයේ て රූපය は いけません
3. ක්‍රියා පදයේ て රූපය います
4. නාම පද に ක්‍රියා පද
5. නාම පද$_1$ に නාම පද$_2$ を ක්‍රියා පද

අදාළ වචන සහ තොරතුරු **රැකියා**

## දහසයවන පාඩම

1. වාක්‍ය දෙකකට වැඩියෙන් එකිනෙකට සම්බන්ධ කරන ආකාරය
2. ක්‍රියා පද$_1$ て රූප から、ක්‍රියා පද$_2$
3. නාම පද$_1$ は නාම පද$_2$ が නාම විශේෂණ
4. නාම පද を ක්‍රියා පද
5. どうやって
6. どれ／どの නාම පද

අදාළ වචන සහ තොරතුරු

**ඒ.ටී.එම්. යන්ත්‍රය භාවිත කිරීමේ ක්‍රමය**

## දහහත්වන පාඩම

1. ක්‍රියා පදයේ ない රූපය
2. ක්‍රියා පදයේ ない රූපය ないで ください
3. ක්‍රියා පදයේ ない රූපය なければ なりません
4. ක්‍රියා පදයේ ない රූපය なくても いいです
5. කර්ම පද මාතෘකාකරණයට ලක් කිරීම
6. නාම පද (වේලාව) までに ක්‍රියා පද

අදාළ වචන සහ තොරතුරු

**ශරීරය සහ අසනීපය**

## දහඅටවන පාඩම

1. ක්‍රියා පදයේ ශබ්දකෝෂ රූපය
2. { නාම පද / ක්‍රියා පදයේ ශබ්දකෝෂ රූපය こと } が できます
3. わたしの 趣味(しゅみ)は
   { නාම පද / ක්‍රියා පදයේ ශබ්දකෝෂ රූපය こと } です
4. { ක්‍රියා පදයේ$_1$ ශබ්දකෝෂ රූපය / නාම පද の / ප්‍රමාණවාචී සංඛ්‍යා පද (කාල පරාසය) } まえに、ක්‍රියාපද$_2$
5. なかなか
6. ぜひ

අදාළ වචන සහ තොරතුරු **ක්‍රියා**

## දහනවවන පාඩම

1. ක්‍රියා පදයේ た රූපය
2. ක්‍රියා පදයේ た රූපය ことが あります
3. ක්‍රියා පද$_1$ た රූප り、ක්‍රියා පද$_2$ た රූප り します
4. { い-නාම විශේෂණ (～い̸)→～く / な-නාම විශේෂණ [な̸]→～に / නාම පද に } なります

අදාළ වචන සහ තොරතුරු

**සාම්ප්‍රදායික සංස්කෘතිය සහ විනෝදය**

## විසිවන පාඩම

1. ආචාරශීලී විලාසය සහ සාමාන්‍ය විලාසය
2. ආචාරශීලී විලාසය සහ සාමාන්‍ය විලාසය අතර ඇති භාවිතයේ වෙනස්කම්
3. සාමාන්‍ය විලාසයේ සංවාදය

අදාළ වචන සහ තොරතුරු

**අන් අයට ආමන්ත්‍රණය කරනු ලබන ක්‍රමවේදය**

## විසිඑක්වන පාඩම

1. සාමාන්‍ය රූපය と 思(おも)います
2. "වාක්‍යය" / සාමාන්‍ය රූපය } と 言(い)います
3. ක්‍රියා පද / い- නාම විශේෂණ } සාමාන්‍ය රූපය ; な- නාම විශේෂණ / නාම පද } සාමාන්‍ය රූපය ～だ } でしょう?
4. නාම පද$_1$ (ස්ථානය) で නාම පද$_2$ が あります
5. නාම පද (අවස්ථාව) で
6. නාම පද でも ක්‍රියා පද
7. ක්‍රියා පදයේ ない රූපය ないと……

අදාළ වචන සහ තොරතුරු

**තනතුරු, සමාජ තත්ත්වය**

## විසිදෙවන පාඩම

1. නාම විශේෂණ ඛණ්ඩය
2. ක්‍රියා පදයේ ශබ්දකෝෂ රූපය 時間(じかん)／約束(やくそく)／用事(ようじ)
3. ක්‍රියා පදයේ ます රූපය ましょうか

අදාළ වචන සහ තොරතුරු **ඇඳුම්**

## විසිතුන්වන පාඩම

1. ක්‍රියා පදයේ ශබ්දකෝෂ රූපය / ක්‍රියා පදයේ ない රූපය ない / い- නාම විශේෂණ (～い) / な- නාම විශේෂණ な / නාම පද の } とき、～ (ප්‍රධාන අතුරු වාක්‍යය)
2. ක්‍රියා පදයේ ශබ්දකෝෂ රූපය / ක්‍රියා පදයේ た රූපය } とき、～ (ප්‍රධාන අතුරු වාක්‍යය)
3. ක්‍රියා පදයේ ශබ්දකෝෂ රූපය と、～ (ප්‍රධාන අතුරු වාක්‍යය)
4. නාම පද が නාම විශේෂණ
5. නාම පද を යම් කිසි ගමනක් නිරූපණය කරන ක්‍රියා පද

අදාළ වචන සහ තොරතුරු

**මාර්ග සහ ගමනාගමනය**

## විසිහතරවන පාඩම

1. くれます
2. ක්‍රියා පදයේ て රූපය { あげます / もらいます / くれます
3. නාම පද$_1$ は නාම පද$_2$ が ක්‍රියා පද

අදාළ වචන සහ තොරතුරු

**තෑගි බෝග හුවමාරු කිරීමේ සිරිත්**

## විසිපස්වන පාඩම

1. අතීත කාල සාමාන්‍ය රූපය ら、～ (ප්‍රධාන අතුරු වාක්‍යය)
2. ක්‍රියා පදයේ た රූපය ら、～ (ප්‍රධාන අතුරු වාක්‍යය)
3. ක්‍රියා පදයේ て රූපය / ක්‍රියා පදයේ ない රූපය なくて / い- නාම විශේෂණ (～い̸)→～くて / な- නාම විශේෂණ [な̸]→～で / නාම පද で } も、～ (ප්‍රධාන අතුරු වාක්‍යය)
4. もし
5. අනුබද්ධ වාක්‍යය තුළ අන්තර්ගත උක්ත පදය

අදාළ වචන සහ තොරතුරු **ජීවිතය**

# ඉගැන්වීම සඳහා භාවිත වන කියමන්

| | |
|---|---|
| 第ー課 (だい か) | ー වන පාඩම |
| 文型 (ぶんけい) | වාක්‍ය රටාව |
| 例文 (れいぶん) | උදාහරණ වගන්ති |
| 会話 (かいわ) | සංවාදය |
| 練習 (れんしゅう) | අභ්‍යාසය |
| 問題 (もんだい) | ප්‍රශ්න |
| 答え (こた) | පිළිතුරු |
| 読み物 (よ もの) | කියවීමට ගන්නා දේවල් |
| 復習 (ふくしゅう) | සමාලෝචනය |
| 目次 (もくじ) | පටුන |
| 索引 (さくいん) | සුචිය |
| 文法 (ぶんぽう) | ව්‍යාකරණ |
| 文 (ぶん) | වාක්‍ය |
| 単語(語) (たんご ご) | වචන |
| 句 (く) | ඛණ්ඩ |
| 節 (せつ) | අතුරු වාක්‍ය |
| 発音 (はつおん) | උච්චාරණය |
| 母音 (ぼいん) | ස්වර |
| 子音 (しいん) | ව්‍යංජන |
| 拍 (はく) | මාත්‍රා |
| アクセント | ස්වරණය |
| イントネーション | ධ්වනිය |
| [か]行 (ぎょう) | か- පේළිය |
| [い]列 (れつ) | い- තීරුව |
| 丁寧体 (ていねいたい) | ආචාරශීලී විලාසය |
| 普通体 (ふつうたい) | සාමාන්‍ය විලාසය |
| 活用 (かつよう) | වර නැඟීම |
| フォーム | රූප |
| ～形 (けい) | ～රූප |
| 修飾 (しゅうしょく) | විශේෂණය කිරීම |
| 例外 (れいがい) | ව්‍යතිරේක |
| 名詞 (めいし) | නාම පද |
| 動詞 (どうし) | ක්‍රියා පද |
| 自動詞 (じどうし) | අකර්මක ක්‍රියා පද |
| 他動詞 (たどうし) | සකර්මක ක්‍රියා පද |
| 形容詞 (けいようし) | නාම විශේෂණ |
| い形容詞 (けいようし) | い- නාම විශේෂණ |
| な形容詞 (けいようし) | な- නාම විශේෂණ |
| 助詞 (じょし) | නිපාත |
| 副詞 (ふくし) | ක්‍රියා විශේෂණ |
| 接続詞 (せつぞくし) | සමුච්චයාර්ථයේ නිපාත |
| 数詞 (すうし) | සංඛ්‍යා පද |
| 助数詞 (じょすうし) | සංඛ්‍යා ප්‍රත්‍ය/ ගණක පද |
| 疑問詞 (ぎもんし) | ප්‍රශ්නවාචී වචන |
| 名詞文 (めいしぶん) | නාම පද ආඛ්‍යාතය වශයෙන් යෙදෙන වාක්‍ය |
| 動詞文 (どうしぶん) | ක්‍රියා පද ආඛ්‍යාතය වශයෙන් යෙදෙන වාක්‍ය |
| 形容詞文 (けいようしぶん) | නාම විශේෂණ ආඛ්‍යාතය වශයෙන් යෙදෙන වාක්‍ය |
| 主語 (しゅご) | උක්ත පද |
| 述語 (じゅつご) | ආඛ්‍යාත |
| 目的語 (もくてきご) | කර්ම පද |
| 主題 (しゅだい) | මාතෘකා |
| 肯定 (こうてい) | නිශ්චිතත්වය |
| 否定 (ひてい) | ප්‍රතිෂේධනය |
| 完了 (かんりょう) | පූර්ණත්වය |
| 未完了 (みかんりょう) | අසම්පූර්ණත්වය |
| 過去 (かこ) | අතීත කාලය |
| 非過去 (ひかこ) | අනතීත කාලය |
| 可能 (かのう) | හැකි බව දැක්වෙන ක්‍රියා පද |
| 意向 (いこう) | චේතනාව |
| 命令 (めいれい) | විධානය |
| 禁止 (きんし) | තහනම |
| 条件 (じょうけん) | කොන්දේසි |
| 受身 (うけみ) | කර්මකාරක |
| 使役 (しえき) | ප්‍රයෝජ්‍ය ක්‍රියා |
| 尊敬 (そんけい) | ගෞරවය |
| 謙譲 (けんじょう) | නිහතමානය |

# භාවිත වූ සංකේත

① ～: ට වචන පද ඇතුළු වේ.
  උදා: ～から 来(き)ました。　～සිට ආවා.

② －: ට ඉලක්කම ඇතුළු වේ.
  උදා: －歳(さい)　වයස අවුරුදු－

③ ලොප් කළ හැකි වචන [　] යන වරහන් වලින් දක්වා ඇත.
  උදා: どうぞ よろしく [お願(ねが)いします]。　ඔබගේ සහයෝගය පතමි.

④ වෙනත් සමානාර්ථ පද තිබුණොත් එය (　) යන වරහන් වලින් දක්වා ඇත.
  උදා: だれ(どなた)　කවුද

⑤ ＊ යන සංකේතයෙන් සඳහන් වූ වචන එම පාඩමෙහි භාවිත නොවුණත් අදාළ වචන ලෙස හැඳින්වේ.

⑥ **〈会話(かいわ)〉**, එනම් සංවාදයෙහි දී ඇති වචන පද, කියමන සඳහන් වී ඇත.

⑦ **〈読(よ)み物(もの)〉** (කියවීමට ගන්නා දේවල්) හි ඡේදවල දී ඇති වචන පද සහ යෙදුම් ඉදිරිපත් කෙරේ.

⑧ ※ යන සංකේතයෙන් සංඥා නාම පද දැක්වේ.

# විසිහයවන පාඩම

## I. වචන මාලාව

| | | |
|---|---|---|
| みますⅡ | 見ます、診ます | බලනවා |
| さがしますⅠ | 探します、捜します | හොයනවා |
| おくれますⅡ［じかんに～］ | 遅れます［時間に～］ | ප්‍රමාද වෙනවා [වෙලාවට～] |
| まに あいますⅠ［じかんに～］ | 間に 合います［時間に～］ | ප්‍රමාද නොවෙනවා [වෙලාවට～] |
| やりますⅠ | | කරනවා |
| ひろいますⅠ | 拾います | අහුලනවා |
| れんらくしますⅢ | 連絡します | සම්බන්ධ කරගන්නවා |
| きぶんが いい* | 気分が いい | ඇඟට සනීපයි, සනීපයි |
| きぶんが わるい | 気分が 悪い | ඇඟට හරි මදි, සනීප මදි, අසනීපයි |
| うんどうかい | 運動会 | ක්‍රීඩා උත්සවය |
| ぼんおどり | 盆踊り | බොන් උත්සවයේ නර්තනය (මුතුන් මිත්තන්ගේ ආත්ම වෙනුවෙන් පැවැත්වෙන බෞද්ධ උත්සවයේදී කරන නර්තනයකි) |
| フリーマーケット | | වීදි වෙළඳාම |
| ばしょ | 場所 | ස්ථානය, තැන |
| ボランティア | | ස්වෙච්ඡා සේවය |
| さいふ | 財布 | පසුම්බිය |
| ごみ | | කුණු, කසළ |
| こっかいぎじどう | 国会議事堂 | පාර්ලිමේන්තු සංකීර්ණය |
| へいじつ | 平日 | සතියේ දවස |
| ～べん | ～弁 | ～උපභාෂාව |
| こんど | 今度 | ඊළඟ පාර |
| ずいぶん | | සෑහෙන්න |
| ちょくせつ | 直接 | සෘජු |
| いつでも | | ඕනෑම වෙලාවක |
| どこでも* | | ඕනෑම ස්ථානයක |
| だれでも* | | ඕනෑම කෙනෙක් |
| なんでも* | 何でも | ඕනෑම දෙයක් |
| こんな ～* | | මේ වගේ～ |
| そんな ～ | | ඔය වගේ (අසන්නා ළඟින්) ～ |
| あんな ～* | | අර වගේ (කතාකරන්නාගෙනුත් අසන්නාගෙනුත් ඈතින්) ～ |

| | |
|---|---|
| ※エドヤストア | මනඃකල්පිත වෙළඳ සැල |

## 〈会話(かいわ)〉

| | |
|---|---|
| 片(かた)づきますＩ ［荷物(にもつ)が～］ | පිළිවෙලට අස් කෙරෙනවා [බඩු මුට්ටු～] |
| 出(だ)しますＩ ［ごみを～］ | එලියට දමනවා [කුණු～] |
| 燃(も)える ごみ | පිළිස්සිය හැකි කසල |
| 置(お)き場(ば) | කසල එකතු කරන ස්ථානය |
| 横(よこ) | අසල, පැත්ත |
| 瓶(びん) | බෝතලය |
| 缶(かん) | කෑන් |
| ガス | ගෑස් |
| ～会社(がいしゃ) | ～සමාගම |

## 〈読(よ)み物(もの)〉

| | |
|---|---|
| 宇宙(うちゅう) | අභ්‍යාවකාශය |
| ～様(さま) | ～මහතා/මහත්මිය (～さん යන පදයේ ගෞරව රූපය) |
| 宇宙船(うちゅうせん) | අභ්‍යවකාශ යානය |
| 怖(こわ)い | භය |
| 宇宙(うちゅう)ステーション | අභ්‍යවකාශ මධ්‍යස්ථානය |
| 違(ちが)いますＩ | වෙනස් |
| 宇宙飛行士(うちゅうひこうし) | අභ්‍යවකාශ ගාමියා |
| ※星出彰彦(ほしであきひこ) | හොශිදෙ අකිහිකො (1968-, ජපන් ජාතික අභ්‍යාවකාශ ගාමියෙකි) |

# II. පරිවර්තනය

## වාක්‍ය රටා

1. මම හෙට ඉඳලා සංචාරයකට යනවා.
2. මම ඉකෙබනා මල් කලාව ඉගෙනගන්න කැමතියි. මට හොඳ ගුරුවරයෙක් හඳුන්නලා දෙන්න පුළුවන් ද?

## උදාහරණ වගන්ති

1. වතනබෙ මහත්තයා ඉඳලා හිටලා ඕසකා උපභාෂාවලින් කතා කරනවා නේද?
   ඕසකාවල ජීවත් වෙලා හිටියා ද?
   ……ඔව්, මම වයස අවුරුදු පහළොව වෙනකම් ඕසකාවල ජීවත් වෙලා හිටියා.
2. ඔය සපත්තු දෙකේ ඩිසයින් එක ලස්සනයි නේ. කොහෙන් ද මිලදී ගත්තෙ?
   ……මම එදොයා සාප්පුවෙන් මිළදී ගත්තේ. මේක ස්පාඤ්ඤයේ සපත්තු දෙකක්.
3. ඇයි පරක්කු වුණෙ?
   ……බස් එක ආවේ නැනේ.
4. නිතර කැරෝකේ වලට යනවා ද?
   ……නෑ. එච්චර යන්නෙ නෑ. කැරෝකේ වලට කැමැති නෑ නෙ.
5. මම ජපන් භාෂාවෙන් වාර්තාවක් ලිව්වා. පොඩ්ඩක් හරිගස්සලා දෙන්න පුළුවන් ද?
   ……හරි, හරි.
6. පාර්ලිමේන්තු ගොඩනැගිල්ලට ගිහින් බලන්න ආසයි. මොනවද කරන්න ඕන?
   ……එතෙන්ට කෙලින්ම යන්න. සතියේ දවස් නම් ඕන වෙලාවකට ගිහින් බලන්න පුළුවන්.

## සංවාදය

**කුණු දාන්නෙ කොහෙද?**

නිවාස සංකීර්ණයේ භාරකරු: මිලර් මහත්තයා, මෙතෙන්ට පදිංචියට ඇවිල්ලා බඩු ඔක්කොම අස්පස් කරලා ඉවර ද?

මිලර්: ඔව්. සම්පූර්ණයෙන් වාගේ අස්පස් කරලා ඉවරයි.
මේ…කුණු බැහැර කරන්න ඕනේ. කොහෙට කුණු දැම්මොත් හොඳ ද?

නිවාස සංකීර්ණයේ භාරකරු: පිළිස්සිය හැකි කුණු නම් සඳුදා, බ්‍රහස්පතින්දා උදේට දාන්න.
කුණු දමන ස්ථානය තියෙන්නෙ රථ ගාල ගාව.

මිලර්: වීදුරු වර්ග, කෑන් වර්ග එහෙම කවදාද දාන්නෙ?

නිවාස සංකීර්ණයේ භාරකරු: සෙනසුරාදා.

මිලර්: තේරුණා. අනිත් එක, උණු වතුර එන්නෙ නෑ නෙ.

නිවාස සංකීර්ණයේ භාරකරු: ගෑස් ආයතනයට කතා කළොත් වහාම එනවා.

මිලර්: කරුණාකරලා, ඒ දුරකථන අංකය මට කියලා දෙන්න පුළුවන් ද?

නිවාස සංකීර්ණයේ භාරකරු: ඔව්. පුළුවන්.

## III. අදාළ වචන සහ තොරතුරු

### ごみの出(だ)し方(かた)　කසළ වර්ග කර බැහැර කරන ආකාරය

කසළ අඩු කිරීම සහ ප්‍රතිචක්‍රීකරණය කිරීම තවදුරටත් ප්‍රවර්ධනය කිරීම සඳහා, තීරණය කරනු ලබන කාණ්ඩවලට කසළ වර්ග කර, නියමිත දිනයක කසළ තබනු ලැබේ. කසළ එකතු කිරීමේ ස්ථානය සහ දිනය එක් එක් කලාපය අනුව වෙනස් වන අතර, සාමාන්‍ය වශයෙන් පහත සඳහන් පරිදි වෙන් කළ හැකි ය.

#### ごみ収集日(しゅうしゅうび)のお知(し)らせ

කසළ එකතු කිරීමේ දිනය සම්බන්ධ දැනුම් දීම

可燃(かねん)ごみ（燃(も)えるごみ）　収集日(しゅうしゅうび)：月曜日(げつようび)・木曜日(もくようび)

දහනය කළ හැකි අපද්‍රව්‍ය　එකතු කිරීමේ දිනය: සඳුදා සහ බ්‍රහස්පතින්දා

生(なま)ごみ、紙(かみ)くずなど

ආහාර අපද්‍රව්‍ය සහ කඩදාසි අපද්‍රව්‍ය ආදි

不燃(ふねん)ごみ（燃(も)えないごみ）　収集日(しゅうしゅうび)：水曜日(すいようび)

දහනය කළ නොහැකි අපද්‍රව්‍ය　එකතු කිරීමේ දිනය: බදාදා

ガラス製品(せいひん)、瀬戸物(せともの)、金属製台所用品(きんぞくせいだいどころようひん)など

වීදුරු භාණ්ඩ, පිඟන් මැටි, සහ මුළුතැන්ගේ ලෝහ උපකරණ ආදි

資源(しげん)ごみ　収集日(しゅうしゅうび)：第(だい)2、第(だい)4火曜日(かようび)

ප්‍රතිචක්‍රීකරණය කළ හැකි අපද්‍රව්‍ය　එකතු කිරීමේ දිනය: 2 වන සහ 4 වන අඟහරුවාදා

缶(かん)、瓶(びん)、ペットボトルなど

කෑන්, බෝතල්, සහ පෙට් ප්ලාස්ටික් බෝතල් ආදි

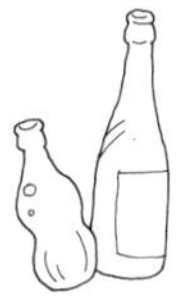

粗大(そだい)ごみ　事前申(じぜんもう)し込(こ)み

විශාල කසළ　කල් තියා අයදුම් කිරීම

家具(かぐ)、自転車(じてんしゃ)など

ගෘහ භාණ්ඩ, පාපැදි යනාදි

## IV. ව්‍යාකරණ විස්තර

1.

| | | |
|---|---|---|
| ක්‍රියා පද | සාමාන්‍ය රූපය | んです |
| い- නාම විශේෂණ | | |
| な- නාම විශේෂණ | සාමාන්‍ය රූපය | |
| නාම පද | ～だ→～な | |

～んです භාවිත වන්නේ භාෂණයේ වන අතර, ～のです භාවිත වන්නේ ලිඛිත භාෂාවේ.

～んです භාවිත වන්නේ පහත සඳහන් පරිදි ය.

1) ～んですか

(1) භාෂකයා දකින ඇසෙන දේවල් ගැන තහවුරු කිරීමට හෝ විස්තර ඉල්ලීමට

① （ぬれた 傘(かさ)を 持(も)って いる 人(ひと)を 見(み)て） 雨(あめ)が 降(ふ)って いるんですか。

(තෙත් වූ කුඩය සහිත කෙනෙකු බලා) වහිනවා ද?

(2) භාෂකයා දකින ඇසෙන දේවල් ගැන තව දුරටත් විස්තර ඉල්ලීමට

② おもしろい デザインの 靴(くつ)ですね。どこで 買(か)ったんですか。

අපූරු සපත්තු දෙකක් නෙ. ඕක මිලදී ගත්තෙ කොහේද?

(3) භාෂකයා දැක ඇසූ දේවල් සම්බන්ධයෙන් ඒ හේතුව ගැන විස්තර ඉල්ලීමට

③ どうして 遅(おく)れたんですか。　　ඇයි පරක්කු වුණෙ?

(4) සිද්ධිය ගැන විස්තර ඉල්ලීමට

④ どう したんですか。　　මොකද වුණෙ?

සංලක්ෂ්‍යය: ～んですか යන පදය අවශ්‍ය නොවන අවස්ථාවලදී භාවිත කළහොත්, ශ්‍රාවකයාට අපහසුතාවක් දැනෙන්නට ඉඩ තිබෙන නිසා, සැලකිලිමත්ව භාවිත කළ යුතු ය.

2) ～んです

(1) ඉහත සඳහන් 1) හි (3) හෝ (4) වල ～んですか සහිත වාක්‍යයට උත්තර දී හේතුව ගැන ප්‍රකාශ කරන විට

⑤ どうして 遅(おく)れたんですか。　　ඇයි පරක්කු වුණෙ?

……バスが 来(こ)なかったんです。　　……බස් එක ආවෙ නෑ නෙ. ඒකයි.

⑥ どう したんですか。　　මොකද වුණෙ?

……ちょっと 気分(きぶん)が 悪(わる)いんです。　　……පොඩ්ඩක් ඇඟට හරි නැහැ.

(2) භාෂකයා තමන් ප්‍රකාශ කළ දෙයට හේතුව එකතු කරන විට

⑦ よく カラオケに 行(い)きますか。　　නිතර කැරෝකේ යනවා ද?

……いいえ、あまり 行(い)きません。　　……නෑ. එච්චර යන්නෙ නෑ.

カラオケは 好(す)きじゃ ないんです。　　කැරෝකේවලට කැමැති නෑ නෙ.

සංලක්ෂ්‍යය: හේතුවක් ගැන ප්‍රකාශ කිරීම නොව කරුණු පමණක් ප්‍රකාශ කිරීම සඳහා, ～んです භාවිත නොකෙරේ.

× わたしは マイク・ミラーなんです。

3) ～んですが、～

～んですが යන යෙදුම කතාව ආරම්භ කරගැනීම සඳහා යෙදේ. ඉන් පසුව යම් දෙයක් කරන ලෙස ඉල්ලීමක් කිරීම, ආරාධනා කිරීම, අවසර ගැනීම යනාදි දක්වන ප්‍රකාශයක් කරයි. මෙහිදී が නිපාතය සරල කෙටි ආරම්භක යෙදුමක් වශයෙන් භාවිත කෙරේ (දහහතරවන පාඩම බලන්න.). ⑩ පරිදි ～んですが ට පසුව එන අන්තර්ගතය පැහැදිලි වන විට එය ඉවත් විය හැකි ය.

⑧ 頭(あたま)が 痛(いた)いんですが、帰(かえ)っても いいですか。

ඔළුව රිදෙනවා. ගෙදර ගියාට කමක් නැද්ද?

⑨ 来週(らいしゅう) 友達(ともだち)と スキーに 行(い)くんですが、ミラーさんも いっしょに 行(い)きませんか。

ලබන සතියෙ යාළුවොත් එක්ක ස්කී කරන්න යනවා. මිලර් මහත්තයත් යමු ද?

⑩ お湯(ゆ)が 出(で)ないんですが……。　　උණු වතුර එන්නෙ නෑ නෙ……

**2.** **ක්‍රියා පදයේ て රූපය いただけませんか**　ඔබට ～ පුළුවන් ද?

～て ください ට වඩා ආචාරශීලී ඉල්ලීමක් කිරීමේ යෙදුමකි.

⑪ いい 先生(せんせい)を 紹介(しょうかい)して いただけませんか。

හොඳ ගුරුවරයෙක් හඳුන්නලා දෙන්න පුළුවන් ද?

**3.** **ප්‍රශ්නවාචී පද ක්‍රියා පදයේ た රූපය ら いいですか**

මොනවද/කොහොමද/කොහෙද/කොහෙන් ද/කොයි එකද～න්න හොඳ?

අවවාදයක් හෝ උපදෙසක් ලබාගැනීම සඳහා යෙදෙන යෙදුමකි.

⑫ どこで カメラを 買(か)ったら いいですか。

…… ABC ストアが 安(やす)いですよ。

කොහෙන් ද කැමරාවක් මිලදී ගන්න හොඳ?

……ABC වෙළඳ සැලින් ලාබෙට මිලදී ගන්න පුළුවන් නෙ.

⑬ 国会議事堂(こっかいぎじどう)を 見学(けんがく)したいんですが、どう したら いいですか。

…… 直接(ちょくせつ) 行(い)ったら いいですよ。

පාර්ලිමේන්තු ගොඩනැගිල්ලට ගිහින් බලන්න කැමතියි. මොනව ද කරන්න ඕන?

……කෙලින්ම එතනට ගිහින් බැලුව නම් හරි.

⑬ වැනි උත්තරයක් පරිදි ක්‍රියා පදයේ た රූපය ら いいですよ යන යෙදුමෙන් අනෙක් කෙනාට සරල උපදෙසක් හෝ නිර්දේශයක් දිය හැක.

**4.** **නාම පද (කර්මය) は { 好(す)きです／嫌(きら)いです, 上手(じょうず)です／下手(へた)です, あります, ආදි }**　නාම පද { කැමැතියි/අකැමතියි, දක්ෂයි/අදක්ෂයි, තියෙනවා, ආදි }

⑭ よく カラオケに 行(い)きますか。　　නිතර කැරෝකේ යනවද?

……いいえ、あまり 行(い)きません。　　……නෑ. වැඩිය යන්නෙ නැහැ.

カラオケは 好(す)きじゃ ないんです。　　කැරෝකේවලට වැඩිය කැමති නෑ නෙ.

මූලික ජපන් භාෂාව I හි දී を නිපාතයෙන් දැක්වෙන වාක්‍යයක කර්මය මාතෘකාකරණයට ලක් කිරීම පිළිබඳව ඉගෙන ගෙන ඇත (දහහත්වන පාඩම). ⑭ වැනි すきです යනාදි පදවලට ලක් වන පුද්ගලයන් හෝ දේවල් が නිපාතයෙන් දැක්වෙන නාම පද ද මාතෘකාකරණයට ලක් කළ හැකි ය.

# විසිහත්වන පාඩම

27

## I. වචන මාලාව

| | | |
|---|---|---|
| かいますⅠ | 飼います | හුරතලයට ඇති කරනවා |
| はしりますⅠ<br>［みちを～］ | 走ります<br>［道を～］ | දුවනවා [පාරෙ～] |
| みえますⅡ<br>［やまが～］ | 見えます<br>［山が～］ | දකිනවා, පේනවා [කන්දක්～] |
| きこえますⅡ<br>［おとが～］ | 聞こえます<br>［音が～］ | ඇහෙනවා [සද්දයක්～] |
| できますⅡ<br>［みちが～］ | <br>［道が～］ | හැදෙනවා [පාරක්～] |
| ひらきますⅠ<br>［きょうしつを～］ | 開きます<br>［教室を～］ | ආරම්භ කරනවා [පන්තිය～] |
| しんぱい［な］ | 心配［な］ | කනස්සල්ලට පත්ව, බයයි |
| ペット | | සුරතල් සතා |
| とり | 鳥 | කුරුල්ලා |
| こえ | 声 | හඬ |
| なみ | 波 | රළ, රැල්ල |
| はなび | 花火 | මල්වෙඩි |
| どうぐ | 道具 | උපකරණ |
| クリーニング | | ලොන්ඩරිය |
| いえ | 家 | ගෙදර, ගෙය, නිවස, ගෘහය |
| マンション | | බද්ධ නිවාසය, මහල් නිවාසය |
| キッチン | | කුස්සිය |
| ～きょうしつ | ～教室 | ～පන්තිය |
| パーティールーム | | උත්සව ශාලාව |
| かた | 方 | මහතා/මහත්මිය (ひと යන පදයේ විනීත රූපය) |
| ～ご | ～後 | ～පසු |
| ～しか | | ～පමණක් (නිෂේධාත්මක වැකි වල යෙදේ) |
| ほかの | | අමතර, වෙන |
| はっきり | | පැහැදිලිව |

## 〈会話（かいわ）〉

| | |
|---|---|
| 家具（かぐ） | ගෘහ භාණ්ඩ |
| 本棚（ほんだな） | පොත් රාක්කය |
| いつか | කවදා හෝ, කවදා හරි |
| 建（た）てますⅡ | ඉදිකරනවා |
| すばらしい | අපූරු, චමත්කාරජනක, විශ්මජනක |

## 〈読（よ）み物（もの）〉

| | |
|---|---|
| 子（こ）どもたち | ළමයි |
| 大好（だいす）き［な］ | බොහොම කැමැති |
| 主人公（しゅじんこう） | ප්‍රධාන චරිතය |
| 形（かたち） | රූප, ආකාරය |
| 不思議（ふしぎ）［な］ | විශ්මයජනක, අරුම පුදුම, පුද්මාකාර, අද්භූත |
| ポケット | සාක්කුව |
| 例（たと）えば | උදාහරණයක් ලෙස, නිදසුනක් ලෙස |
| 付（つ）けますⅡ | හයි කරනවා, සවි කරනවා |
| 自由（じゆう）に | කැමැති විදියට, නිදහසේ |
| 空（そら） | අහස |
| 飛（と）びますⅠ | ඉගිලෙනවා, පියාඹනවා |
| 昔（むかし） | පුරාණ කාලය, ඉස්සර |
| 自分（じぶん） | තමන් |
| 将来（しょうらい） | අනාගතය |
| | |
| ※ドラえもん | ජපන් කාටූන් කතා මාලාවක ප්‍රධාන චරිතයේ නම |

# II. පරිවර්තනය

27

## වාක්‍ය රටා

1. මට ජපන් භාෂාව ටිකක් කතා කරන්න පුළුවන්.
2. කන්ද පැහැදිලිව පේනවා.
3. දුම්රිය පල ඉස්සරහ ලොකු සුපිරි වෙළඳ සලක් ඉදිවෙලා.

## උදාහරණ වගන්ති

1. ජපන් භාෂා පත්තර කියවන්න පුළුවන් ද?
   ……බෑ. කියවන්න බෑ.
2. කුරුල්ලන්ගේ හඬ ඇහෙනවා නේද?
   ……ඔව්. දැන් වසන්ත කාලය උදා වෙලා නෙ.
3. හෝරියූ පන්සල කොයි කාලෙ ද ඉදිකෙරුණෙ?
   ……ඒක ඉදිකෙරුණෙ 607 වසරේදී.
4. පවර් ඉලෙක්ට්‍රෝනික සමාගමෙන් ගිම්හාන නිවාඩු දවස් කීයක් විතර ගන්න පුළුවන් ද?
   ……ම්ම්. සති තුනක් විතර.
   හොඳයි නෙ. අපේ සමාගමෙන් නම් සතියක් විතරයි නිවාඩු ගන්න පුළුවන්.
5. මේ මහල් ගොඩනැගිල්ලේ හුරතල් සත්තු ඇති කරන්න පුළුවන් ද?
   ……පොඩි කුරුල්ලෙක්, මාලුවෙක් නම් ඇති කරන්න පුළුවන්. ඒත් බල්ලො පූසෝ නම් ඇති කරන්න බෑ.

## සංවාදය

**ඕන දෙයක් හදාගන්න පුළුවන් නේ.**

මිලර්: මේක එළිය තියෙන හොඳ කාමරයක් නේද?
සුසුකි: ඔව්. යහපත් කාලගුණයක් පවතින දවසට මුහුද පේනවා.
මිලර්: මේ මේසෙ ඩිසයින් එක ලස්සනයි නේ.
කොහෙන් ද මිලදී ගත්තෙ?
සුසුකි: මේක මම තමයි හදාගත්තෙ.
මිලර්: අහ්, ඇත්ත ද?
සුසුකි: ඔව්. මගේ විනෝදාංශය ගෘහ භාණ්ඩ හදන එක.
මිලර්: ආ. එතකොට අර පොත් රාක්කයත් හදාගත්තා ද?
සුසුකි: ඔව්.
මිලර්: අපූරුයි නෙ. සුසුකි මහත්තයාට ඕනෙ දෙයක් හදාගන්න පුළුවන් නේද?
සුසුකි: මගේ හීනය කවදාහරි මමම මගේ ගෙදර ඉදිකරගන්න එක.
මිලර්: අපූරු හීනයක් නේ.

## III. අදාළ වචන සහ තොරතුරු

### 近(ちか)くの店(みせ)　අසල ඇති වෙළඳ සැල

**靴(くつ)・かばん修理(しゅうり)、合(あ)いかぎ**
බෑග් අලුත් වැඩියා, පාවහන් අලුත් වැඩියාව, අමතර යතුරු කැපීම

| | |
|---|---|
| ヒール・かかと修理(しゅうり) | සපත්තු අඩිය අලුත්වැඩියා කිරීම |
| つま先(さき)修理(しゅうり) | සපත්තුවේ පා ඇඟිලි කොටස අළුත්වැඩියා කිරීම |
| 中敷(なかじ)き交換(こうかん) | සපත්තුවේ ඇතුල් අඩිය මාරු කිරීම |
| クリーニング | ඇඳුම් සේදීම |
| ファスナー交換(こうかん) | සිපර් එක මාරු කිරීම |
| ハンドル・持(も)ち手(て)交換(こうかん) | බෑග් එකේ හැන්ඩල් මාරු කිරීම |
| ほつれ・縫(ぬ)い目(め)の修理(しゅうり) | ගැලවූ මැහුම් මැහීම |
| 合(あ)いかぎ | අමතර යතුරු |

**クリーニング屋(や)**　ලොන්ඩරිය

| | |
|---|---|
| ドライクリーニング | ඩ්‍රයි ක්ලීන් කිරීම |
| 水洗(みずあら)い | වතුරෙන් සේදීම |
| 染(し)み抜(ぬ)き | පැල්ලම් ඉවත් කිරීම |
| はっ水加工(すいかこう) | ජලයට ඔරොත්තු දෙන සේ හදාගැනීම |
| サイズ直(なお)し | ප්‍රමාණය වෙනස් කිරීම |
| 縮(ちぢ)む | හැකිලෙනවා |
| 伸(の)びる | දිගු වෙනවා, ඇදෙනවා |

**コンビニ**　පැය 24ම විවෘත වෙළඳ සල

| | |
|---|---|
| 宅配便(たくはいびん)の受(う)け付(つ)け | ලිපිනයට ගෙනැවිත් භාරදීමේ සේවාව |
| ATM | මුදල් තැන්පතු යන්ත්‍ර, ස්වයංක්‍රීය ටෙලර් යන්ත්‍ර |
| 公共料金等(こうきょうりょうきんとう)の支払(しはら)い | බිල්පත් ගෙවීම |
| コピー、ファクス | ඡායා පිටපත්, ෆැක්ස් |
| はがき・切手(きって)の販売(はんばい) | තැපැල්පත්, මුද්දර විකිණීම |
| コンサートチケットの販売(はんばい) | ප්‍රසංග ප්‍රවේශපත්‍ර විකිණීම |

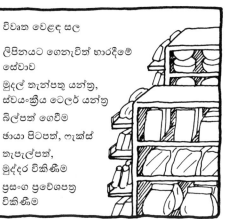

# IV. ව්‍යාකරණ විස්තර

## 1. හැකි බව දැක්වෙන ක්‍රියා පද

මූලික ජපන් භාෂාව I හි දහඅටවන පාඩමේ හැකි බව නිරූපණය කරන රූපයක් ලෙස නාම පද/ක්‍රියා පදයේ ශබ්දකෝෂ රූපය + ことが できます යන යෙදුම ඉගෙන ගෙන ඇත. මෙහි දී අනිත් රූපයක් ලෙස හැකි බව දැක්වෙන ක්‍රියා පද ඉගෙන ගමු.

| | | හැකි බව දැක්වෙන ක්‍රියා පද | |
|---|---|---|---|
| | | ආචාරශීලී රූපය | සාමාන්‍ය රූපය |
| I | かきます<br>かいます | かけます<br>かえます | かける<br>かえる |
| II | たべます | たべられます | たべられる |
| III | きます<br>します | こられます<br>できます | こられる<br>できる |

(පෙළ පොතේ විසිහත්වන පාඩමේ අභ්‍යාස A1 බලන්න.)

හැකි බව දැක්වෙන ක්‍රියා පද II වන වර්ගයේ ක්‍රියා පද ලෙස වර නැඟෙයි.

උදා: かえます　かえる　かえ(ない)　かえて

මෙහිදී わかります යන පදයෙන් දැක්වෙන්නේ හැකි බව අර්ථයක් නිසා, わかれます යන පදයට හැරවිය නොහැකි බව සැලකිල්ලට ගත යුතු ය.

## 2. හැකි බව දැක්වෙන ක්‍රියා පද සහිත වාක්‍ය

1) හැකි බව දැක්වෙන ක්‍රියා පදයෙන් දැක්වෙන්නේ ක්‍රියාවක් නොව තත්ත්වයකි. සකර්මක ක්‍රියා පදයේ කර්ම පදය දැක්වෙන්නේ を නිපාතයෙන් වන අතර, හැකි බව දැක්වෙන ක්‍රියා පදයේ කර්මය දැක්වෙන්නේ මූලික වශයෙන් が නිපාතයෙන්.

① わたしは 日本語(にほんご)を 話(はな)します。　　මම ජපන් භාෂාව කතා කරනවා.

② わたしは 日本語(にほんご)が 話(はな)せます。　　මට ජපන් භාෂාව කතා කරන්න පුළුවන්.

を හැර සෙසු නිපාත එලෙසම යෙදේ.

③ 一人(ひとり)で 病院(びょういん)へ 行(い)けますか。　　ඔයාට තනියෙන් ඉස්පිරිතාලෙට යන්න පුළුවන් ද?

④ 田中(たなか)さんに 会(あ)えませんでした。　　මට තනකා මහත්තයව හම්බෙන්න බැරි වුණා.

2) හැකි බව දැක්වෙන ක්‍රියා පදයට කර්තෘගේ හැකියාව නිරූපණය කරන භාවිතයක් (⑤) සහ යම් කිසි අවස්ථාවක දී ක්‍රියාවක් සිදු කළ හැකි බව නිරූපණය කරන භාවිතයක් (⑥) තිබේ.

⑤ ミラーさんは 漢字(かんじ)が 読(よ)めます。　　මිලර් මහත්තයට කන්ජි කියවන්න පුළුවන්.

⑥ この 銀行(ぎんこう)で ドルが 換(か)えられます。　　මේ බැංකුවෙන් ඩොලර් මාරු කරගන්න පුළුවන්.

## 3. 見(み)えます සහ 聞(き)こえます

みえます, きこえます පදවලින් නිරූපණය වෙන්නේ ආයාසයකින් තොරව යම්කිසි දෙයක් ස්වභාවිකව දර්ශනපථයට හසුකර ගත හැකි බව හෝ ආයාසයකින් තොරව ස්වාභාවිකව ශබ්දයක් ඇසෙන බවයි. ඒ බව が නිපාතයෙන් දැක්වෙයි. යම්කිසි දෙයක් අවධානයෙන් සිහිකල්පනාවෙන් යොමු කරන විට みえます, きこえます භාවිත කළ නොහැක. ඒවා වෙනුවට හැකි බව දැක්වෙන ක්‍රියා පද භාවිත කරනු ලැබේ.

⑦ 新幹線(しんかんせん)から 富士山(ふじさん)が 見(み)えます。　　මට ෂින්කන්සෙන් එකේ ඉඳලා ෆුජිසන් පේනවා.

⑧ ラジオの 音(おと)が 聞(き)こえます。　　මට රෙඩියෝව ඇහෙනවා.

27

⑨ 新宿で 今 黒沢の 映画が 見られます。

ෂින්ජුකු වල දැන් කුරොසවාගේ චිත්‍රපටි බලන්න පුළුවන්.

⑩ 電話で 天気予報が 聞けます。

දුරකථනයෙන් කාලගුණ වාර්තාව අහන්න පුළුවන්.

## 4. できます

මෙහිදී අධ්‍යයන කරන できます යන ක්‍රියා පදය, ‘ඇති වෙනවා’, ‘සම්පූර්ණ කරනවා’, ‘ඉවර කරනවා’, ‘සාදනු ලබනවා’ යනාදි අර්ථ දක්වයි.

⑪ 駅の 前に 大きい スーパーが できました。

දුම්රිය පල ඉස්සරහ ලොකු සුපිරි වෙළඳ සැළක් ඉදි වුණා.

⑫ 時計の 修理は いつ できますか。

ඔරලෝසුව අළුත්වැඩියාව කරලා ඉවර වෙන්නෙ කවදා ද?

## 5. しか

しか නාම පදවලට හෝ ප්‍රමාණවාචී සංඛ්‍යා පදවලට එකතු වී, නැත අර්ථ පද සමඟ යෙදේ. しか එකතු වූ පදයට අවධානය යොමු කර, එය හැර සෙසු පද නිශේධනය කරයි. が හෝ を එකතු වූ නාම පදවලට එකතු වන විට, が හෝ を ඉවත් කරනු ලැබේ. ඒවා හැර අනිත් නිපාතවලට එකතු වන විට, ඒවාට පසු එකතු වේ. しか යනුවෙන් මදි බව හෝ සෑහීමකට පත් නොවන බව හැඟවෙයි.

⑬ ローマ字しか 書けません。　　රෝමානු අකුරු ඇර අනිත් අකුරු ලියන්න බෑ.

⑭ ローマ字だけ 書けます。　　රෝමානු අකුරු විතරයි ලියන්න පුළුවන්.

## 6. නාම පද は (ප්‍රභේදය)

は නිපාතය මාතෘකාවක් දක්වන භාවිතයට අමතරව, විරුද්ධ අදහසකුත් (ප්‍රභේදය) දක්වන භාවිතයක් ද තිබේ.

⑮ ワインは 飲みますが、ビールは 飲みません。

වයින් නම් බොනවා. නමුත් බියර් නම් බොන්නෙ නෑ.

⑯ きのうは 山が 見えましたが、きょうは 見えません。

ඊයෙ නම් කන්ද පෙනුනා. නමුත් අද නම් පේන්නෙ නෑ.

## 7. නිපාතවලට එකතු වූ පදවලට は නිපාතයෙන් අවධානය යොමු කිරීම

මූලික ජපන් භාෂාව I සටහන 1 (160 පිටුව) හි දී විස්තර කළ පරිදි, は නිපාත が හෝ を එකතු වූ නාම පද වලට එකතු වන විට, が හෝ を ඉවත් කරන ලැබේ. ඒ නිපාත හැර අනිත් නිපාත නම් ඒවට පසුව එකතු වේ.

⑰ 日本では 馬を 見る ことが できません。

ජපානයේදී අශ්වයෝ බලන්න ලැබෙන්නෙ නැහැ. (දහඅටවන පාඩම)

⑱ 天気の いい 日には 海が 見えるんです。

කාලගුණය හොඳ දවස්වල නම් මුහුද පේනවා.

⑲ ここからは 東京スカイツリーが 見えません。

මෙතන ඉඳලා තෝකියෝ ස්කයි ට්‍රී පේන්නෙ නෑ.

# විසිඅටවන පාඩම

## I. වචන මාලාව

| | | |
|---|---|---|
| うれますⅡ<br>［パンが～］ | 売れます | විකිණෙනවා [පාන්～] |
| おどりますⅠ | 踊ります | නටනවා |
| かみますⅠ | | හපනවා, සපා කනවා |
| えらびますⅠ | 選びます | තෝරගන්නවා |
| かよいますⅠ<br>［だいがくに～］ | 通います<br>［大学に～］ | යනවා එනවා [විශ්ව විද්‍යාලයට～] |
| メモしますⅢ | | සටහන් කරගන්නවා |
| | | |
| まじめ［な］ | | අවංක |
| ねっしん［な］ | 熱心［な］ | උනන්දු |
| | | |
| えらい | 偉い | උසස්, ප්‍රශංසනීය |
| ちょうど いい | | නිවැරිදිව, හරියටම ගැලපෙනවා, හරියටම ඇති |
| | | |
| けしき | 景色 | දර්ශනය |
| びよういん | 美容院 | රූපලාවණ්‍යාගාරය |
| だいどころ | 台所 | කුස්සිය, මුළුතැන්ගෙය |
| | | |
| けいけん | 経験 | අත්දැකීම (～が あります：අත්දැකීමක් තියෙනවා, ～を します：අත්දැකීම් ලබනවා) |
| ちから | 力 | බලය |
| にんき | 人気 | ජනප්‍රියත්වය ([がくせいに]～が あります：[ශිෂ්‍යයන් අතර] ජනප්‍රියයි) |
| | | |
| かたち | 形 | රූපය, ආකාරය |
| いろ | 色 | පාට, වර්ණ |
| あじ | 味 | රස |
| ガム | | බබල්ගම් |
| | | |
| しなもの | 品物 | බඩු භාණ්ඩ |
| ねだん | 値段 | බඩු මිල |
| きゅうりょう | 給料 | පඩිය, වැටුප |
| ボーナス | | ප්‍රසාද දීමනා |
| | | |
| ゲーム | | සෙල්ලම් |
| ばんぐみ | 番組 | වැඩ සටහන |
| ドラマ | | නාට්‍යය |
| かしゅ | 歌手 | ගායකයා |
| しょうせつ | 小説 | නවකතාව |
| しょうせつか | 小説家 | නවකථාකරු |

| | | |
|---|---|---|
| 〜か | 〜家 | ශිල්පියා/ශිල්පිනිය (යම් විද්‍යාවක හෝ යම් කලා ක්ෂේත්‍රයක නිරත වන කෙනෙකුව දැක්වීමට යෙදෙන ප්‍රත්‍යයකි) |
| 〜き | 〜機 | යන්ත්‍රය (යන්ත්‍රයක් දැක්වීමට යෙදෙන ප්‍රත්‍යයකි) |
| むすこ | 息子 | (තම) පුතා |
| むすこさん* | 息子さん | (වෙන කෙනෙකුගේ) පුතා |
| むすめ | 娘 | (තම) දුව |
| むすめさん* | 娘さん | (වෙන කෙනෙකුගේ) දුව |
| じぶん | 自分 | තමන් |
| しょうらい | 将来 | අනාගතය |
| しばらく | | ටික වෙලාවකින් |
| たいてい | | සාමාන්‍යයෙන් |
| それに | | ඒ වගේම, එයට |
| それで | | එතකොට, ඉතින් |

**〈会話(かいわ)〉**

| | |
|---|---|
| [ちょっと] お願(ねが)いが あるんですが。 | [පොඩ්ඩක්] මට උදවුවක් ඕන. |
| 実(じつ)は | ඇත්ත වශයෙන්ම කියනවානම් |
| 会話(かいわ) | සංවාදය |
| うーん | මේ…, හ්ම්… |

**〈読(よ)み物(もの)〉**

| | |
|---|---|
| お知(し)らせ | දැන්වීම |
| 参加(さんか)します III | සහභාගී වෙනවා |
| 日(ひ)にち | දිනය |
| 土(ど) | සෙනසුරාදා |
| 体育館(たいいくかん) | ක්‍රීඩාගාරය |
| 無料(むりょう) | නොමිලේ |
| 誘(さそ)います I | ආරාධනා කරනවා |
| イベント | සිද්ධිය, ප්‍රසංගයක අංගය |

28

# II. පරිවර්තනය

## වාක්‍ය රටා

1. මම සිංදු අහන ගමන් කෑම කනවා.
2. මම හැම උදේම ජොගින් කරනවා.
3. උමං දුම්රිය ඉක්මනින් යනවා. ගානත් අඩුයි. ඒකෙන් යමු.

## උදාහරණ වගන්ති

1. මට නිදිමත දැනෙනකොට චුවින්ගම් හපමින් වාහනය පදවනවා.
   ……එහෙම ද? මම නම් වාහනය නවත්තලා ටික වෙලාවකට නිදාගන්නවා.
2. සිංදු අහන ගමන් පාඩම් කරනවා ද?
   ……නෑ. පාඩම් කරනකොට සිංදු අහන්නෙ නෑ.
3. එයා රස්සාවක් කරන ගමන් විශ්වවිද්‍යාලයේදී ඉගෙන ගන්නවා.
   ……එහෙම ද? එයා විශිෂ්ටයි.
4. නිවාඩු දවස්වලට සාමාන්‍යයෙන් මොනව ද කරන්නෙ?
   ……මම නම් කරන්නෙ බොහෝ විට චිත්‍ර අඳින එක.
5. වත් සර් ඉගැන්වීමට උනන්දුයි. විනෝදජනකයි. සර්ට අත්දැකීමුත් තියෙනවා.
   ……හොඳ ගුරුවරයෙක් නේ.
6. නිතර මේ සුෂි කඩේට එනවා ද?
   ……ඔව්. ලාභයි. මාළුත් නැවුම්. ඒකයි නිතර කන්න එන්නෙ.
7. ඇයි ෆුජි විශ්වවිද්‍යාලය තෝරාගත්තේ?
   ……ෆුජි විශ්වවිද්‍යාලය ප්‍රසිද්ධයි. හොඳ ගුරුවරු ගොඩක් ඉන්නවා. ශිෂ්‍ය නේවාසිකාගාරයකුත් තියෙනවා. ඒකයි.

## සංවාදය

**ව්‍යාපාර ගමන් ගොඩක් තියෙනවා. විභාගෙත් තියෙනවා…**

ඔගවා සචිකො: මිලර් මහත්තයා, ඔයාගෙන් පොඩ්ඩක් උදව්වක් ගන්න කැමතියි.

මිලර්: ඒ මොකද්ද?

ඔගවා සචිකො: ඇත්තටම අගෝස්තු වල ඕස්ට්‍රේලියාවට හෝම්ස්ටේ කරන්න යන්න තියෙනවා.

මිලර්: හෝම්ස්ටේ එකක්ද? හොඳයි නෙ.

ඔගවා සචිකො: ඔව්. දැන් ඉතින් මම යාළුවෙක් එක්ක ඉංග්‍රීසි ඉගෙන ගන්නවා.

මිලර්: ආ.

ඔගවා සචිකො: මගේ ඉංග්‍රීසි භාෂා හැකියාව තාමත් දියුණු වෙලා නෑ. ඉගෙන ගන්න ගුරුවරයකුත් නෑ. ඉංග්‍රීසියෙන් කතාබහ කරන්න අවස්ථාවකුත් නෑ. මිලර් මහත්තයා, ඔයාගෙන් මට උදව්වක් ගන්න පුළුවන් ද, ඉංග්‍රීසියෙන් කතාබහ කරන ගුරුවරයෙක් වෙන්න?

මිලර්: අහ්? ගුරුවරයෙක්? මේ…මට වැඩ වගයක් එක්ක…

ඔගවා සචිකො: විවේක වෙලාවක තේ එකක් බොන ගමන් වගේ…

මිලර්: මේ…ව්‍යාපාර ගමන් වගේකුත් තියෙනවා. දැන් ජපන් භාෂා විභාගෙත් ළඟයි.

ඔගවා සචිකො: එහෙම ද?

මිලර්: සමාවෙන්න.

## III. අදාළ වචන සහ තොරතුරු

### うちを借(か)りる　　නිවසක් කුලියට ගැනීම

නිවාස තොරතුරු කියවීමේ ක්‍රමය

①中央線(ちゅうおうせん)

②西荻窪駅(にしおぎくぼえき)　③徒歩(とほ)５分(ふん)

④マンション　⑤築(ちく)３年(ねん)

⑥家賃(やちん)　19万(まん)8千円(せんえん)

⑦敷金(しききん)　２か月分(げつぶん)

⑧礼金(れいきん)　１か月分(げつぶん)

⑨管理費(かんりひ)　１万(まん)２千円(せんえん)

⑩南向(みなみむ)き、⑪10階建(かいだ)ての８階(かい)

スーパーまで　400 m(メートル)

⑫ 2LDK（⑬６・６・LDK８）

⑭やすい不動産(ふどうさん)

☎ 03－1234－5678

① දුම්රිය මාර්ගය

② ළඟම දුම්රිය පල

③ දුම්රිය ස්ථානයේ සිට විනාඩි පහක ඇවිදින දුර

④ ව්‍යුහාත්මක ව ශක්තිමත් කරන ලද කොන්ක්‍රීට් වලින් සාදන ලද මහල් නිවාස සංකීර්ණය

※アパート　　මහල් එකකින් හෝ දෙකකින් යුත් මහල් නිවාස සංකීර්ණය

一戸建(いっこだ)て　　තනි වෙන් වූ නිවාස

⑤ නිවස ඉදිකර වසර 3

⑥ නිවාස කුලිය

⑦ ආරක්ෂක තැන්පතු

※ආරක්ෂක තැන්පතු වශයෙන් නිවාස හිමියාට ලබා දෙන තැන්පත් මුදලකි. නවාතැනෙන් ඉවත්ව වෙනත් ස්ථානයකට මාරු වීමේදී යම් මුදලක් ආපසු ගෙවනු ලැබේ.

⑧ අත්තිකාරම් ගාස්තුව

※කොන්ත්‍රාත්තුව අත්සන් කරන විට කෘතඥවීමක් ලෙස නිවාස හිමියාට ගෙවනු ලබන මුදලකි.

⑨ කළමණාකරණ ගාස්තුව

⑩ දකුණු දිශාවට මුහුණලා ඇති

⑪ මහල් 10 කින් යුත් නිවාස සංකීර්ණයේ 8 වෙනි තට්ටුව

⑫ කාමර 2, විසිත්ත කාමරයක්, කෑම කන කාමරයක්, කුස්සියක්

⑬ “තතමි” 6 (=６畳(じょう))

※කාමරයක විශාලත්වය මනින්නේ එහි සවි කරන “තතමි” නම් වූ ඝන පැදුරු ගණනින් ය. තතමි එකක් සාමාන්‍යයෙන් මීටර1.8×0.95 ක් පමණ වේ.

⑭ දේපල වෙළඳාම් සමාගම

# IV. ව්‍යාකරණ විස්තර

## 1. ක්‍රියා පද$_1$ ます රූපය ながら ක්‍රියා පද$_2$

මෙම වාක්‍ය රටාවෙන් දැක්වෙන්නේ එකම කර්තෘ එක ක්‍රියාවක්$_2$ සිදු කරන විට, එම සමඟ තවත් ක්‍රියාවක්$_1$ සිදු කරන බව යි. ක්‍රියා පද$_2$ ප්‍රධාන ක්‍රියාවක් වේ.

① 音楽を 聞きながら 食事します。　සිංදු අහන ගමන් කෑම කනවා.

② හි දැක්වෙන පරිදි යම් කිසි කාලවකවානුවක සිද්ධි දෙකක් සිදු කිරීම පවත්වාගෙන යන බව දැක්වීම සඳහා භාවිත කෙරේ.

② 働きながら 日本語を 勉強して います。
මම රැකියාවක් කරන ගමන් ජපන් භාෂාව ඉගෙන ගන්නවා.

## 2. ක්‍රියා පදයේ て රූපය います

මෙම වාක්‍ය රටාව පුරුද්දක් ලෙස නැවත නැවත සිදු කරන ක්‍රියාවක් දැක්වීම සඳහා භාවිත කෙරේ. එම ක්‍රියාව වාක්‍යය ප්‍රකාශ කිරීමට පෙර අතීතයේ සිදු වූ විට, ක්‍රියා පදයේ て රූපය いました යන රටාව භාවිත කෙරේ.

③ 毎朝 ジョギングを して います。　මම හැම උදේම ජොගිං කරනවා.

④ 子どもの とき、毎晩 8時に 寝て いました。
පොඩි කාලේ හැමදාම රෑ අටට නිදාගත්තා.

## 3. සාමාන්‍ය රූපය し、සාමාන්‍ය රූපය し、～

1) මෙම වාක්‍ය රටාව භාවිත වන්නේ මාතෘකාව පිළිබඳ සමාන අදහස් දෙකකට වඩා අදහස් ඉදිරිපත් කිරීම සඳහා ය. මෙහිදී සමාන අදහස් යනු පහත ⑤ හි දැක්වෙන පරිදි හොඳ අදහස් ය.

⑤ 鈴木さんは ピアノも 弾けるし、歌も 歌えるし、ダンスも できます。
සුසුකි මහත්තයාට පියානෝව වාදය කරන්නත් පුළුවන්, සිංදු කියන්නත් පුළුවන්, නටන්නත් පුළුවන්.

මෙහිදී සැලකිල්ලට ගත යුතු කාරණය නම්, මෙම වාක්‍ය රටාවෙන් එක දෙයක් පමණක් නොව තවත් දෙයක් එකතු කිරීමට භාෂකයාගේ උවමනාව හඟවන නිසා නිතර も නිපාතය භාවිත කරනු ලැබේ. මෙම අර්ථය පැහැදිලිව ප්‍රකාශ කිරීම සඳහා ⑥ හි それに යන පදය භාවිත කළ හැකි ය.

⑥ 田中さんは まじめだし、中国語も 上手だし、それに 経験も あります。
තනකා මහත්තයා උනන්දුයි, චීන භාෂාවටත් දක්ෂයි. ඒ වගේම අත්දැකීමුත් තියෙනවා.

2) මෙම වාක්‍ය රටාවෙහි ～し、～し යන කොටස්වලින් පසු එන කොටසට හේතුව දැක්විය හැකි ය.

⑦ ここは 値段も 安いし、魚も 新しいし、よく 食べに 来ます。
මෙතන මිලත් අඩුයි, මාළුත් නැවුම්. ඒ නිසා නිතරම කන්න එනවා.

මෙහිදී එළඹෙන නිගමනය පැහැදිලි වේ නම්, එය ඉවත් කොට හේතුව පමණක් ප්‍රකාශ කළ හැකි ය.

⑧ どうして この 店へ 来るんですか。
……ここは 値段も 安いし、魚も 新しいし……。
ඇයි මේ කඩේට එන්නෙ?
……මෙතන මිලත් අඩුයි, මාළුත් නැවුම්.

අන්තිම し වෙනුවට හේතුවක් දක්වන から යන පදයෙන් ද නිරූපණය කළ හැකි ය.

⑨ どうして 日本(にほん)の アニメが 好(す)きなんですか。
……話(はなし)も おもしろいし、音楽(おんがく)も すてきですから。
ඇයි ජපන් ඇනිමේ වලට කැමති?
……කතාත් රසවත්, සංගීතයත් ලස්සන නිසා.

## 4. それで

それで භාවිත වන්නේ ඊට පෙර ප්‍රකාශ වූ අන්තර්ගතය හේතුවක් ලෙස සලකා එය ඇසුරෙන් එළඹෙන නිගමනය දැක්වීම සඳහා ය.

⑩ 将来(しょうらい) 小説家(しょうせつか)に なりたいです。それで 今(いま)は アルバイトを しながら 小説(しょうせつ)を 書(か)いて います。
මම අනාගතයේ නවකතා රචකයෙක් වෙන්න කැමතියි. ඒනිසා මම අර්ධ කාලීන වැඩ කරන ගමන් නවකතා ලියනවා.

⑪ ここは コーヒーも おいしいし、食事(しょくじ)も できるし……。
……それで 人気(にんき)が あるんですね。
මෙතන කෝපිත් රහයි. කෑම කන්නත් පුළුවන්.
……ඒකයි ජනප්‍රිය නේද?

## 5. ～ とき ＋නිපාත

විසිතුන්වන පාඩමේදී ඉගෙනගෙන ඇති とき නාම පදයක් වන නිසා, ඉන් පසු නිපාතයක් එකතු කිරීමෙන් භාවිත කළ හැකි ය.

⑫ 勉強(べんきょう)する ときは、音楽(おんがく)を 聞(き)きません。
මම පාඩම් කරන කොට සිංදු අහන්නෙ නැහැ.

⑬ 疲(つか)れた ときや 寂(さび)しい とき、よく 田舎(いなか)の 青(あお)い 空(そら)を 思(おも)い出(だ)す。
මහන්සියක් තනිකමක් දැනෙනකොට, මට නිතරම ගමේ නිල් පාට අහසය මතක් වෙනවා. (තිස්එක්වන පාඩම)

# විසිනවවන පාඩම

## I. වචන මාලාව

| | | |
|---|---|---|
| あきますⅠ<br>　［ドアが～］ | 開きます | ඇරෙනවා [දොර～] |
| しまりますⅠ<br>　［ドアが～］ | 閉まります | වැහෙනවා [දොර～] |
| つきますⅠ<br>　［でんきが～］ | <br>［電気が～］ | පත්තු වෙනවා [විදුලි～] |
| きえますⅡ*<br>　［でんきが～］ | 消えます<br>［電気が～］ | නිවෙනවා [විදුලි～] |
| こわれますⅡ<br>　［いすが～］ | 壊れます | කැඩෙනවා [පුටුව～] |
| われますⅡ<br>　［コップが～］ | 割れます | බිඳෙනවා [කෝප්පය～] |
| おれますⅡ<br>　［きが～］ | 折れます<br>［木が～］ | කැඩෙනවා [ගහ～] |
| やぶれますⅡ<br>　［かみが～］ | 破れます<br>［紙が～］ | ඉරෙනවා [කඩදාසි～] |
| よごれますⅡ<br>　［ふくが～］ | 汚れます<br>［服が～］ | කිලිටු වෙනවා [ඇඳුම～] |
| つきますⅠ<br>　［ポケットが～］ | 付きます | සහිත, තියෙනවා [සාක්කුවක්～] |
| はずれますⅡ<br>　［ボタンが～］ | 外れます | ගැලවෙනවා [බොත්තම～] |
| とまりますⅠ<br>　［くるまが～］ | 止まります<br>［車が～］ | නතර වෙනවා [වාහන～] |
| まちがえますⅡ | | වරදිනවා |
| おとしますⅠ | 落とします | වට්ටනවා, නැති වෙනවා |
| かかりますⅠ<br>　［かぎが～］ | 掛かります | අගුළු වැටෙනවා [දොර～] |
| ふきますⅠ | | පිහදානවා |
| とりかえますⅡ | 取り替えます | මාරු කරනවා |
| かたづけますⅡ | 片づけます | අස් කරනවා |
| ［お］さら | ［お］皿 | පිඟාන |
| ［お］ちゃわん* | | බත් බඳුන, තේ බඳුන |
| コップ | | කෝප්පය |
| ガラス | | වීදුරුව |
| ふくろ | 袋 | බෑග් එක |
| しょるい | 書類 | ලියකියවිලි |
| えだ | 枝 | අත්ත |

| | | |
|---|---|---|
| えきいん | 駅員 | දුම්රිය ස්ථානයේ සේවකයා |
| こうばん | 交番 | පොලිස් ස්ථානය |
| スピーチ | | කථාව (～を します：කථාවක් පවත්වනවා) |
| へんじ | 返事 | උත්තරය (～を します：උත්තර දෙනවා) |
| おさきに どうぞ。 | お先に どうぞ。 | කලින් යන්න. |
| ※源氏物語(げんじものがたり) | | ගෙංජි කතාව (හෙයිඅන් යුගයේදී මුරසකි ෂිකිබු විසින් රචනා කරන ලද නවකතාවකි) |

## 〈会話(かいわ)〉

| | |
|---|---|
| 今(いま)の 電車(でんしゃ) | දැන් පිටත් වූ කෝච්චිය |
| 忘(わす)れ物(もの) | අමතක වූ දේවල් |
| このくらい | මෙපමණ, මෙච්චර |
| ～側(がわ) | ～පැත්ත |
| ポケット | සාක්කුව |
| ～辺(へん) | ～හරියේ |
| 覚(おぼ)えて いません。 | මතක නැහැ. |
| 網棚(あみだな) | රැක් එක |
| 確(たし)か | මට මතක හැටියට |
| [ああ、]よかった。 | සැනසීමක් දැණුනා. (හිත සැනසෙන විට යෙදේ) |
| ※新宿(しんじゅく) | ෂිංජුකු (තෝකියෝ දුම්රිය පල/ස්ථානයක නම) |

## 〈読(よ)み物(もの)〉

| | |
|---|---|
| 地震(じしん) | භූමිකම්පාව |
| 壁(かべ) | බිත්තිය, තාප්පය |
| 針(はり) | කටුව (ඔරලෝසුවේ කටුව) |
| 指(さ)しますⅠ | දක්වනවා |
| 駅前(えきまえ) | දුම්රිය පොළ ඉදිරිපිට |
| 倒(たお)れますⅡ | කඩා වැටෙනවා |
| 西(にし) | බස්නාහිර |
| ～の 方(ほう) | ～පැත්ත |
| 燃(も)えますⅡ | පිච්චෙනවා |
| レポーター | වාර්තාකරු |

29

## II. පරිවර්තනය

### වාක්‍ය රටා

1. ජනේලය වැහිලා.
2. කෝච්චියේ කුඩය අමතක වුණා.

### උදාහරණ වගන්ති

1. රැස්වීම් කාමරේ දොරට අගුලු දාලා තියෙනවා නෙ.
   ……එහෙනම් වතනබෙ මහත්තයාට කියලා ඒක ඇරලවගමු.
2. මේ පරිගණකය පාවිච්චි කෙරුවට කමක් නැද්ද?
   ……ඕක කැඩිලා. අර අතන තියෙන එක පාවිච්චි කරන්න.
3. ස්මිත් මහත්තයා ගෙනාපු වයින් එක කෝ?
   ……ඒක අපි ඔක්කොමලා බිව්වා නෙ.
4. මාත් එක්ක යමු ද?
   ……සමා වෙන්න. මේ ඊ-මේල් එක යවල ඉවර කරන්න ඕන. මම පස්සෙ එන්නම්.
5. පොරොන්දු වෙච්ච වෙලාවට පරක්කු නොවී ඇවිල්ලා ද?
   ……නෑ. පරක්කු වුණා. මොකද මහ වැරදිලා.
6. මොකද වුණෙ?
   ……මගේ බෑග් එක ටැක්සි එකේ දාලා ඇවිල්ලා.

### සංවාදය

**මගේ බෑග් එක අමතක වුණා.**

ඊ: සමා වෙන්න. මේ දැන් ගිය කෝච්චියේ මගේ දෙයක් අමතක වුණා.
දුම්රිය ස්ථාන සේවක: මොකක්ද අමතක වුණේ?
ඊ: නිල්පාට බෑග් එකක්. මේ වගේ සයිස් එකක.
පිටතින් ලොකු පොකට් එකක් තියෙනවා.
දුම්රිය ස්ථාන සේවක: කොයි හරියේ ද තිබ්බෙ?
ඊ: හරියට මතක නෑ. ඒත් රැක් එක උඩ තියලා තිබුණෙ.
දුම්රිය ස්ථාන සේවක: ඒකේ ඇතුලේ මොනවද තිබ්බෙ?
ඊ: මේ… මට මතක හැටියට පොතුයි කුඩයකුයි තිබුණෙ.
දුම්රිය ස්ථාන සේවක: එහෙනම් හොයලා බලන්නම්. පොඩ්ඩක් ඔහොම ඉන්න.

……………………………………………………………

දුම්රිය ස්ථාන සේවක: හම්බ වුණා.
ඊ: ආ, හොඳ වෙලාවට.
දුම්රිය ස්ථාන සේවක: දැන් ෂිංජුකු දුම්රිය පලේ තියෙනවා. මොකද කරන්නේ?
ඊ: ඉක්මනින්ම ගන්න යනවා.
දුම්රිය ස්ථාන සේවක: එහෙනම් ෂිංජුකු දුම්රිය පලේ කාර්යාලයට යන්න.
ඊ: හරි. බොහොම ස්තුතියි.

## III. අදාළ වචන සහ තොරතුරු

### 状態(じょうたい)・様子(ようす)　　තත්ත්වය සහ ආකාරය

太(ふと)っている
මහත් වෙලා

やせている
කෙට්ටු වෙලා

膨(ふく)らんでいる
ඉලිප්පෙනවා, පිම්බෙනවා

穴(あな)が開(あ)いている
සිදුරක් තියෙනවා

曲(ま)がっている
නැමුණු

ゆがんでいる
විකෘති වූ

へこんでいる
ඇතුළට එබුණු, එබිලා

ねじれている
ඇඹරුණු

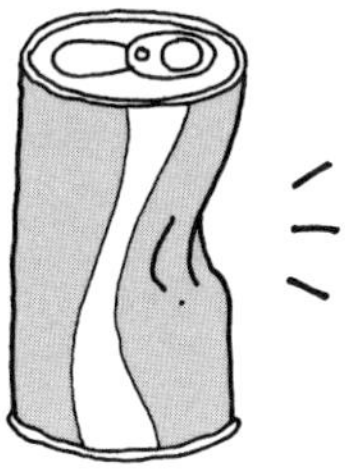

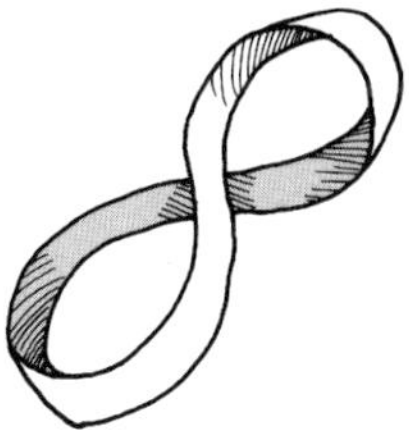

欠(か)けている
පතුරු ගොස්, බිඳුණු

ひびが入(はい)っている
පළුදු වූ, ඉරි තැලූ

腐(くさ)っている
කුණු වූ, නරක් වූ

乾(かわ)いている
වේළිලා

ぬれている
තෙමිලා

凍(こお)っている
අයිස් වෙලා

# IV. ව්‍යාකරණ විස්තර

## 1. ක්‍රියා පදයේ て රූපය います

ක්‍රියා පදයේ て රූපය います යන යෙදුමෙන් දැක්වෙන්නේ ක්‍රියාවක ප්‍රතිඵලයක් එම තත්ත්වයෙන් දිගටම පැවැත්වී තිබෙන බවයි.

① 窓(まど)が 割(わ)れて います。　　ජනේලය කැඩිලා.

② 電気(でんき)が ついて います。　　ලයිට් එක පත්තු වෙලා.

උදාහරණයක් ලෙස ① දැක්වෙන්නේ අතීතයේ යම් කිසි වේලාවකට ජනේලය කැඩී, වර්තමානයේදීත් එම ප්‍රතිඵලය රැඳී තිබෙන බව (ජනේලය කැඩූ තත්ත්වය) ය.

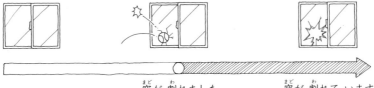

窓(まど)が 割(わ)れました
窓(まど)が 割(わ)れて います

මෙහිදී භාවිත වන්නේ, あきます, しまります, つきます, きえます, こわれます, われます වැනි එම ක්‍රියාව සිදුවීමෙන් පෙර හා පසුව වෙනසක් සිදු වෙමින් පවතින බව දක්වන ක්‍රියා පද ය.
මෙහිදී සැලකිල්ලට ගත යුත්තේ ඇස් ඉදිරියෙන් ඇති තත්ත්වය එලෙසම විස්තර කරන විට, ①② වැනි එම උක්ත が නිපාතයෙන් දැක්වෙන බව ය. උක්තයක් මාතෘකාකරණයට ලක් වන විට, ③ පරිදි は නිපාතය භාවිත කරනු ලැබේ.

③ この いすは 壊(こわ)れて います。　　මේ පුටුව කැඩිලා තියෙනවා.

## 2. ක්‍රියා පදයේ て රූපය しまいました／しまいます

～て しまいました යනු යම් ක්‍රියාවක් සම්පූර්ණයෙන්ම සිදු වූ බවයි. ～て しまいます අනාගතයේදී යම් කිසි වේලාවකට ක්‍රියාවක් සම්පූර්ණයෙන්ම සිදු වන බව දක්වයි.

④ シュミットさんが 持(も)って 来(き)た ワインは みんなで 飲(の)んで しまいました。
ස්මිත් මහත්තයා අරගෙන ආපු වයින් එක ඔක්කොම බීලා ඉවර වුණා.

⑤ 漢字(かんじ)の 宿題(しゅくだい)は もう やって しまいました。
මම දැනටමත් කන්ජි ගෙදර වැඩ ඔක්කොම ඉවර කලා.

⑥ 昼(ひる)ごはんまでに レポートを 書(か)いて しまいます。
මම දවල් කෑමට කලින් වාර්තාවක් ලියලා ඉවර කරනවා.

～て しまいました යන යෙදුමෙන් ⑦ හෝ ⑧ හි ආකාරයට භාෂකයාගේ පසුතැවිලි හෝ කණගාටුදායක හැඟීමක් දක්වයි.

⑦ パスポートを なくして しまいました。　　මගේ ගමන් බලපත්‍රය නැති වෙලා.

⑧ パソコンが 故障(こしょう)して しまいました。　　පරිගණකය කැඩිලා.

## 3. නාම පද (ස්ථාන) に 行(い)きます／来(き)ます／帰(かえ)ります

⑨ (අභ්‍යාස C3 බලන්න.) හි දිශාව දක්වන へ නිපාතය වෙනුවෙන් පැමිණීමේ ස්ථානය දක්වන නිපාතය に භාවිත කරනු ඇත. いきます／きます／かえります යනාදි ක්‍රියා පදවලින් ස්ථාන + へ සහ ස්ථාන + に දෙකම සමඟ භාවිත කළ හැකි ය.

⑨ どこかで 財布(さいふ)を 落(お)として しまったんです。　　කොහෙදි හරි මගේ පර්ස් එක වැටිලා.
……それは 大変(たいへん)ですね。すぐ 交番(こうばん)に 行(い)かないと。
……එපා වෙනවා නේද. ඉක්මනින් පොලිස් ස්ථානයට යන්න වෙයි.

## 4. それ／その／そう

දෙවන පාඩමෙහි නිදර්ශක සර්වනාම තමන් සිටින ස්ථානයේ ඇති දෙයක් සඳහන් කිරීමේදී භාවිත කරන ආකාරය ඉගෙන ගෙන ඇත. මෙහිදී අනෙක් අයගේ කතාබහේ හෝ ලිඛිතව සඳහන් වූ දේවල් පෙන්වා දෙන それ, その, そう පිළිබඳව හඳුන්වා දෙනු ලැබේ.

1）සංවාදයකදී

⑩⑪ හි それ, ⑫ හි その, ⑬ හි そう වලින් අනෙක් අය දැන්ම ප්‍රකාශ කළ අන්තර්ගතය පෙන්වා දෙනු ලැබේ.

⑩ どこかで 財布(さいふ)を 落(お)として しまったんです。
……それは 大変(たいへん)ですね。すぐ 交番(こうばん)に 行(い)かないと。
කොහෙදි හරි මගේ පර්ස් එක වැටිලා.
……එපා වෙනවා නේද. ඉක්මනින් පොලිස් ස්ථානයට යන්න වෙයි.

⑪ 来月(らいげつ)から 大阪(おおさか)の 本社(ほんしゃ)に 転勤(てんきん)なんです。
……それは おめでとう ございます。
ලබන මාසෙ ඉඳලා ඕසකා ප්‍රධාන කාර්යාලයට මට මාරුවක් ලැබුණා.
……ඔබට සුභ පැතුම්. (තිස්එක්වන පාඩම)

⑫ あのう、途中(とちゅう)で やめたい 場合(ばあい)は？
……その 場合(ばあい)は、近(ちか)くの 係員(かかりいん)に 名前(なまえ)を 言(い)って、帰(かえ)って ください。
මේ, අතරමගදී නවත්වන්න ඕන වුණොත්?
……ඒ වෙලාවට ළඟ ඉන්න සේවකයෙක්ට ඔයාගේ නම කියල පිටත් වෙන්න. (හතලිස්පස්වන පාඩම)

⑬ うちへ 帰(かえ)って、休(やす)んだ ほうが いいですよ。
……ええ、そう します。
ගෙදර ගිහින් විවේක ගත්තොත් හොඳයි නෙ.
……ඔව්. එහෙම කරනවා. (තිස්දෙවන පාඩම)

2）ලේඛනය

⑭ හි その ඊට පෙර වාක්‍යයෙහි සඳහන් වූ අන්තර්ගතය පෙන්වා දෙයි.

⑭ 一人(ひとり)で コンサートや 展覧会(てんらんかい)に 出(で)かけると、いいでしょう。その とき 会(あ)った 人(ひと)が 将来(しょうらい)の 恋人(こいびと)に なるかも しれません。
තනියෙන් සංගීත ප්‍රසංගයකට හරි චිත්‍ර ප්‍රදර්ශනයකට හරි ගියොත් හොඳයි නේ. ඒ වෙලාවට හම්බවුණු කෙනෙක් අනාගතයේ ආදරවන්තයා වෙන්න පුළුවන්. (තිස්දෙවන පාඩම)

## 5. ありました

⑮ ［かばんが］ ありましたよ。　　[බෑග් එක] තියෙනවා.

මෙම ありました බෑගයක් තිබෙන බව භාෂකයා සොයා ගත් බව දක්වයි. කලින් එහි බෑගයක් තිබූ බව අදහස් නොදක්වයි.

## 6. どこかで／どこかに

どこか, なにか ට පසු ඇති へ, を නිපාත ඉවත් කළ හැකි නමුත්, どこかで, どこかに යන පදවලට පසු ඇති で, に නිපාත ඉවත් කළ නොහැකි ය.

⑯ どこかで 財布(さいふ)を なくして しまいました。　　කොහේ හරි මගේ පර්ස් එක නැතිවෙලා.

⑰ どこかに 電話(でんわ)が ありますか。　　කොහේ හරි දුරකථන කුටියක් තියෙනව ද?

# තිස්වන පාඩම

## I. වචන මාලාව

| | | |
|---|---|---|
| はります I | | අලවනවා |
| かけます II | 掛けます | එල්ලනවා |
| かざります I | 飾ります | අලංකාර කරනවා |
| ならべます II | 並べます | පිළිවෙලට තියනවා |
| うえます II | 植えます | පැලකරනවා, හිටවනවා |
| もどします I | 戻します | ආපහු දෙනවා, ආපහු තියනවා |
| まとめます II | | සකස් කරනවා, ලුහුඬින් දක්වනවා |
| しまいます I | | දමනවා, අසුරලා තබාගන්නවා |
| きめます II | 決めます | තීරණය කරනවා |
| よしゅうします III | 予習します | පාඩමට පෙර සූදානම් වෙනවා |
| ふくしゅうします III | 復習します | උගත් දෙය නැවත අධ්‍යයනය කරනවා |
| そのままに します III | | තිබූ ආකාරයටම තබනවා |
| じゅぎょう | 授業 | පන්තිය |
| こうぎ | 講義 | දේශනය |
| ミーティング | | රැස්වීම |
| よてい | 予定 | ෂෙඩ්‍යූලය, සැලස්ම, කාලසටහන, වැඩසටහන |
| おしらせ | お知らせ | දැනුම්දීම |
| ガイドブック | | මාර්ගෝපදේශ ග්‍රන්ථය |
| カレンダー | | කැලැන්ඩරය, දින දර්ශනය |
| ポスター | | පෝස්ටරය |
| よていひょう | 予定表 | කාල සටහන, දින සටහන |
| ごみばこ | ごみ箱 | කුණු බාල්දිය |
| にんぎょう | 人形 | බෝනික්කා |
| かびん | 花瓶 | මල් බඳුන |
| かがみ | 鏡 | කණ්ණාඩිය |
| ひきだし | 引き出し | ලාච්චුව |
| げんかん | 玄関 | ප්‍රධාන දොරටුව |
| ろうか | 廊下 | කොරිඩෝව |
| かべ | 壁 | බිත්තිය |
| いけ | 池 | පොකුණ |
| もとの ところ | 元の 所 | කලින් තිබූ ස්ථානය |
| まわり | 周り | වටාපිටාව |
| まんなか* | 真ん中 | මධ්‍ය, මැද |
| すみ | 隅 | කොණ, මුල්ල |
| まだ | | තවම |

## 〈会話（かいわ）〉

| | |
|---|---|
| リュック | ගමන් මල්ල |
| 非常袋（ひじょうぶくろ） | අවදානම් අවස්ථාවක පාවිච්චි කෙරෙන භාණ්ඩ සහිත බෑග් එක |
| 非常時（ひじょうじ） | අවදානම් අවස්ථාව |
| 生活（せいかつ）しますⅢ | ජීවත් වෙනවා |
| 懐中電灯（かいちゅうでんとう） | විදුලි පන්දම |
| ～とか、～とか | ～වැනි ～වැනි |

## 〈読（よ）み物（もの）〉

| | |
|---|---|
| 丸（まる）い | රවුම්, ගෝලාකාර |
| ある ～ | එකමත්～, එක්තරා～ |
| 夢（ゆめ）を 見（み）ますⅡ | හීන බලනවා |
| うれしい | සන්තෝසයි, සතුටුයි |
| 嫌（いや）[な] | අකැමැති, අප්‍රසන්න |
| すると | එතකොට |
| 目（め）が 覚（さ）めますⅡ | ඇහැ ඇරෙනවා |

# II. පරිවර්තනය

## වාක්‍ය රටා

1. පොලිස් කුටියේ නගරයේ සිතියම අලවලා තියෙනවා.
2. විනෝද චාරිකාවකට යන්න කලින් අන්තර්ජාලයෙන් විවිධ තොරතුරු හොයලා බලලා සූදානම් වෙනවා.

## උදාහරණ වගන්ති

1. දුම්රිය පලේ අලුත් වැසිකිළිය වෙනස්.

    ……අහ්? එහෙමද?

    බිත්තිවල මල්, සත්තුන්ගේ චිත්‍ර ඇඳලා තියෙනවා.

2. සෙලෝටේප් එක කොහෙද තියෙන්නෙ?

    ……අර ලාච්චුව ඇතුලේ දාලා තියෙන්නෙ.

3. ලබන මාසෙ ව්‍යාපාර ගමනට හෝටලයක කාමරයක් වෙන්කර තියන්න ද?

    ……ඔව්. වෙන් කරලා දෙන්න.

4. කතුර පාවිච්චි කළොත් ඒක තිබ්බ්ච තැන ආපහු තියන්න.

    ……හරි. තේරුණා.

5. ලියකියවිලි පිළිවෙලට අස්පස් කළාට කමක් නැද්ද?

    ……නෑ, එපා. ඔහොමම තියන්න.

    මොකද ඒක තාම පාවිච්චි කරනවා නෙ.

## සංවාදය

**පෙර සූදානම් බෑග් එකක් සූදානම් කරගන්න ඕන.**

මිලර්: ආයුබෝවන්.

සුසුකි: එන්න. එන්න කෝ ඇතුළට.

මිලර්: ලොකු බැක්පැක් එකක් තියලා තියෙනවා නෙ.

කන්දකට හයික් එකක් යනවා ද?

සුසුකි: නෑ. පෙර සූදානම් බෑගයක් නෙ.

මිලර්: පෙර සූදානම් බෑගයක්? ඒ මොකක්ද?

සුසුකි: හදිසි අවස්ථාවකදී පාවිච්චි කරන දේවල් දාලා තියෙන බෑග් එකක්. විදුලිය හරි ගෑස් හරි නැති වුණත්, දවස් තුනක් විතර ජීවත් වෙන්න පුළුවන් දේවල් දාලා තියෙනවා.

මිලර්: වතුර, ආහාර එහෙම ද?

සුසුකි: ඔව්. වෙනත් විවිධ දේවලුත් තියෙනවා. විදුලි පන්දමක්, රේඩියෝවක් එහෙම…

මිලර්: මමත් ලෑස්ති කරගන්න ඕන.

සුසුකි: පෙර සූදානම් බෑග් එක සුපිරි වෙළඳසැලෙනුත් විකුණනවා.

මිලර්: එහෙමද? එහෙනම් ඒක මිළදී ගෙන ලෑස්ති කරගන්නම්.

## III. අදාළ වචන සහ තොරතුරු

### 非常の場合　හදිසි අවස්ථාවකදී

〔1〕地震の場合　භූමිකම්පා අවස්ථාවකදී

1）備えが大切　පෙර සූදානම් වීම වැදගත්

① 家具が倒れないようにしておく
කාමරයේ ඇති ගෘහභාණ්ඩ නොපෙරලෙන ලෙස ආරක්ෂිතව තබා ගන්න.

② 消火器を備える・水を貯えておく
ගිනි නිවන උපකරණයක් තබා ගන්න. කල් තියා ජලය සූදානම් කර තබා ගන්න.

③ 非常袋を用意しておく
පෙර සූදානම් බෑගයක් සකස් කර පහසුවෙන් සොයා ගත හැකි ස්ථානයක තබන්න. අත්‍යවශ්‍ය දෑ ඇමූ මල්ලක් තබාගන්න.

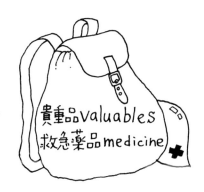

④ 地域の避難場所を確認しておく
ආරක්ෂාව සඳහා යා යුතු ආරක්ෂිත ස්ථානය තහවුරු කරගන්න. ආරක්ෂිත ස්ථානයක් සොයා පරීක්ෂා කර තබා ගන්න.

⑤ 家族、知人、友人と、もしもの場合の連絡先を決めておく
ආරක්ෂාව තහවුරු කිරීම සඳහා පවුලේ අය සහ මිතුරන් සමඟ සම්බන්ධ කරගැනීමේ තොරතුරු හුවමාරු කරගන්න.

2）万一地震が起きた場合　භූමිකම්පාවක් ඇතිවූවිට

① 丈夫なテーブルの下にもぐる
ආරක්ෂිත මේසයක් යටට යන්න.

② 落ち着いて火の始末
කලබල නොවී ගෑස් ලිප හා උඳුන් වැනිදෑ නිවා දමන්න.

③ 戸を開けて出口の確保
පිටතට යාහැකි පරිදි දොර විවරකර තබන්න. පිට වීම සුරක්ෂිත කිරීම සඳහා දොරවල් විවෘත කරන්න.

④ 慌てて外に飛び出さない
කලබලෙන් පිටතට දිවීමට උත්සාහ නොකරන්න.

3）地震が収まったら　භූ කම්පනය නතර වූ පසු

正しい情報を聞く（山崩れ、崖崩れ、津波に注意）
නිවැරදි තොරතුරුවලට සවන් දෙන්න. (කඳු කඩා වැටීම, නායයෑම්, සුනාමිවලට අවධානය දෙන්න)

4）避難する場合は　ආරක්ෂිත ස්ථානයකට ගමන් කරන්නේ නම්.

車を使わず、必ず歩いて
වාහන පදවන්නෙ නැතුව අනිවාර්යෙන්ම ඇවිදගෙන යන්න.

〔2〕台風の場合　සුළිසුළං අවස්ථාවකදී

① 気象情報を聞く　කාලගුණ වාර්තාවලට සවන් දෙන්න.

② 家の周りの点検　නිවස අවට පරීක්ෂා කර බලන්න.

③ ラジオの電池の備えを　රේඩියෝ සඳහා බැටරි සූදානම් කර තබන්න.

④ 水、緊急食品の準備　අවශ්‍ය ජලය සහ ආහාර රැස් කර තබන්න.

30

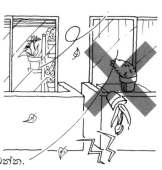

# IV. ව්‍යාකරණ විස්තර

## 1. ක්‍රියා පදයේ て රූපය あります

ක්‍රියා පදයේ て රූපය あります යන යෙදුමෙන් දැක්වෙන්නේ කිසියම් කෙනෙකු කිසියම් අරමුණක් සඳහා කිසියම් ක්‍රියාවක් සිදු කර, එම ප්‍රතිඵලය රැඳී තිබෙන තත්ත්වයයි. මෙම යෙදුමෙන් භාවිත වන ක්‍රියා පද සකර්මක ක්‍රියා පද වේ.

1) නාම පද$_1$ に නාම පද$_2$ が ක්‍රියා පදයේ て රූපය あります

① 机の 上に メモが 置いて あります。　　මේසෙ උඩ කෙටි සටහනක් තියලා තියෙනවා.

② カレンダーに 今月の 予定が 書いて あります。
දින දර්ශනයේ මේ මාසේ කාලසටහන ලියලා තියෙනවා.

2) නාම පද$_2$ は නාම පද$_1$ に ක්‍රියා පදයේ て රූපය あります

නාම පද$_2$ මාතෘකාකරණයට ලක් කරන විට, は නිපාතය භාවිත කරනු ලැබේ.

③ メモは どこですか。　　කෙටි සටහන කොහෙද තියෙන්නෙ?
……［メモは］ 机の 上に 置いて あります。
……[කෙටි සටහන] මේසෙ උඩ තියලා තියෙන්නෙ.

④ 今月の 予定は カレンダーに 書いて あります。
මේ මාසේ කාලසටහන දින දර්ශනයේ ලියලා තියෙනවා.

සංලක්‍ෂ්‍යය: ක්‍රියා පදයේ て රූපය います සහ ක්‍රියා පදයේ て රූපය あります අතර ඇති වෙනස

⑤ 窓が 閉まって います。　　ජනේලය වැහිලා.

⑥ 窓が 閉めて あります。　　ජනේලය වහලා.

⑤⑥ හි දැක්වෙන පරිදි ක්‍රියා පදයේ て රූපය います සහ ක්‍රියා පදයේ て රූපය あります සමඟ පිළිවෙළින් යුගල වන අකර්මක ක්‍රියා පද (しまります) සහ සකර්මක ක්‍රියා පද (しめます) භාවිත කරනු ලැබෙන විට, ⑤ හි දැක්වෙන්නේ ජනේලය වැහී තිබෙන තත්ත්වය ප්‍රකාශ කරන බව පමණක් අතර, ⑥ හි දැක්වෙන්නේ කිසියම් කෙනෙකුගේ ක්‍රියාවෙන් එබඳු තත්ත්වයට පත් වූ බව ය.

## 2. ක්‍රියා පදයේ て රූපය おきます

1) යම් කිසි කාලයකට පෙර අවශ්‍ය ක්‍රියාවක් කර ඉවර කරන බව අදහස් වේ.

⑦ 旅行の まえに、切符を 買って おきます。
විනෝද චාරිකාව යන්න කලින් ටිකට් එක මිලදී ගෙන තියනවා.

⑧ 次の 会議までに 何を して おいたら いいですか。
……この 資料を 読んで おいて ください。
ඊ ළඟ රැස්වීමට කලින් මොනවද කරලා තියන්න ඕන?
……මේ ලියකියවිලි කියවලා තියන්න.

2) ඊළඟ වතාවේ යම් කිසි දෙයක් භාවිත කිරීමට අවශ්‍ය ක්‍රියාවක් අවසන් කිරීම හෝ තාවකාලිකව පියවර ගැනීම අදහස් වේ.

⑨ はさみを 使ったら、元の 所に 戻して おいて ください。
ඔය කතුර පාවිච්චි කෙරුවට පස්සෙ ඒක තිබ්බ තැන ආපහු තියන්න.

3) ප්‍රතිඵලයේ තත්ත්වය පවත්වා ගැනීම අදහස් වේ.

⑩ あした会議が ありますから、いすは この ままに して おいて ください。

හෙට රැස්වීමක් තියෙන නිසා, පුටු මෙහෙමම තියලා තියන්න.

සංලක්ෂ්‍යය: කතා කරන භාෂාවේදී බොහෝ විට ～て おきます යන යෙදුම ～ときます ලෙස ප්‍රකාශ වේ.

⑪ そこに 置いといて（置いて おいて）ください。

ඔතන තියලා තියන්න. (තිස්අටවන පාඩම)

**3.** まだ + ඇත අර්ථය　තවම

⑫ まだ 雨が 降って います。　තවම වැස්ස වහිනවා.

⑬ 道具を 片づけましょうか。

……まだ 使って いますから、その ままに して おいて ください。

උපකරණ ඉවත් කරන්න ද?

……තවම පාවිච්චි කරනවා. ඔහොමම තියන්න.

මෙම まだ යනු තවම යන අර්ථයකි. එය ක්‍රියාවක් හෝ තත්ත්වයක් පවතින බව දක්වයි.

**4.** とか

とか යන පදය や සේම උදාහරණ සඳහන් කරන විට භාවිත කරනු ලැබේ. や ට සාපේක්ෂව සාපේක්ෂව වාචික ස්වරූපයක් තිබෙන අතර, අන්තිම නාම පදයට පසුවත් භාවිත කළ හැකි ය.

⑭ どんな スポーツを して いますか。

……そうですね。テニスとか 水泳とか……。

මොන වගේ ක්‍රීඩා ද කරන්නෙ?

……ම්ම්. ටෙනිස් ගහනවා, පීනනවා, එහෙම.

**5.** විභක්ති සූචක නිපාත + も

が හෝ を ට එක් වූ නාම පදවලට も එක් වන විට, が හෝ を ඉවත් වේ. මෙම නිපාත දෙකට හැර සෙසු නිපාත (උදා: に, で, から, まで, と) නම්, ඒවාට පසු එකතු වේ. へ ඉවත් කළත් නැතත් කමක් නැත.

⑮ ほかにも いろいろ あります。　තවත් විවිධ දේවල් තියෙනවා.

⑯ どこ[へ]も 行きません。　කොහේවත්ම යන්නෙ නැහැ.

30

# තිස්එක්වන පාඩම

## I. වචන මාලාව

| | | |
|---|---|---|
| つづけますII | 続けます | දිගටම කරගෙන යනවා |
| みつけますII | 見つけます | හොයාගන්නවා |
| とりますI<br>[やすみを～] | 取ります<br>[休みを～] | ගන්නවා [නිවාඩු～] |
| うけますII<br>[しけんを～] | 受けます<br>[試験を～] | පෙනී සිටිනවා [විභාගයට～] |
| もうしこみますI | 申し込みます | ඉල්ලුම් කරනවා, අයදුම් කරනවා |
| きゅうけいしますIII | 休憩します | විවේක ගන්නවා |
| れんきゅう | 連休 | දිග නිවාඩු |
| さくぶん | 作文 | රචනාව |
| はっぴょう | 発表 | ඉදිරිපත් කිරීම (～ します：ඉදිරිපත් කරනවා) |
| てんらんかい | 展覧会 | චිත්‍ර ප්‍රදර්ශනය |
| けっこんしき | 結婚式 | මඟුල් උත්සවය |
| [お]そうしき* | [お]葬式 | අවමඟුල් උත්සවය |
| しき* | 式 | උත්සවය |
| ほんしゃ | 本社 | ප්‍රධාන කාර්යාලය |
| してん | 支店 | ශාඛාව |
| きょうかい | 教会 | පල්ලිය |
| だいがくいん | 大学院 | පශ්චාත් උපාධි අධ්‍යාපන ආයතනය |
| どうぶつえん | 動物園 | සත්වෝද්‍යානය |
| おんせん | 温泉 | උණුදිය උල්පත් |
| かえり | 帰り | ආපසු පැමිණීම |
| おこさん | お子さん | (වෙන කෙනෙකුගේ) ළමයා |
| ーごう | ー号 | අංක－ |
| ～の ほう | ～の 方 | ～පැත්ත |
| ずっと | | දිගටම |
| ※バリ | | බාලි (ඉන්දුනීසියාවේ දූපතක්) |
| ※ピカソ | | පැබ්ලෝ පිකාසෝ (1881-1973, ස්පාඤ්ඤ ජාතික සිත්තම්කරුවෙකි) |
| ※のぞみ | | බුලට් දුම්රියේ නම (～42号(ごう)：නොසොමි අංක 42) |
| ※新神戸(しんこうべ) | | ෂින්කෝබෙ (හ්‍යෝගො ප්‍රාන්තයේ පිහිටි දුම්රිය පලේ නම) |

31

### 〈会話(かいわ)〉

| | |
|---|---|
| 残(のこ)ります I | රැඳී සිටිනවා, ඉතිරි වෙනවා |
| 入学試験(にゅうがくしけん) | (අධ්‍යාපන ආයතනයකට) ඇතුළත් වීමේ විභාගය |
| 月(つき)に | මාසෙකට |

### 〈読(よ)み物(もの)〉

| | |
|---|---|
| 村(むら) | ගම |
| 卒業(そつぎょう)します III | අධ්‍යාපන කටයුතු නිම කරනවා, උපාධිය ලබාගන්නවා |
| 映画館(えいがかん) | සිනමා ශාලාව |
| 嫌(いや)[な] | අකැමැති, අප්‍රසන්න |
| 空(そら) | අහස |
| 閉(と)じます II | වහනවා |
| 都会(とかい) | නගරය |
| 子(こ)どもたち | ළමයි |
| 自由(じゆう)に | නිදහසේ |

31

## II. පරිවර්තනය

### වාක්‍ය රටා

1. අපි එකට යමු.
2. මම අනාගතයේ මගේම සමාගමක් හදන්න කියලා හිතාගෙන ඉන්නවා.
3. මම ලබන මාසෙ වාහනයක් මිලදී ගන්න ඉන්නවා.

### උදාහරණ වගන්ති

1. මහන්සියි නෙ. පොඩ්ඩක් විවේකයක් ගමු ද?
   ……ඔව්. ගමු.
2. අලුත් අවුරුද්දට මොනවද කරන්නෙ?
   ……පවුලේ අයත් එක්ක උණුදිය උල්පතකට යන්න කියලා හිතාගෙන ඉන්නවා.
3. දැනටමත් වාර්තාව ලියලා ඉවර ද?
   ……නෑ. තවම ඉවර නෑ.
   සිකුරාදා වෙද්දි ලියලා ඉවර කරන්න කියලා හිතාගෙන ඉන්නවා.
4. ආපහු ඔයාගේ රටට ගියත් ජපන් භාෂාව ඉගෙන ගන්න එක දිගටම කරගෙන යනවද?
   ……ඔව්. දිගටම ඉගෙන ගන්නවා.
5. ගිම්හාන නිවාඩුවට ඔයාගේ රටට ආපහු යන්නෙ නැද්ද?
   ……නෑ. පශ්චාත් උපාධියේ විභාගයට මුහුණ දෙන්න තියෙන නිසා මේ අවුරුද්දේ නම් ආපහු යන්නෙ නෑ.
6. හෙට ඉඳලා නිව්යෝක්වලට ව්‍යාපාර ගමනක් යනවා.
   ……එහෙම ද? කවදාද ආපහු එන්නෙ?
   ලබන සතියේ සිකුරාදාට ආපහු එන්න ඉන්නෙ.

### සංවාදය

**මම ඉවුම් පිහුම් ඉගෙන ගන්න කියලා හිතාගෙන ඉන්නවා.**

ඔගවා: ලබන මාසෙ ඉඳලා තනිකඩ වෙනවා.

මිලර්: අහ්?

ඔගවා: ඇත්තම කිව්වොත්, ඕසකා ප්‍රධාන කාර්යාලයට මාරුවීමක් ලැබුණා.

මිලර්: ප්‍රධාන කාර්යාලයට? සුභ පැතුම්.
හැබැයි ඇයි තනිකඩ වෙනවා කියලා කියන්නෙ?

ඔගවා: මගේ බිරිඳයි දරුවොයි තෝකියෝ වල තනි වෙනවා.

මිලර්: අහ්? එක්කන් යන්නෙ නැද්ද?

ඔගවා: නෑ. පුතාට ලබන අවුරුද්දේ විශ්වවිද්‍යාල ප්‍රවේශ විභාග තියෙන නිසා, තෝකියෝවල ඉන්නවා කියලා කියනවා. මගේ බිරිඳත් වැඩ කරන සමාගමෙන් ඉල්ලා අස් වෙන්න කැමති නෑ කියලා කියනවා නෙ.

මිලර්: ඒකයි වෙන වෙනම ජීවත් වෙන්නෙ.

ඔගවා: ඔව්. හැබැයි මාසෙකට දෙක තුන් සැරයක් සති අන්තයේදී ආපහු යන්න කියලා බලාපොරොත්තුවෙන් ඉන්නවා.

මිලර්: හරි කරදරයි නෙ.

ඔගවා: හැබැයි ඉතින් හොඳ අවස්ථාවක්. ඉවුම් පිහුම් ඉගෙන ගන්න හිතාගෙන ඉන්නවා.

මිලර්: ඒක හොඳයි නෙ.

31

## III. අදාළ වචන සහ තොරතුරු

### 専門（せんもん）　විෂය ක්ෂේත්‍රය

| | | | |
|---|---|---|---|
| 医学（いがく） | වෛද්‍ය විද්‍යාව | 政治学（せいじがく） | දේශපාලන විද්‍යාව |
| 薬学（やくがく） | ඖෂධ විද්‍යාව | 国際関係学（こくさいかんけいがく） | ජාත්‍යන්තර සබඳතා අධ්‍යයනය |
| 化学（かがく） | රසායන විද්‍යාව | 法律学（ほうりつがく） | නීති විද්‍යාව |
| 生化学（せいかがく） | ජෛවරසායන විද්‍යාව | 経済学（けいざいがく） | ආර්ථික විද්‍යාව |
| 生物学（せいぶつがく） | ජීව විද්‍යාව | 経営学（けいえいがく） | ව්‍යාපාර පරිපාලනය |
| 農学（のうがく） | කෘෂිකර්ම විද්‍යාව | 社会学（しゃかいがく） | සමාජ විද්‍යාව |
| 地学（ちがく） | භූ විද්‍යාව | 教育学（きょういくがく） | අධ්‍යාපන වේදය |
| 地理学（ちりがく） | භූගෝල විද්‍යාව | 文学（ぶんがく） | සාහිත්‍යය |
| 数学（すうがく） | ගණිතය | 言語学（げんごがく） | වාග් විද්‍යාව |
| 物理学（ぶつりがく） | භෞතික විද්‍යාව | 心理学（しんりがく） | මනෝවිද්‍යාව |
| 工学（こうがく） | ඉංජිනේරු විද්‍යාව | 哲学（てつがく） | දර්ශනය |
| 土木工学（どぼくこうがく） | සිවිල් ඉංජිනේරු විද්‍යාව | 宗教学（しゅうきょうがく） | ආගමික අධ්‍යයනය |
| 電子工学（でんしこうがく） | ඉලෙක්ට්‍රෝනික විද්‍යාව | 芸術（げいじゅつ） | කලාව |
| 電気工学（でんきこうがく） | විද්‍යුත් ඉංජිනේරු විද්‍යාව | 美術（びじゅつ） | සෞන්දර්යය |
| 機械工学（きかいこうがく） | යාන්ත්‍රික ඉංනේරු විද්‍යාව | 音楽（おんがく） | සංගීතය |
| コンピューター工学（こうがく） | පරිගණක විද්‍යාව | 体育学（たいいくがく） | ශාරීරික අධ්‍යාපනය |
| 遺伝子工学（いでんしこうがく） | ජාන ඉංජිනේරු විද්‍යාව | | |
| 建築学（けんちくがく） | වාස්තු විද්‍යාව | | |
| 天文学（てんもんがく） | තාරකා විද්‍යාව | | |
| 環境科学（かんきょうかがく） | පරිසර විද්‍යාව | | |

## IV. ව්‍යාකරණ විස්තර

### 1. චේතනා රූපය

ます රූපයෙන් චේතනා රූපය සකස් කරන ආකාරය පහත සඳහන් වන පරිදි දැක්වේ. (පෙළ පොතේ තිස්එක් වන පාඩමේ අභ්‍යාස A1 බලන්න.)

I වන වර්ගයේ ක්‍රියා පද: ます රූපයේ ක්‍රියා ප්‍රකෘතියේ අග ශබ්ද වන い ස්වරය お ස්වරය බවට පත් කර う එක් කෙරේ.

かき－ます　→　かこ－う　　いそぎ－ます　→　いそご－う

よみ－ます　→　よも－う　　あそび－ます　→　あそぼ－う

II වන වර්ගයේ ක්‍රියා පද: ます රූපයෙන් ます ප්‍රත්‍යය ඉවත් කොට එම ක්‍රියා ප්‍රකෘතිය සමඟ よう එක් කෙරේ.

たべ－ます　→　たべ－よう　　み－ます　→　み－よう

III වන වර්ගයේ ක්‍රියා පද:

し－ます　→　し－よう　　き－ます　→　こ－よう

### 2. චේතනා රූපයේ භාවිතය

1) ～ましょう යන පදයේ සාමාන්‍ය රූපය වශයෙන් සාමාන්‍ය විලාසයේ වාක්‍යවල යෙදේ.

① ちょっと 休(やす)まない？　　පොඩ්ඩක් විවේක ගමු ද?

……うん、休(やす)もう。　　……ඔව්. ගමු.

② 手伝(てつだ)おうか。　　උදව් කරන්න ද?

③ 傘(かさ)を 持(も)って 行(い)こうか。　　කුඩයක් අරන් යන්න ද?

සංලක්ෂ්‍යය: සාමාන්‍ය විලාසයේ ප්‍රශ්නවාචී වාක්‍යයට සාමාන්‍ය වශයෙන් වාක්‍ය අවසානයට か නිපාතය එකතු නොකෙරේ. නමුත් ②③ වැනි ～ましょうか සාමාන්‍ය විලාසයේ ප්‍රශ්නවාචී වාක්‍යයෙහි භාවිත කරන විට, වාක්‍ය අවසානයෙහි か නිපාතය අවශ්‍ය වන බව සැලකිල්ලට ගත යුතු ය.

2) ක්‍රියා පදයේ චේතනා රූපය と 思(おも)って います

මෙම වාක්‍ය රටාව යෙදෙන්නේ භාෂකයාගේ කැමැත්ත අනෙක් කෙනාට ප්‍රකාශ කිරීම සඳහා ය. ක්‍රියා පදයේ චේතනා රූපය と おもいます යන යෙදුමත් එම අර්ථයෙන්ම භාවිත කරනු ලැබේ. නමුත් ක්‍රියා පදයේ චේතනා රූපය と おもって います යනුවෙන් මේ වන විට නියම කාලවකාවනුවක චේතනාව ඇති බව දැක්වේ.

④ 週末(しゅうまつ)は 海(うみ)へ 行(い)こうと 思(おも)って います。

මම සති අන්තයේ මුහුදට යන්න හිතාගෙන ඉන්නවා.

⑤ 今(いま)から 銀行(ぎんこう)へ 行(い)こうと 思(おも)います。　　මම දැන් බැංකුවට යන්න හිතාගෙන ඉන්නවා.

සංලක්ෂ්‍යය: ක්‍රියා පදයේ චේතනා රූපය と おもいます යනුවෙන් භාෂකයාගේ කැමැත්ත පමණක් ප්‍රකාශ කළ හැකි ය. නමුත් ක්‍රියා පදයේ චේතනා රූපය と おもって います යනුවෙන් තුන්වන පාර්ශවයගේ චේතනා ප්‍රකාශ කළ හැකි ය.

⑥ 彼(かれ)は 学校(がっこう)を 作(つく)ろうと 思(おも)って います。

ඔහු ඉස්කෝලයක් හදන්න හිතාගෙන ඉන්නවා.

### 3.

| | |
|---|---|
| ක්‍රියා පදයේ ශබ්දකෝෂ රූපය<br>ක්‍රියා පදයේ ない රූපය ない | つもりです |

ක්‍රියා පදයේ ශබ්දකෝෂ රූපය つもりです කැමැත්ත දක්වයි. එම යෙදුමේ නිශේධනාර්ථ රූපය ලෙස ක්‍රියා පදයේ ない රූපය ない つもりです භාවිත කරනු ලැබේ.

⑦ 国へ 帰っても、日本語の 勉強を 続ける つもりです。

මගේ රටට ආපහු ගියත් ජපන් භාෂාව දිගටම ඉගෙන ගන්නවා කියලා හිතාගෙන ඉන්නවා.

⑧ あしたからは たばこを 吸わない つもりです。

මම හෙට ඉඳලා සිගරට් බොන්නෙ නැහැ කියලා හිතාගෙන ඉන්නවා.

සංලක්ෂ්‍යය: ක්‍රියා පදයේ චේතනා රූපය と おもって います සහ ක්‍රියා පදයේ ශබ්දකෝෂ රූපය つもりです දක්වන අර්ථ අතර එතරම් වෙනසක් නැත. නමුත් නිශ්චිත චේතනාවක් හෝ අධිෂ්ඨානයක් දැක්වීම සඳහා බොහෝ විට ක්‍රියා පදයේ ශබ්දකෝෂ රූපය つもりです භාවිත කරනු ලැබේ.

**4.** | ක්‍රියා පදයේ ශබ්දකෝෂ රූපය / නාම පද の } 予定です |

මෙය යොදාගත් දිනයක්, කාල සටහනක් පිළිබඳව පැවසීමේදී භාවිත වෙයි.

⑨ 7月の 終わりに ドイツへ 出張する 予定です。

මට ජූලි මාසෙ අවසානයේ ජර්මනියට ව්‍යාපාරික ගමනක් යන්න තියෙනවා.

⑩ 旅行は 1週間ぐらいの 予定です。

විනෝද චාරිකාව සතියක් විතර තියෙනවා.

**5.** | まだ ක්‍රියා පදයේ て රූපය いません |

මෙම ප්‍රකාශයෙන් දැක්වෙන්නේ වාක්‍යයක් ප්‍රකාශ කරන වේලාවට සිද්ධියක් සිදු නොවූ බව හෝ ක්‍රියාවක් සම්පූර්ණයෙන් ඉවර නොකළ බව ය.

⑪ 銀行は まだ 開いて いません。　බැංකුව තාම ඇරලා නෑ.

⑫ レポートは もう 書きましたか。　වාර්තාව දැනටමත් ලියලා ඉවර ද?

……いいえ、まだ 書いて いません。　……නෑ. තාම ලියලා ඉවර නැහැ.

**6.** | 帰ります ー 帰り |

⑬⑭ වැනි ます රූපයට සමාන වන රූපය නාම පදයක් ලෙස භාවිත කළ හැකි ය.

⑬ 帰りの 新幹線は どこから 乗りますか。

ආපහු යන ෂිකන්සෙන් එකට නගින්නෙ කොතනින් ද?

⑭ 休みは 何曜日ですか。　නිවාඩු දවස කවදාද? (හතරවන පාඩම)

ඊට අමතරව පහත සඳහන් ක්‍රියා පද තිබේ.

遊びます ー 遊び　答えます ー 答え

申し込みます ー 申し込み　楽しみます (විනෝද වෙනවා) ー 楽しみ

# තිස්දෙවන පාඩම

## I. වචන මාලාව

| | | |
|---|---|---|
| うんどうしますⅢ | 運動します | ව්‍යායාම කරනවා |
| せいこうしますⅢ | 成功します | සාර්ථක වෙනවා |
| しっぱいしますⅢ* | 失敗します | අසමත් වෙනවා [විභාගය～] |
| [しけんに～] | [試験に～] | |
| ごうかくしますⅢ | 合格します | සමත් වෙනවා [විභාගය～] |
| [しけんに～] | [試験に～] | |
| やみますⅠ | | පායනවා [වැස්ස～] |
| [あめが～] | [雨が～] | |
| はれますⅡ | 晴れます | පායනවා |
| くもりますⅠ | 曇ります | අහස වලාකුලින් බර වෙනවා |
| つづきますⅠ | 続きます | දිගටම පවතිනවා [උණ～] |
| [ねつが～] | [熱が～] | |
| ひきますⅠ | | හැදෙනවා [හෙම්බිරිස්සාව～] |
| [かぜを～] | | |
| ひやしますⅠ | 冷やします | සිසිල් කරනවා |
| こみますⅠ | 込みます | තදබද වෙනවා [පාර～] |
| [みちが～] | [道が～] | |
| すきますⅠ | | තදබදය අඩු වෙනවා [පාර～] |
| [みちが～] | [道が～] | |
| でますⅡ | 出ます | සහභාගි වෙනවා |
| [しあいに～] | [試合に～] | [තරඟයට～] |
| [パーティーに～] | | [සාදයට～] |
| むりを しますⅢ | 無理を します | පමණට වඩා වෙහෙස මහන්සි වෙනවා |
| じゅうぶん[な] | 十分[な] | හොඳටම ඇති |
| おかしい | | අමුතු, විහිලුසහතග |
| うるさい | | සද්දයි |
| せんせい | 先生 | දොස්තර |
| やけど | | පිළිස්සීම (～を します：පිළිස්සෙනවා) |
| けが | | තුවාලය (～を します：තුවාල වෙනවා) |
| せき | | කැස්ස (～を します／～が でます：කහිනවා, කැස්ස හැදෙනවා) |
| インフルエンザ | | ඉන්ෆ්ලුවෙන්සා, ෆ්ලූ |
| そら | 空 | අහස |
| たいよう* | 太陽 | ඉර |
| ほし | 星 | තරු |
| かぜ | 風 | සුළඟ |

| | | |
|---|---|---|
| ひがし* | 東 | නැගෙනහිර |
| にし | 西 | බස්නාහිර |
| みなみ | 南 | දකුණ |
| きた* | 北 | උතුර |
| こくさい～ | 国際～ | ජාත්‍යන්තර～ |
| すいどう | 水道 | ටැප් එක |
| エンジン | | එන්ජිම |
| チーム | | කණ්ඩායම |
| こんや | 今夜 | අද රෑ |
| ゆうがた | 夕方 | හැන්දෑව, සන්ධ්‍යාව |
| まえ | | කලින්, පෙර |
| おそく | 遅く | පරක්කු වෙලා |
| こんなに* | | මෙච්චර, මේ තරම් |
| そんなに* | | ඔච්චර, ඔය තරම් (අසන්නාට අදාළ දේ සම්බන්ධව) |
| あんなに | | අච්චර, අර තරම්, ඒ තරම් (අසන්නාට ද කතාකරන්නාට ද අදාළ නොවන දේ සම්බන්ධව) |
| ※ヨーロッパ | | යුරෝපය |

## 〈会話（かいわ）〉

| | |
|---|---|
| 元気（げんき） | සනීපය, ලෙඩ දුකකින් තොරව |
| 胃（い） | බඩ, උදරය |
| ストレス | ආතතිය |
| それは いけませんね。 | ඒක හොඳ නැහැ නෙ. |

## 〈読み物（よみもの）〉

| | |
|---|---|
| 星占い（ほしうらない） | කේන්ද්‍ර බැලීම |
| 牡牛座（おうしざ） | වෘෂභ ලග්නය |
| 働きすぎ（はたらきすぎ） | වැඩ කරනවා වැඩියි |
| 困ります（こまります）I | කරදරයට පත් වෙනවා |
| 宝くじ（たからくじ） | ලොතරැයිය |
| 当たります（あたります）I ［宝くじ（たからくじ）が～］ | ඇදෙනවා [ලොතරැයිය～] |
| 健康（けんこう） | සෞඛ්‍යය |
| 恋愛（れんあい） | ආදරය, ප්‍රේමය |
| 恋人（こいびと） | ආදරවන්තයා |
| ラッキーアイテム | ශුභ ඵල උදාකරන භාණ්ඩ |
| 石（いし） | ගල් |

## II. පරිවර්තනය

### වාක්‍ය රටා

1. හැමදාම ව්‍යායාම කළොත් හොඳයි.
2. හෙට හිම වැටෙයි.
3. පොරොන්දු වෙච්ච වෙලාවට පරක්කු වෙන්න පුළුවන්.

### උදාහරණ වගන්ති

1. ශිෂ්‍යයන්ගේ අර්ධ කාලීන රස්සාව ගැන මොකද හිතන්නෙ?
   ……හොඳයි කියලා හිතනවා. මොකද, තරුණ කාලේ විවිධ අත්දැකීම් ලබාගන්න එක වඩා හොඳයි කියලා හිතන නිසා.
2. මාසයක් විතර යුරෝපයට සංචාරය කරන්න යන්න කැමතියි. යෙන් ලක්ෂ හතරක් විතර තිබුණොත් ඇති ද?
   ……ඇති කියලා හිතනවා. හැබැයි කෑෂ් නොගෙන යන එක වඩා හොඳයි.
3. සර්, ජපන් ආර්ථික තත්ත්වය මොකක් වෙයිද?
   ……හ්ම්…තාම යම් කාලයක් යනකම් හොඳ තත්ත්වයට පත් නොවේවි.
4. සර්. හන්ස්ට ෆ්ලූ එක හැදිලා ද?
   ……ඔව්. ෆ්ලූ එක. දවස් දෙක තුනක් හොඳටම උණ පවතින්න පුළුවන්. ඒත් බය වෙන්න එපා.
5. එන්ජිමෙන් අමුතු ශබ්ද ඇහෙනවා නෙ.
   ……ඔව්. දෝෂයක් වෙන්න පුළුවන්.
   පොඩ්ඩක් පරීක්ෂා කරලා බලන්නම්.

### සංවාදය

**සෞඛ්‍යය ගැන නොසලකා ඕනෑවට වඩා මහන්සි වෙන්න හොඳ නෑ නෙ.**

ඔගවා: ස්මිත් මහත්තයා, ඔයාට සනීප නෑ වගේ.
මොකද වුණෙ?

ස්මිත්: මේ දවස්වල සෞඛ්‍ය තත්ත්වය හොඳ මදි.
ඉඳලා හිටලා ඔළුව රිදෙනවා, බඩ රිදෙනවා.

ඔගවා: ඒක හොඳ නෑ නෙ. කාර්යබහුල ද?

ස්මිත්: ඔව්. අතිකාල වැඩ අධිකයි.

ඔගවා: ආතතිය ඇති වෙන්නත් පුළුවන් නෙ.
එක වතාවක් ඉස්පිරිතාලෙට ගිහින් ඩොක්ටර්ට කියලා චෙක් කරවගත්තොත් වඩා හොඳයි.

ස්මිත්: ඔව්. ඒක තමයි.

ඔගවා: සෞඛ්‍යය ගැන නොසලකා ඕනෑවට වඩා මහන්සි වෙන්න හොඳ නෑ නෙ.

ස්මිත්: ඔව්. දැන් කරන වැඩේ ඉවර වුණාට පස්සෙ නිවාඩු ගන්න හිතාගෙන ඉන්නවා.

ඔගවා: ඒක හොඳයි.

# III. අදාළ වචන සහ තොරතුරු

## 天気予報　カ<ruby>てんきよほう</ruby>ලගුණ අනාවැකිය
<ruby>てんきよほう</ruby>

☀ 晴れ<ruby>は</ruby>
වැසි රහිත කාලගුණ තත්ත්වයක්

☁ 曇り<ruby>くも</ruby>
වලාකුළු සහිත කාලගුණයක්

☂ 雨<ruby>あめ</ruby>
වැසි

☃ 雪<ruby>ゆき</ruby>
හිම

晴れのち曇り<ruby>は</ruby><ruby>くも</ruby>
අව්ව සහිත කාලගුණයකින් පසු වලාකුළු
සහිත කාලගුණයක්

曇り時々雨<ruby>くも</ruby><ruby>ときどきあめ</ruby>
වලාකුළු සහිත කාලගුණ තත්ත්වයක
විටින් විට වැසි ඇතිවේ

曇り所によって雨<ruby>くも</ruby><ruby>ところ</ruby><ruby>あめ</ruby>
වලාකුළු සහිත කාලගුණ තත්ත්වයක
සමහර ස්ථානවල වැසි ඇති වේ

降水確率<ruby>こうすいかくりつ</ruby>
වැසි ඇතිවීමේ සම්භාවිතාව

最高気温<ruby>さいこうきおん</ruby>
උපරිම උෂ්ණත්වය

最低気温<ruby>さいていきおん</ruby>
අවම උෂ්ණත්වය

北海道地方<ruby>ほっかいどうちほう</ruby>
හොක්කයිඩෝ කලාපය

札幌<ruby>さっぽろ</ruby> ☀

東北地方<ruby>とうほくちほう</ruby>
තෝහොකු කලාපය

仙台<ruby>せんだい</ruby> ☀

長野<ruby>ながの</ruby>

中国地方<ruby>ちゅうごくちほう</ruby>
චූගොකු කලාපය

近畿地方<ruby>きんきちほう</ruby>
කින්කි කලාපය

中部地方<ruby>ちゅうぶちほう</ruby>
චූබු කලාපය

東京<ruby>とうきょう</ruby>

関東地方<ruby>かんとうちほう</ruby>
කන්තෝ කලාපය

松江<ruby>まつえ</ruby>

大阪<ruby>おおさか</ruby>

名古屋<ruby>なごや</ruby>

高知<ruby>こうち</ruby>

四国地方<ruby>しこくちほう</ruby>
ශිකොකු කලාපය

鹿児島<ruby>かごしま</ruby>

九州地方<ruby>きゅうしゅうちほう</ruby>
කියුෂු කලාපය

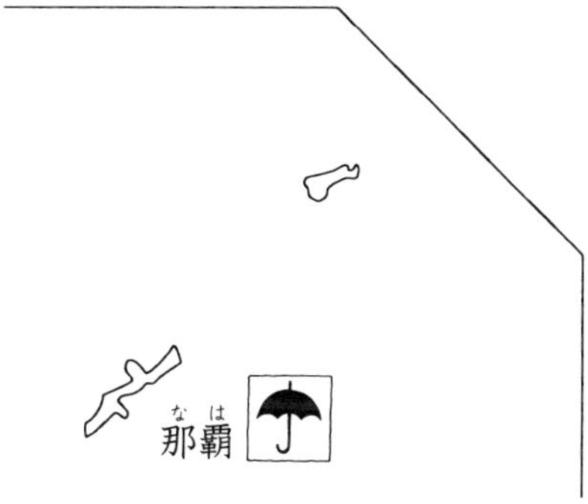

那覇<ruby>なは</ruby>

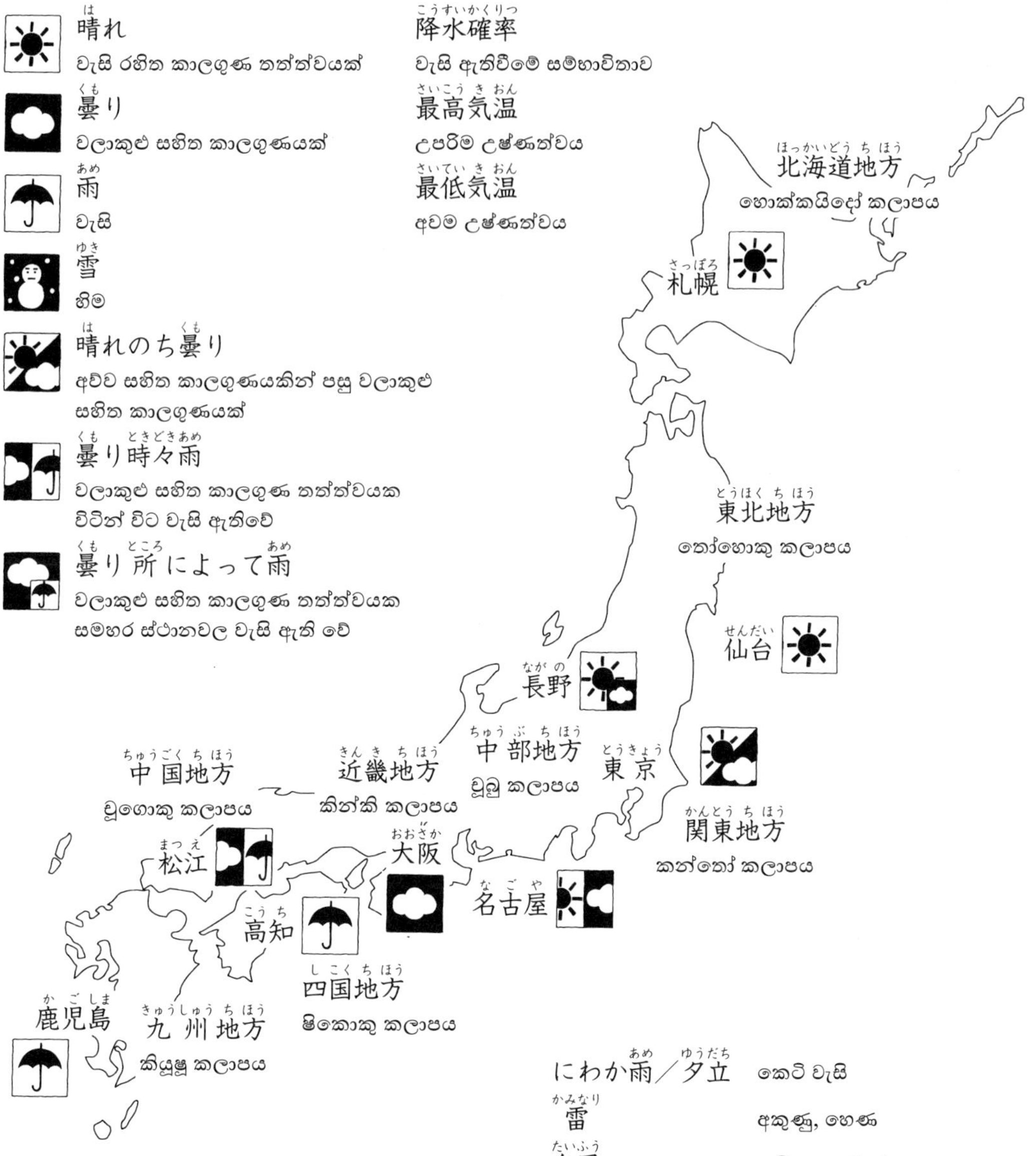

| | |
|---|---|
| にわか雨<ruby>あめ</ruby>／夕立<ruby>ゆうだち</ruby> | කෙටි වැසි |
| 雷<ruby>かみなり</ruby> | අකුණු, හෙණ |
| 台風<ruby>たいふう</ruby> | සුළිසුළඟ, මාරුතය |
| 虹<ruby>にじ</ruby> | දේදුන්න |
| 風<ruby>かぜ</ruby> | සුළඟ |
| 雲<ruby>くも</ruby> | වලාකුළු |
| 湿度<ruby>しつど</ruby> | ආර්දුතාව |
| 蒸し暑い<ruby>むしあつ</ruby> | අධික රස්නය/උෂ්ණත්වය (ඩහදියෙන් තෙත්වන තරමට) |
| さわやか[な] | සනීප, සැපදායක |

## IV. ව්‍යාකරණ විස්තර

**1.**

| | |
|---|---|
| ක්‍රියා පදයේ た රූපය<br>ක්‍රියා පදයේ ない රූපය ない | ほうが いいです |

① 毎日(まいにち) 運動(うんどう)した ほうが いいです。　　හැමදාම ව්‍යායාම කළොත් හොඳයි.

② 熱(ねつ)が あるんです。

……じゃ、おふろに 入(はい)らない ほうが いいですよ。

මට උණ හැදිලා.

……එහෙනම් නාන්නෙ නැතුව හිටියොත් හොඳයි නේද.

මෙම වාක්‍ය රටාව ශ්‍රාවකයාට උපදෙස් හෝ අවවාද දීම සඳහා භාවිත කරනු ලැබේ. ක්‍රියා පදයේ た රූපය ほうが いいです යනුවෙන් සිද්ධි දෙකක් හෝ දේවල් දෙකක් සසඳා බලා තෝරාගැනීමේ අර්ථය නිරූපණය කෙරෙන නිසා, එම ක්‍රියාව නොකළහොත් එය හොඳ නොමැති බව හැඟේ. එමඟින් ශ්‍රාවකයාව පාලනය කරන්නට හදන අර්ථය දිය හැකි ය. යම් කිසි ක්‍රියාවක් කිරීමට පොළඹන්නට පමණක් නම් ～たら いい (විසිහයවන පාඩම) භාවිත කරනු ලැබේ.

③ 日本(にほん)の お寺(てら)が 見(み)たいんですが……。

……じゃ、京都(きょうと)へ 行(い)ったら いいですよ。

මට ජපන් පන්සල් බලන්න ආසයි.

……එහෙනම් කියෝතෝවලට ගියොත් හොඳයි නෙ.

**2.**

| | | |
|---|---|---|
| ක්‍රියා පද<br>い- නාම විශේෂණ | සාමාන්‍ය රූපය | でしょう |
| な- නාම විශේෂණ<br>නාම පද | සාමාන්‍ය රූපය<br>～だ | |

～でしょう යෙදෙන්නේ අනාගතය හෝ අවිනිශ්චිත දේවල් පිළිබඳව භාෂකයා තමන්ගේ අදහස් නිශ්චිතවම නොපවසා ප්‍රකාශ කරන විට ය.

④ あしたは 雨(あめ)が 降(ふ)るでしょう。　　හෙට වහියි.

⑤ タワポンさんは 合格(ごうかく)するでしょうか。　　තවපොන් මහත්තයා විභාගය සමත් වෙයි ද?

……きっと 合格(ごうかく)するでしょう。　　……අනිවාර්යයෙන් එයා සමත් වේවි.

**3.**

| | | |
|---|---|---|
| ක්‍රියා පද<br>い- නාම විශේෂණ | සාමාන්‍ය රූපය | かも しれません |
| な- නාම විශේෂණ<br>නාම පද | සාමාන්‍ය රූපය<br>～だ | |

～かも しれません යනුවෙන් සුළු සම්භාවිතාවක් පවා තිබෙන බව පැවසීම සඳහා භාවිත කළ හැකි ය.

⑥ 約束(やくそく)の 時間(じかん)に 間(ま)に 合(あ)わないかも しれません。

පොරොන්දු වෙච්ච වෙලාවට පරක්කු වෙන්නත් පුළුවන්.

32

## 4. ක්‍රියා පදයේ ます රූපය ましょう

⑦ エンジンの 音(おと)が おかしいんですが。
……そうですね。故障(こしょう)かも しれません。ちょっと 調(しら)べましょう。
එන්ජිමෙන් එන සද්දෙ අමුතුයි නෙ.
……ඔව් නේද. මොකක් හරි ප්‍රශ්නයක් වගේ. පොඩ්ඩක් බලමු.

⑦ හි ක්‍රියා පදයේ ます රූපය ましょう භාෂකයාගේ කැමැත්ත ශ්‍රාවකයාට ඉදිරිපත් කිරීමේ යෙදුමකි. එය භාවිත කරනු ලැබෙන්නේ යම් ක්‍රියාවක් සිදු කිරීමට ඉදිරිපත් වීම සඳහා ය. එය ක්‍රියා පදයේ ます රූපය ましょうか ට (දහහතරවන පාඩම) වඩා ධනාත්මක අර්ථයක් ගෙන දෙයි.

## 5. ප්‍රමාණවාචී සංඛ්‍යා පද で

එයින් කාල වකවානුව හෝ සීමාව දැක්වේ.

⑧ 駅(えき)まで 30分(ぷん)で 行(い)けますか。
දුම්රිය පලට විනාඩි තිහකින් යන්න පුළුවන් ද?

⑨ 3万円(まんえん)で パソコンが 買(か)えますか。
යෙන් තිස් දාහකින් පරිගණකයක් මිලදී ගන්න පුළුවන් ද?

## 6. 何(なに)か 心配(しんぱい)な こと

⑩ 何(なに)か 心配(しんぱい)な ことが あるんですか。 මොකක් හරි හිතට වද දෙන දෙයක් තියෙනවා ද?

⑩ වැනි අවස්ථාවකදී しんぱいな なにか යන යෙදුම නොව, なにか しんぱいな こと යන යෙදුම භාවිත කරනු ලැබේ. මෙ වැනි යෙදුමට අමතරව なにか ～ もの, どこか ～ ところ, だれか ～ ひと, いつか ～ とき යනාදි යෙදුම් තිබේ.

⑪ スキーに 行(い)きたいんですが、どこか いい 所(ところ)、ありますか。
මම ස්කී කරන්න යන්න කැමතියි. කොහේ හරි හොඳ තැනක් තියෙනවා ද?

# තිස්තුන්වන පාඩම

## I. වචන මාලාව

| | | |
|---|---|---|
| にげますII | 逃げます | පැනලා යනවා, ඉවත් වෙනවා |
| さわぎますI | 騒ぎます | කෑගහනවා |
| あきらめますII | | අත් අරිනවා |
| なげますII | 投げます | විසිකරනවා |
| まもりますI | 守ります | අවනත වෙනවා, රකිනවා, පිළිපදිනවා |
| はじまりますI<br>［しきが～］ | 始まります<br>［式が～］ | පටන් ගන්නවා, ආරම්භ කරනවා [උත්සවය～] |
| しゅっせきしますIII<br>［かいぎに～］ | 出席します<br>［会議に～］ | සහභාගි වෙනවා [රැස්වීමකට～] |
| つたえますII | 伝えます | දන්වනවා |
| ちゅういしますIII<br>［くるまに～］ | 注意します<br>［車に～］ | අවධානය යොමු කරනවා, ප්‍රවේසම් වෙනවා<br>[වාහනයට～] |
| はずしますI<br>［せきを～］ | 外します<br>［席を～］ | එළියට යනවා [ආසනයෙන් නැගිටලා～] |
| もどりますI | 戻ります | ආපහු එනවා |
| ありますI<br>［でんわが～］ | <br>［電話が～］ | තියෙනවා [දුරකථන ඇමතුමක්～] |
| リサイクルしますIII | | ප්‍රතිචක්‍රීකරණය කරනවා |
| だめ［な］ | | බැරි, බැහැ, කළ නොහැකි |
| おなじ | 同じ | සමාන, එකම |
| けいさつ | 警察 | පොලීසිය |
| せき | 席 | ආසනය, අසුන |
| マーク | | ලකුණ |
| ボール | | බෝලය |
| しめきり | 締め切り | නියමිත කාලය |
| きそく | 規則 | නීතිරීති |
| きけん | 危険 | අන්තරාවයි, භයානකයි |
| しようきんし | 使用禁止 | පාවිච්චි කිරීම තහනම්, භාවිත කිරීමෙන් වළකින්න |
| たちいりきんし | 立入禁止 | ඇතුළු වීම තහනම් |
| じょこう | 徐行 | සැලකිලිමත් වී හෙමින් වාහනය පැදවීම |
| いりぐち | 入口 | පිවිසුම් දොරටුව |
| でぐち | 出口 | පිටවුම් දොරටුව |
| ひじょうぐち | 非常口 | හදිසි දොරටුව |
| むりょう | 無料 | නොමිලේ |

| わりびき | 割引 | මිල අඩු කිරීම, වට්ටම් |
| のみほうだい | 飲み放題 | ඕන තරම් පානය කළ හැකි |
| しようちゅう | 使用中 | පාවිච්චි කරන අතරතුරදී |
| ぼしゅうちゅう | 募集中 | බඳවා ගැනීම අතරතුරදී |
| ～ちゅう | ～中 | ～අතරතුරදී |
| どういう ～ | | මොකක් ද, මොකක් කියලා～, මොන වගේ～ |
| いくら[～ても] | | කොච්චර [～ත්] |
| もう | | ආයේ කවදාවත් (නැත අර්ථ සහිත වැකි වල යෙදේ) |
| あと ～ | | තව～ |
| ～ほど | | ～තරම් |

## 〈会話〉

| 駐車違反 | | වාහන නැවතීම සම්බන්ධයෙන් නීති උල්ලංඝණය කිරීම |
| 罰金 | | දඩ මුදල |

## 〈読み物〉

| 地震 | | භූමිකම්පාව |
| 起きますⅡ | | සිදුවෙනවා, ඇතිවෙනවා |
| 助け合いますⅠ | | එකිනෙකාට උදව් කරගන්නවා |
| もともと | | ඉස්සෙල්ලාම, මුලින්ම |
| 悲しい | | දුකයි |
| もっと | | තවත් |
| あいさつ | | ආචාරය (～を します : ආචාර කරනවා, කතා කරනවා) |
| 相手 | | අනිත් කෙනා |
| 気持ち | | හැඟීම |

# II. පරිවර්තනය

## වාක්‍ය රටා

1. ඉක්මනට!
2. ඇල්ලීම තහනම්!
3. "තචිඉරිකින්ශි" කියලා කියන්නෙ ඇතුළු වෙන්න තහනම් කියන එක.
4. මිලර් මහත්තයා කියලා තියෙනවා, ලබන සතියෙ ඕසකාවලට ව්‍යාපාර ගමනක් යනවා කියලා.

## උදාහරණ වගන්ති

1. බෑ. තවත් දුවන්න බෑ.
   ……උත්සාහ කරන්න. තව මීටර් පන් සීයයි.
2. දැන් වෙලාවක් නෑ.
   ……තව විනාඩියක් තියෙනවා. අත් හරින්න එපා.
3. මේ පොකුනේ සෙල්ලම් කරන්න එපා. අර අතන "ඇතුළු වෙන්න තහනම්" කියලා ලියලා තියෙන්නෙ.
   ……ආ, ඇත්තමයි.
4. අර කන්ජි කොහොමද කියවන්නෙ?
   ……"කින්එන්" කියලා.
   ඒකේ තේරුම දුම් පානය කිරීම තහනම් කියන එක.
5. මේ සංඥාවෙන් දැක්වෙන්නෙ මොකක්ද?
   ……රෙදි සෝදන යන්ත්‍රයෙන් හෝදන්න පුළුවන් කියන එක.
6. ගුප්ත මහත්තයා ඉන්නවා ද?
   ……මේ වෙලාවේ නැහැ. විනාඩි තිහකින් විතර ආපහු එනවා කියලා කිව්වා.
7. කරුණාකරලා, වතනබෙ මහත්තයාට කියන්න පුළුවන් ද, හෙට සාදය හයේ ඉඳලා කියලා.
   ……ඔව්, පුළුවන්. හයේ ඉඳලා නේ.

## සංවාදය

**මේකේ තේරුම මොකක්ද?**

වත්: සමා වෙන්න. මගේ වාහනයේ මේ වගේ කොළයක් අලවලා තිබුණා. මේ කන්ජි කොහොමද කියවන්නෙ?

විශ්වවිද්‍යාලයේ නිළධාරයා: "චූෂ ඉහන්" කියලා.

වත්: චූෂ ඉහන්…ඒ කියන්නෙ?

විශ්වවිද්‍යාලයේ නිළධාරයා: නවත්තන්න තහනම් තැනක වාහනය නැවැත්තුවා කියලා කියන එක. කොහෙද නැවැත්තුවෙ?

වත්: දුම්රිය පල ඉස්සරහ. සහරාවක් මිලදී ගන්න ගිහින් විනාඩි දහයකට විතරයි නැවැත්තුවෙ.

විශ්වවිද්‍යාලයේ නිළධාරයා: දුම්රිය පල ඉස්සරහ නම් විනාඩි දහයක් වුණත් නවත්තන්න බෑ.

වත්: එහෙම ද? දඩ මුදල් ගෙවන්න ඕන ද?

විශ්වවිද්‍යාලයේ නිළධාරයා: ඔව්. යෙන් පහළොස් දාහක් ගෙවන්න ඕන.

වත්: අහ්? යෙන් පහළොස් දාහක්? සහරාවට යෙන් තුන්සීයයි ගියේ.

## III. අදාළ වචන සහ තොරතුරු

標識（ひょうしき）　සංඥාව

営業中（えいぎょうちゅう）

විවෘතයි

準備中（じゅんびちゅう）

සූදානම් වෙමින් පවතී

閉店（へいてん）

වසා ඇත

定休日（ていきゅうび）

නිවාඩු/වසා ඇත

化粧室（けしょうしつ）

වැසිකිළි කාමරය

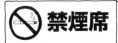

禁煙席（きんえんせき）

දුම්පානය නොකළහැකි ආසනය

予約席（よやくせき）

වෙන් කළ ආසනය

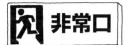

非常口（ひじょうぐち）

හදිසි පිටවීමේ දොරටුව

火気厳禁（かきげんきん）

ගිනි ඇවිලෙන සුළුයි

割れ物注意（われものちゅうい）

බිඳෙන සුළුයි

運転初心者注意（うんてんしょしんしゃちゅうい）

ආධුනික රියදුරු

工事中（こうじちゅう）

ඉදිකරමින් පවතින

塩素系漂白剤不可（えんそけいひょうはくざいふか）

ක්ලෝරීන් අඩංගු බ්ලීච් භාවිත කිරීමෙන් වළකින්න

手洗い（てあらい）

අතින් සේදීම

アイロン（低温（ていおん））

අඩු උෂ්ණත්වය යටතේ මැදීම

ドライクリーニング

ඩ්‍රයි ක්ලීන් කිරීම

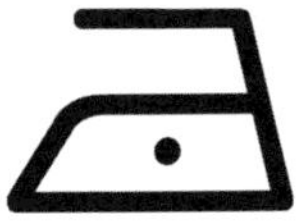

# IV. ව්‍යාකරණ විස්තර

## 1. විධාන රූපය සහ තහනම් රූපය

1) විධාන රූපය සාදා ගන්නා ආකාරය (පෙළ පොතේ තිස්තුන්වන පාඩමේ අභ්‍යාස A1 බලන්න.)

I වන වර්ගයේ ක්‍රියා පද: ます රූපයේ අග ශබ්ද වන い ස්වරය え ස්වරය බවට පත් කරනු ලැබේ.

かき－ます → かけ　　いそぎ－ます → いそげ

よみ－ます → よめ　　あそび－ます → あそべ

II වන වර්ගයේ ක්‍රියා පද: ます රූපයෙන් ます ප්‍රත්‍යය ඉවත් කොට ろ එක් කෙරේ.

たべ－ます → たべ－ろ　　み－ます → み－ろ

ව්‍යතිරේකය: くれ－ます → くれろ

III වන වර්ගයේ ක්‍රියා පද: し－ます → しろ　　き－ます → こい

සංලක්ෂ්‍යය: ある, できる, わかる වැනි පවතින තත්ත්ව දැක්වෙන ක්‍රියා පදවල විධාන රූපයක් නැත.

2) තහනම් රූපය සාදා ගන්නා ආකාරය (පෙළ පොතේ තිස්තුන්වන පාඩමේ අභ්‍යාස A1 බලන්න.)

ක්‍රියා පදයේ ශබ්දකෝෂ රූපයට な එකතු කරනු ලැබේ.

33

## 2. විධාන රූපය සහ තහනම් රූපය භාවිත කිරීමේ ක්‍රම

විධාන රූපය අනිත් කෙනා බලහත්කාරයෙන් යම් ක්‍රියාවක් කරවගැනීම සඳහා යොදා ගැනේ. තහනම් රූපය යම් ක්‍රියාවක් නොකරන ලෙස අණ කිරීම සඳහා යොදා ගැනේ. මෙය ආක්‍රමණශීලී භාවයක් මෙන්ම ඉතා දැඩි ස්වරයක් සහගත නිසා, වාක්‍ය අවසානයේදී භාවිත කරන අවස්ථාව ඉතාම සීමිතයි. භාෂණයෙහි එය භාවිත කරන්නේ බොහෝ විට පිරිමි අය පමණකි. විධාන රූපය සහ තහනම් රූපය භාවිත කරනු ලැබෙන්නේ පහත සඳහන් පරිදිය.

1) තරාතිරමෙන් හෝ වයසින් ඉහළ පිරිමින් පහළ අයට හෝ පියා තමන්ගේ දරුවන්ට භාවිත කරනු ලැබේ.

① 早(はや)く 寝(ね)ろ。　　ඉක්මනින් නිදාගන්නවා!

② 遅(おく)れるな。　　පරක්කු වෙන්න එපා.

2) පිරිමි මිත්‍රයන් අතර යොදා ගැනේ. මෘදු ලෙස ප්‍රකාශ කිරීම සඳහා වාක්‍යයේ අග よ නිපාතය බොහෝ විට භාවිත කරනු ලැබේ.

③ あした うちへ 来(こ)い[よ]。　　හෙට ගෙදර වරෙන්කො.

④ あまり 飲(の)むな[よ]。　　එච්චර බොන්න එපා.

3) කර්මාන්ත ශාලාවක් වැනි ස්ථානවල එකට වැඩ කටයුතු කිරීමට උපදෙස් දීම, ගින්නක් සහ භූමිකම්පාවක් ඇති වීම වැනි ආදි හදිසි අවස්ථාවලදී අනෙක් අයට පවසන ක්‍රමය ගැන සැලකිල්ලට නොගෙන, එවැනි අවස්ථාවලදී තරාතිරමෙන් හෝ වයසින් ඉහළ පිරිමින් විසින් පමණක් බොහෝ විට යොදා ගැනේ.

⑤ 逃(に)げろ。　　පැනලා දුවමු!

⑥ エレベーターを 使(つか)うな。　　සෝපානයට නගින්න එපා.

4) කණ්ඩායම් පුහුණුව, ශාරීරික අධ්‍යාපන විෂය, ක්‍රීඩා ක්‍රියාකාරකම් ආදි වැනි අවස්ථාවලදී විධාන ලබා දීම.

⑦ 休(やす)め。　　පහසුවෙන් සිටින්.

⑧ 休(やす)むな。　　විවේක ගන්න එපා.

5) ක්‍රීඩා නරඹන විට ඔල්වරසන් දීම. මෙවැනි අවස්ථාවලදී කාන්තාවන් විසින් ද භාවිත කරනු ලැබේ.

⑨ 頑張(がんば)れ。　　උත්සාහ කරන්න!

⑩ 負(ま)けるな。　　පරදින්න එපා.

6) මාර්ග සංඥා, සටන් පාඨ වැනි ප්‍රබල බලපෑම් කෙරෙහි ඉලක්ක කරගැනීම හෝ සංක්ෂිප්ත බව අවධාරණය කිරීම.

⑪ 止(と)まれ。　　නවතිනු.

⑫ 入(はい)るな。　　ඇතුල් නොවෙනු.

සංලක්‍ෂ්‍යය: විධාන රූපයක් ලෙස ක්‍රියා පදයේ ます රූපය なさい යන යෙදුම ද තිබේ. එය භාවිත කරනු ලැබෙන්නේ දෙමව්පියන් විසින් දරුවන් කෙරෙහි, ගුරුවරුන් විසින් ශිෂ්‍යයන් කෙරෙහි වැනි ය. එය ක්‍රියා පදයේ විධාන රූපයට වඩා ආචාරශීලී බව දැනේ. කාන්තාවන් විසින් ක්‍රියා පදයේ විධාන රූපය වෙනුවෙන් එය යොදා ගැනේ. නමුත් වයසින් ඉහළ අය කෙරෙහි එය භාවිත කළ නොහැකි ය.

⑬ 勉強しなさい。　　パාඩම් කරන්න.

## 3. 〜と 書いて あります／〜と 読みます

⑭ あの 漢字は 何と 読むんですか。　　අර කන්ජි කියවන්නෙ කොහොමද?

⑮ あそこに「止まれ」と 書いて あります。

අර අතන “නවතිනු” කියලා ලියලා තියෙන්නෙ.

⑭⑮ හි と යනුවෙන් යෙදෙන්නේ 〜と いいます යන යෙදුමේ (විසිඑක්වන පාඩම) と නිපාතය සේම ය.

## 4. Xは Yと いう 意味です

මෙම යෙදුම භාවිත කරනු ලැබෙන්නේ X යන අර්ථය හඳුනාගැනීම සඳහා ය. と いう යනු と いいます යන යෙදුමෙන් සෑදේ. තේරුම ගැන විමසන විට どういう යන ප්‍රශ්නවාචී පද ද යෙදේ.

⑯ 「立入禁止」は 入るなと いう 意味です。

“තචිඉරිකින්ශි” කියන්නෙ ඇතුල් වෙන්න එපා කියන එක.

⑰ この マークは どういう 意味ですか。

……洗濯機で 洗えると いう 意味です。

මේ සලකුණෙන් අදහස් කරන්නෙ මොකද්ද?

……රෙදි හෝදන යන්ත්‍රයෙන් හෝදන්න පුළුවන් කියන එක.

## 5. වාක්‍ය / සාමාන්‍ය රූපය }と 言って いました

තුන්වන පාර්ශවය පැවසූ දේවල් උපුටා ගැනීම සඳහා 〜と いいました (විසිඑක්වන පාඩම) යන යෙදුම භාවිත කරනු ලැබෙන අතර, තුන්වන පාර්ශවය පැවසූ දේවල් අනුන්ට පවසන විට, 〜と いっていました යන යෙදුම භාවිත කරනු ලැබේ.

⑱ 田中さんは「あした 休みます」と 言って いました。

තනකා මහත්තයා “හෙට නිවාඩු ගන්නවා” කියලා කිව්වා.

⑲ 田中さんは あした 休むと 言って いました。

තනකා මහත්තයා හෙට නිවාඩු ගන්නවා කියලා කිව්වා.

## 6. වාක්‍ය / සාමාන්‍ය රූපය }と 伝えて いただけませんか

පණිවිඩයක් දීම සඳහා ආචාරශීලීව ඉල්ලීමක් කරන විට යෙදේ.

⑳ ワンさんに「あとで 電話を ください」と 伝えて いただけませんか。

ඔබට පුළුවන් ද, “පස්සෙ මට කෝල් කරන්න” කියලා වන් මහත්තයට කියන්න.

㉑ すみませんが、渡辺さんに あしたの パーティーは 6時からだと 伝えて いただけませんか。

කරුණාකරලා වතනබෙ මහත්තයට හෙට පාටිය හයේ ඉඳලා කියලා කියන්න ඔබට පුළුවන් ද?

# තිස්හතරවන පාඩම

## I. වචන මාලාව

| | | |
|---|---|---|
| みがきますⅠ<br>［はを～］ | 磨きます<br>［歯を～］ | මදිනවා [දත්～] |
| くみたてますⅡ | 組み立てます | එකලස් කරනවා |
| おりますⅠ | 折ります | නවනවා |
| きが つきますⅠ<br>［わすれものに～］ | 気が つきます<br>［忘れ物に～］ | තේරෙණවා, දැනගන්නවා, දකිනවා<br>[ගෙනියන්න අමතක වූ දේවල් ගැන～] |
| つけますⅡ<br>［しょうゆを～］ | | ගානවා, තවරනවා<br>[සෝයා සෝස්～] |
| みつかりますⅠ<br>［かぎが～］ | 見つかります | හොයාගන්නවා, හම්බ වෙනවා<br>[යතුර～] |
| しつもんしますⅢ | 質問します | ප්‍රශ්න කරනවා |
| さしますⅠ<br>［かさを～］ | <br>［傘を～］ | ඉහලනවා [කුඩයක්～] |
| スポーツクラブ | | ක්‍රීඩා සමාජය |
| ［お］しろ | ［お］城 | මාළිගාව |
| せつめいしょ | 説明書 | අත් පොත |
| ず | 図 | සටහන, වගුව |
| せん | 線 | රේඛා, ඉරි |
| やじるし | 矢印 | ඊතලය (සංකේතය) |
| くろ | 黒 | කලු පාට (නාම පදය) |
| しろ* | 白 | සුදු පාට (නාම පදය) |
| あか* | 赤 | රතු පාට (නාම පදය) |
| あお* | 青 | නිල් පාට (නාම පදය) |
| こん | 紺 | තද නිල් පාට (නාම පදය) |
| きいろ* | 黄色 | කහ පාට (නාම පදය) |
| ちゃいろ* | 茶色 | දුඹුරු පාට (නාම පදය) |
| しょうゆ | | සෝයා සෝස් |
| ソース | | සෝස් |
| おきゃく［さん］ | お客［さん］ | අමුත්තා, සේවාලාභියා, ගනුදෙනුකරු |
| ～か ～ | | ～හරි～ |
| ゆうべ | | ඊයෙ රෑට |
| さっき | | දැන් ටිකකට කලින් |

34

## 〈会話〉

| | |
|---|---|
| 茶道 | සාම්ප්‍රදායික ජපන් තේ පැන් කලාව |
| お茶を たてますⅡ | තේ පිළියෙළ කරනවා (තේ පැන් කලාව සම්බන්ධයෙන් යෙදේ) |
| 先に | කලින් |
| 載せますⅡ | පටවනවා, තියනවා, යමක් මත තියනවා |
| これで いいですか。 | මේ හරිද? |
| いかがですか。 | කොහොමද? |
| 苦い | තිත්තයි |

## 〈読み物〉

| | |
|---|---|
| 親子どんぶり | කුකුල් මස් සහ බිත්තර සහිත බත් බඳුනක් |
| 材料 | අවශ්‍ය ද්‍රව්‍ය |
| ～分 | පංගුව (ප්‍රමාණය දැක්වේ) |
| －グラム | ග්‍රෑම් － |
| －個 | (කුඩා දෙයක් ගණන් කිරීමේදී යොදන ප්‍රත්‍යයකි) |
| たまねぎ | ලූනු |
| 4分の1（1/4） | හතරෙන් එකක් |
| 調味料 | රසකාරකය, රසකරන ද්‍රව්‍ය |
| 適当な 大きさに | සුදුසු ප්‍රමාණයකට |
| なべ | භාජනය |
| 火 | ගින්දර, ගිනි |
| 火に かけますⅡ | ලිප මත තබා ගින්දර දමනවා |
| 煮ますⅡ | තම්බනවා |
| 煮えますⅡ | තැම්බෙනවා |
| どんぶり | යම් ආහාරයක් සහිත බත් බඳුන |
| たちますⅠ | ගතවෙනවා |

## II. පරිවර්තනය

### වාක්‍ය රටා

1. ගුරුවරයා කියපු විදියටම ලියනවා.
2. කෑම කෑවට පස්සෙ දත් මදිනවා.
3. කෝපි නම් සීනි දාන්නෙ නැතුව බොනවා.

### උදාහරණ වගන්ති

1. මේක අලුත් රොබෝ එකක්.
   ……මොන වගේ රෝබෝ එකක්ද?
   කෙනෙක් කරපු විදියටම ඕන දෙයක් කරනවා.
2. මේ මේසය තමන්ම හදාගන්න ඕන ද?
   ……ඔව්. අත්පොතේ විස්තර කරල තියෙන විදියට හදාගන්න.
3. පොඩ්ඩක් ඉන්න. සෝයා සෝස් සීනි දැම්මට පස්සෙ දාන්නෙ.
   ……හා. තේරුණා.
4. වැඩ ඇරිලා බොන්න යමු ද?
   ……සමා වෙන්න. අද නම් ක්‍රීඩා සමාජයට යන දවස.
5. යාළුවෙක්ගේ විවාහ මංගල උත්සවයට මොන වගේ ඇඳුම් ඇන්දොත් හොඳ ද?
   ……මෙහෙමයි. ජපානයේදී පිරිමි පුද්ගලයෙක් නම් කලු හරි තද නිල් පාට සූට් එක ඇඳලා සුදු පාට ටයි පටියක් දාගෙන යන්නේ.
6. මේකට සෝස් එක ගානවා ද?
   ……නෑ. මොකුත් ගාන්නෙ නැතුව කන්න.
7. මේ දවස්වල විදුලි සෝපාන පාවිච්චි කරන්නෙ නැතුව පඩිපෙළ පාවිච්චි කරනවා.
   ……ඇඟට හොඳ ව්‍යායාමක් වෙනවා නෙ.

### සංවාදය

**මම කරපු විදියටම කරන්න.**

ක්ලාරා: එක සැරයක් තේ පාන උත්සවයක් බලන්න කැමතියි.
වතනබෙ: එහෙනම් ලබන සතියේ සෙනසුරාදාට මාත් එක්ක යමු ද?
……………………………………………………………
තේ කලාව සම්බන්ධ ගුරුවරයා: වතනබෙ මහත්මිය, තේ සකස් කරගන්න.
ක්ලාරා මහත්මිය, මෙන්න රසකැවිලි.
ක්ලාරා: අහ්? ඉස්සෙල්ලාම රසකැවිලි කනවා ද?
තේ කලාව සම්බන්ධ ගුරුවරයා: ඔව්. රසකැවිලි කෑවට පස්සෙ තේ බිව්වාම රහයි.
ක්ලාරා: එහෙම ද?
තේ කලාව සම්බන්ධ ගුරුවරයා: එහෙනම් තේ බොමු.
ඉස්සෙල්ලාම දකුණු අතෙන් තේ කෝප්පෙ අරගෙන වම් අත උඩ තියනවා.
ඊ ළඟට තේ කෝප්පෙ දෙ සැරයක් කරකවලා ඊට පස්සෙ බොනවා.
ක්ලාරා: හරි.
තේ කලාවේ ගුරුවරියා: එහෙනම් මම කරපු විදියටම කරන්න.
……………………………………………………………
ක්ලාරා: මෙහෙම හරි ද?
තේ කලාව සම්බන්ධ ගුරුවරයා: ඔව්. කොහොමද?
ක්ලාරා: ටිකක් තිත්තයි. ඒත් රහයි.

# III. අදාළ වචන සහ තොරතුරු

## 料理 ආහාර පිසීම

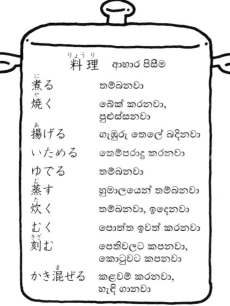

| 料理 | ආහාර පිසීම |
|---|---|
| 煮る | තම්බනවා |
| 焼く | බේක් කරනවා, පුළුස්සනවා |
| 揚げる | ගැඹුරු තෙලේ බදිනවා |
| いためる | තෙම්පරාදු කරනවා |
| ゆでる | තම්බනවා |
| 蒸す | හුමාලයෙන් තම්බනවා |
| 炊く | තම්බනවා, ඉදෙනවා |
| むく | පොත්ත ඉවත් කරනවා |
| 刻む | පෙතිවලට කපනවා, කොටුවට කපනවා |
| かき混ぜる | කළවම් කරනවා, හැඳි ගානවා |

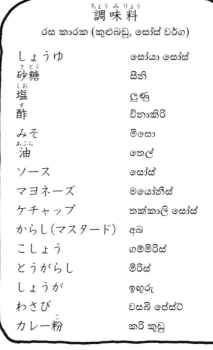

| 調味料 | රස කාරක (කුළුබඩු, සෝස් වර්ග) |
|---|---|
| しょうゆ | සෝයා සෝස් |
| 砂糖 | සීනි |
| 塩 | ලුණු |
| 酢 | විනාකිරි |
| みそ | මීසෝ |
| 油 | තෙල් |
| ソース | සෝස් |
| マヨネーズ | මයෝනීස් |
| ケチャップ | තක්කාලි සෝස් |
| からし（マスタード） | අබ |
| こしょう | ගම්මිරිස් |
| とうがらし | මිරිස් |
| しょうが | ඉඟුරු |
| わさび | වසබි පේස්ට් |
| カレー粉 | කරි කුඩු |

34

59

| 台所用品 | කුස්සි උපකරණ | | |
|---|---|---|---|
| なべ | හට්ටිය, වලඳ, පෑන් එක, සාස්පාන | しゃもじ | බත් හැන්ද |
| やかん | කේතලය | 缶切り | කෑන් පියන විවෘත කරන මෙවලම, කෑන් ඕපනරය |
| ふた | මූඩිය, පියන | | |
| おたま | ලොකු හැන්ද | 栓抜き | බෝතල් මූඩි විවෘත කරන උපකරණය |
| まな板 | කපන ලෑල්ල | | |
| 包丁 | පිහිය | ざる | පෙනේරය |
| ふきん | කුස්සියේ තුවාය, පිරිසිදු කිරීමේ රෙදි | ポット | කේතලය |
| フライパン | තාච්චිය | ガス台 | ගෑස් ලිප, ගෑස් උදුන |
| 電子オーブンレンジ | මයික්‍රෝවේව් අවන් එක | 流し[台] | සින්ක් එක |
| 炊飯器 | රයිස් කුකරය | 換気扇 | වෙන්ටිලේටර ෆෑන් එක |

## IV. ව්‍යාකරණ විස්තර

**1.**

| | |
|---|---|
| ක්‍රියා පද$_1$ た රූපය<br>නාම පද の | とおりに、ක්‍රියා පද$_2$ |

1) ක්‍රියා පද$_1$ た රූපය とおりに、ක්‍රියා පද$_2$

ක්‍රියා පද$_1$ සිදු කිරීමේ තත්ත්වයෙන්ම හෝ ආකාරයෙන්ම ක්‍රියා පද$_2$ සිදු කරන බව දැක්වේ.

① わたしが やった とおりに、やって ください。
මම කරපු විදියටම කරන්න.

② 見(み)た とおりに、話(はな)して ください。
දැක්ක විදියටම කතා කරන්න.

2) නාම පද の とおりに、ක්‍රියා පද

නාම පදයෙන් සඳහන් වූ ප්‍රමිතියටම අනුව ක්‍රියාවක් සිදු කරන බව දැක්වේ.

③ 線(せん)の とおりに、紙(かみ)を 切(き)って ください。
රේඛාවේ විදියටම කඩදාසිය කපාගන්න.

④ 説明書(せつめいしょ)の とおりに、組(く)み立(た)てました。
අත්පොතේ විදියටම සකස් කළා.

සංලක්ෂ්‍යය: とおり යනු නාම පදයක් නිසා, この, その, あの වැනි නිදර්ශක සර්වනාම සෘජුව එකතු වී, එම නිදර්ශක සර්වනාම පෙන්වා දෙන තත්ත්ව හෝ ආකාර යන අර්ථ දැක්විය හැකි ය.

⑤ この とおりに、書(か)いて ください。　　මේ විදියටම ලියන්න.

**2.**

| | |
|---|---|
| ක්‍රියා පද$_1$ た රූපය<br>නාම පද の | あとで、ක්‍රියා පද$_2$ |

ක්‍රියා පද$_2$ ක්‍රියා පද$_1$ හෝ නාම පදවලට පසුව සිදු වන බව දක්වයි.

⑥ 新(あたら)しいのを 買(か)った あとで、なくした 時計(とけい)が 見(み)つかりました。
අලුත් ඔරලෝසුවක් මිලදී ගත්තට පස්සෙ නැති වෙච්ච ඔරලෝසුව හම්බවුණා.

⑦ 仕事(しごと)の あとで、飲(の)みに 行(い)きませんか。
වැඩ ඉවර වුණාට පස්සෙ බොන්න යමු ද?

සමාන වැනි අර්ථය දැක්වෙන ක්‍රියා පදයේ て රූපය から (දහසයවන පාඩම බලන්න.) සමඟ සසඳා බැලුවහොත්, මෙම යෙදුම කාලයට පෙර සහ පසු යන සම්බන්ධතාවට අවධානය යොමු කිරීම සඳහා යෙදේ. ක්‍රියා පදයේ て රූපය から යන යෙදුමට වෙනස් වෙන්නේ, ක්‍රියා පද$_1$ හෝ නාම පද, ක්‍රියා පද$_2$ යන පදයේ පදනම හෝ සූදානම් කිරීමේ ක්‍රියාවක් වන බව අර්ථය නොදෙන බව ය.

**3.**

| | |
|---|---|
| ක්‍රියා පද$_1$ て රූපය<br>ක්‍රියා පද$_1$ ない රූපය ないで | ක්‍රියා පද$_2$ |

1) ක්‍රියා පද$_1$ යනුවෙන් ක්‍රියා පද$_2$ සමඟ සිදු වන ක්‍රියාවක් හෝ තත්ත්වයක් දැක්වේ. උදාහරණ ලෙස පහත සඳහන් උදාහරණ වගන්ති ⑧⑨ වල たべます යන ක්‍රියාව සිදු වන විට, සෝයා සෝස් දානවා ද යැයි ප්‍රකාශ කරනු ලැබේ. ක්‍රියා පද$_1$ සහ ක්‍රියා පද$_2$ වල කර්තෘ සමාන ය.

⑧ しょうゆを つけて 食(た)べます。　　සෝයා සෝස් දාලා කනවා.

⑨ しょうゆを つけないで 食(た)べます。　　සෝයා සෝස් දාන්නෙ නැතුව කනවා.

2) ක්‍රියා පද$_1$ ない රූපය ないで ක්‍රියා පද$_2$ යන යෙදුමෙහි එකවර සිදු කළ නොහැකි ක්‍රියා දෙක (ක්‍රියා පද$_1$, ක්‍රියා පද$_2$) අතරින් එකක් (ක්‍රියා පද$_2$) තෝරාගෙන එය සිදු කරන බව දැක්වෙන භාවිතය ද තිබේ.

⑩ 日曜日(にちようび)は どこも 行(い)かないで、うちで ゆっくり 休(やす)みます。

ඉරිදා කොහේවත් යන්නෙ නැතුව ගෙදර ඉඳලා විවේක ගන්නවා.

34

# තිස්පස්වන පාඩම

## I. වචන මාලාව

| | | |
|---|---|---|
| さきますⅠ | 咲きます | පිපෙනවා |
| ［はなが～］ | ［花が～］ | ［මල් ～］ |
| かわりますⅠ | 変わります | වෙනස් වෙනවා |
| ［いろが～］ | ［色が～］ | ［පාට～］ |
| こまりますⅠ | 困ります | අපහසුතාවට පත් වෙනවා, කරදරයට පත් වෙනවා |
| つけますⅡ | 付けます | දානවා |
| ［まるを～］ | ［丸を～］ | ［හරි ලකුණ～］ |
| なおりますⅠ | 治ります、直ります | සුව වෙනවා, හැදෙනවා, ප්‍රකෘති තත්ත්වයට එනවා |
| ［びょうきが～］ | ［病気が～］ | ［අසනීප～］ |
| ［こしょうが～］ | ［故障が～］ | ［කැඩුණ යමක්～］ |
| クリックしますⅢ | | ක්ලික් කරනවා |
| にゅうりょくしますⅢ | 入力します | ඇතුලත් කරනවා |
| ただしい | 正しい | නිවැරදි, හරි |
| むこう | 向こう | එහා |
| しま | 島 | දූපත, දූව |
| みなと | 港 | තොට, තොටුපළ |
| きんじょ | 近所 | අහල පහල, වටපිටාව |
| おくじょう | 屋上 | වහල මුදුන, උඩම තට්ටුව |
| かいがい | 海外 | පිට රට, විදේශ |
| やまのぼり | 山登り | කඳු නැගීම |
| れきし | 歴史 | ඉතිහාසය |
| きかい | 機会 | අවස්ථාව |
| きょか | 許可 | අවසරය |
| まる | 丸 | රවුම (හරි ලකුණ දානවා) |
| ふりがな | | ෆුරිගනා (කන්ජි අක්ෂර කියවීම සඳහා යෙදෙන කනා අක්ෂර) |
| せつび | 設備 | පහසුකම්, ආම්පන්න |
| レバー | | ලීවරය |
| キー | | යතුරු (පරිගණක යතුරු පුවරුවේ යතුරු) |
| カーテン | | තිරය |
| ひも | | නූල |
| すいはんき | 炊飯器 | බත් පිසිනය, රයිස් කුකරය |
| は | 葉 | කොළ, පත්‍ර |
| むかし | 昔 | පුරාණ කාලය, ඉස්සර |
| もっと | | තවත් |

35

| | |
|---|---|
| これで おわりましょう。これで 終わりましょう。 | මෙයින් අවසන් කරමු. |
| ※箱根（はこね） | හකොනේ (කනගවා ප්‍රාන්තයේ පිහිටි සංචාරක නිවාඩු නිකේතනය) |
| ※日光（にっこう） | නික්කෝ (තොචිගි ප්‍රාන්තයේ පිහිටි සංචාරක නිවාඩු නිකේතනය) |
| ※アフリカ | අප්‍රිකාව |
| ※マンガミュージアム | කියෝතො අන්තර්ජාතික චිත්‍ර කතා කෞතුකාගාරය |
| ※みんなの 学校（がっこう） | මනඃකල්පිත ජපන් භාෂා පාසල |
| ※大黒（だいこく）ずし | මනඃකල්පිත සුෂි ආපන ශාලාව |
| ※ IMC パソコン 教室（きょうしつ） | මනඃකල්පිත පරිගණක පාසල |
| ※母（はは）の 味（あじ） | මනඃකල්පිත පොතේ නම |
| ※はる | මනඃකල්පිත රූපලාවණ්‍යාගාරය |
| ※佐藤歯科（さとうしか） | මනඃකල්පිත දන්ත සායනය |
| ※毎日（まいにち）クッキング | මනඃකල්පිත සූප ශාස්ත්‍ර පාසල |

## 〈会話（かいわ）〉

| | |
|---|---|
| それなら | එහෙනම්, එසේනම් |
| 夜行（やこう）バス | රාත්‍රි බස් එක |
| さあ | හ්ම් (යම් කිසි දෙයක් ගැන හරියට නොදන්න විට යෙදේ) |
| 旅行社（りょこうしゃ） | සංචාරක සමාගම |
| 詳（くわ）しい | වැඩි විස්තර, දන්න |
| スキー場（じょう） | ස්කී කිරීමේ ස්ථානය |
| ※草津（くさつ） | කුසත්සු (ගුන්මා ප්‍රාන්තයේ පිහිටි සංචාරක නිවාඩු නිකේතනය) |
| ※志賀高原（しがこうげん） | ෂිගා කෝගෙං (නගනො ප්‍රාන්තයේ පිහිටි ජාතික වනෝද්‍යාන කඳුකරය) |

## 〈読（よ）み物（もの）〉

| | |
|---|---|
| 朱（しゅ） | සාදිලිංගම් රතු පාට |
| 交（まじ）わります I | ආශ්‍රය කරනවා |
| ことわざ | ප්‍රස්ථා පිරුළ |
| 関係（かんけい） | සම්බන්ධතාව |
| 仲（なか）よく しますⅢ | එකමුතු වෙනවා |
| 必要（ひつよう）[な] | අවශ්‍ය |

35

# II. පරිවර්තනය

## වාක්‍ය රටා

1. වසන්තය උදා වුණාම සකුරා මල් පිපෙනවා.
2. කාලගුණය යහපත් නම් එහා පැත්තේ දූපත පේනවා.
3. හොක්කයිදෝ වලට ගමනක් යනවා නම් ජූනි මාසෙ හොඳයි.

## උදාහරණ වගන්ති

1. වාහනේ ජනේලය ඇරෙන්නෙ නෑ නෙ.
   ……ඔය බොත්තම එබුවම ඇරෙනවා.
2. වෙන අදහස් තියෙනවා ද?
   ……නෑ. විශේෂයෙන් නෑ.
   නැති නම් මෙයින් ඉවර කරමු.
3. ජපානයේ ජීවිතේ කොහොම ද?
   ……බොහොම පහසුයි. ඒත් තව පොඩ්ඩක් බඩු මිල අඩු වුණොත් තවත් හොඳයි කියලා හිතනවා.
4. හෙට වෙද්දි වාර්තාව භාරදෙන්න ඕන ද?
   ……අමාරු නම් සිකුරාදා වෙද්දි ඒක භාරදෙන්න.
5. මට පොතක් පිටතට රැගෙන යන්න ඕනේ. කොහොම කළොත් හොඳයි ද?
   ……කවුන්ටර් එකෙන් කාඩ් එකක් හදවගන්න.
6. දවස් දෙක තුනක් විනෝද ගමනක් යන්න හිතාගෙන ඉන්නවා. යන්න හොඳ තැනක් දන්නවා ද?
   ……ආ. දවස් දෙක තුනක් නම් හකොනෙ හරි නික්කෝ යන එක හොඳයි කියලා හිතනවා.

## සංවාදය

**කොහේ හරි හොඳ තැනක් නැද්ද?**

තවපොන්: සුසුකි මහත්තයා, මම යාළුවන් එක්ක ස්කී කරන්න යන්න කැමතියි. කොහේ හරි හොඳ තැනක් දන්නවා ද?

සුසුකි: දවස් කීයකට විතර යන්න බලාපොරොත්තුවෙන් ඉන්නවා ද?

තවපොන්: දවස් තුනක් විතර.

සුසුකි: එහෙනම් කුසත්සු හරි ශිගාකෝගෙන් යන එක හොඳයි කියලා හිතනවා.
උණුදිය උල්පතුත් තියෙනවා නෙ.

තවපොන්: කොහොම ද යන්නෙ?

සුසුකි: ජේ.ආර්. එකෙනුත් යන්න පුළුවන්. හැබැයි රෑ බස් එකෙන් යනවා නම් උදේ ලඟා වෙන නිසා, පහසුයි.

තවපොන්: එහෙම ද? කොයි එක ද ලාභ?

සුසුකි: හ්ම්…සංචාරක සමාගමකට ගියොත් වැඩි විස්තර දැනගන්න පුළුවන්.

තවපොන්: අනිත් එක, ස්කී ක්‍රීඩාවේ උපකරණයි ඇඳුමුයි එහෙම මොකුත් මට නෑ නෙ.

සුසුකි: ඔය ඔක්කොම ස්කී ස්ථානයෙන් කුලියට ගන්න පුළුවන්.
බය නම් සංචාරක සමාගමකින් වෙන් කරගන්නත් පුළුවන්.

තවපොන්: එහෙම ද? බොහොම ස්තුතියි.

## III. අදාළ වචන සහ තොරතුරු

### ことわざ　　ප්‍රස්ථාව පිරුළු

住(す)めば都(みやこ)

ඔබ ජීවත් වන ස්ථානය ඔබේ හොඳම ස්ථානය බවට පත්වේ.

三人(さんにん)寄(よ)れば文殊(もんじゅ)の知恵(ちえ)

"සමඟිය බලය වේ."
සාමාන්‍ය පුද්ගලයින් වුනත් තිදෙනෙක් එක්වී සාකච්ඡා කිරීමෙන් හොඳ තීර්මාණ බිහිවිය හැක.

立(た)てばしゃくやく、座(すわ)ればぼたん、
歩(ある)く姿(すがた)はゆりの花(はな)

කාන්තාවකගේ සුන්දරත්වය විස්තර කරන පිරුළකි. ඇය "ෂකුනගෙ" (මහ රත්මල) මලක් මෙන් ලස්සනට සිටගෙන සිටියි. ඇය "බොතන්" (පිඹනි peony) මලක් මෙන් ලස්සනට වාඩි වී සිටියි. ඇය ලිලී මලක් මෙන් අලංකාර ලෙස ගමන් කරයි.

ちりも積(つ)もれば山(やま)となる

"දූවිලි එකතු වූ විට එය කන්දක් බවට පත්වේ."
දූවිලි සේ පොඩි වුණත් ගොඩ ගැසෙන්නේ නම් කන්දක් බවට පත්වේ.

うわさをすれば影(かげ)

යමෙකු ගැන බොරුවක් කටකතාවක් කරන විට, එම පුද්ගලයා අභිරහස් ලෙස සේවනැල්ලක් මෙන් ඔබ වෙත පැමිණෙනු ඇත.

苦(く)あれば楽(らく)あり、楽(らく)あれば苦(く)あり

"දුක තිබේ නම් සැප තිබේ. සැප තිබේ නම් දුක තිබේ."
වෙහෙස මහන්සි වී වැඩ කළහොත් ඔබට පසුව විනෝද විය හැකිය. අනෙක් අතට, ඔබ එය සැහැල්ලුවෙන් ගතහොත්, දුෂ්කර කාලයක් පැමිණේ. ජීවිතය සියල්ල හොඳ නැත, සියල්ල නරක නැත.

# IV. ව්‍යාකරණ විස්තර

**1. අසම්භාව්‍ය රූපය සාදා ගන්නා ආකාරය** (පෙළ පොතේ තිස්පස්වන පාඩමේ අභ්‍යාස A1 බලන්න.)

Ⅰ වන වර්ගයේ ක්‍රියා පද: ます රූපයේ අග ශබ්ද වන い ස්වරය え ස්වරය බවට පත් කර ば එක් කෙරේ.

Ⅱ වන වර්ගයේ ක්‍රියා පද: ます රූපයෙන් ます ප්‍රත්‍යය ඉවත් කොට れば එකතු කෙරේ.

Ⅲ වන වර්ගයේ ක්‍රියා පද: し－ます → すれば　　き－ます → くれば

සංලක්ෂ්‍යය: ක්‍රියා පදයේ නිශේධාර්ථ රූපය (උදා: いかない) අසම්භාව්‍ය රූපයට පත් කරන්නේ නම් ない රූපය (උදා: いか) ට なければ එකතු කෙරේ.

い- නාම විශේෂණ: い ඉවත් කොට ඉන් පසු ければ එකතු කෙරේ.

な- නාම විශේෂණ: な ඉවත් කොට ඉන් පසු なら එකතු කෙරේ.

නාම පද: ඉන් පසු なら එකතු කෙරේ.

**2. අසම්භාව්‍ය රූපය、～**

1) අපරාංගයේ (ප්‍රධාන අතුරු වාක්‍යය) සිද්ධිය සිදු වීම සඳහා අවශ්‍ය වන කොන්දේසි පූර්වාංගයෙන් දැක්වේ.

① ボタンを 押(お)せば、窓(まど)が 開(あ)きます。　　බොත්තම එබුවම ජනේලය ඇරෙනවා.

② 彼(かれ)が 行(い)けば、わたしも 行(い)きます。　　ඔහු යනවා නම් මමත් යනවා.

③ あした 都合(つごう)が よければ、来(き)て ください。
හෙට තත්ත්වය හොඳ නම් එන්න.

④ いい 天気(てんき)なら、向(む)こうに 島(しま)が 見(み)えます。
යහපත් කාලගුණයක් නම් එහා පැත්තෙ දූපත පේනවා.

2) අනෙක් අය පැවසූ දේවල් හෝ යම් තත්ත්වයක් මත පදනම් කරගැනීමෙන් භාෂකයාගේ අදහස් ප්‍රකාශ කෙරේ.

⑤ ボールペンが ないんですが。
……ボールペンが なければ、鉛筆(えんぴつ)で 書(か)いて ください。
බෝල්පොයින්ට් පෑනක් නෑ නෙ.
……බෝල්පොයින්ට් පෑනක් නැත්නම් පැන්සලෙන් ලියන්න.

⑥ あしたまでに レポートを 出(だ)さなければ なりませんか。
……無理(むり)なら、金曜日(きんようび)までに 出(だ)して ください。
හෙට වෙද්දි වාර්තාව භාරදෙන්න ඕන ද?
……අමාරු නම් සිකුරාදා වෙනකොට භාර දෙන්න.

මූලික වශයෙන් අපරාංගයෙහි (ප්‍රධාන අතුරු වාක්‍යය) කැමැත්ත, බලාපොරොත්තු, අණ, ඉල්ලීම් යනාදි ප්‍රකාශන දැක්වෙන්නෙ නැත. නමුත් පූර්වාංගයේ සහ අපරාංගයේ උක්ත වෙනස් නම් (②), පූර්වාංගයේ ආඛ්‍යාතය නිශ්චල තත්ත්වයක් දක්වන විට (③⑤), එය භාවිත කළ හැකි ය.

සමුද්දේශය: මෙම පාඩම දක්වා ඉගෙන ගෙන ඇති සමාන ප්‍රකාශන සමඟ සන්සන්දනය කිරීම

1) ～と (විසිදෙවන පාඩම)

と යන පදයෙන් と ට පෙර ඇති ක්‍රියාව හෝ සිද්ධිය සිදු වුවහොත්, ඉන් පසු එන ප්‍රධාන අතුරු වාක්‍යයෙන් දැක්වෙන තත්ත්වය, ක්‍රියාව, සංසිද්ධිය, සිද්ධිය අනිවාර්යයෙන්ම සිදු වන බව දැක්වේ. අපරාංගයෙහි (ප්‍රධාන අතුරු වාක්‍යය) කැමැත්ත, බලාපොරොත්තු, අණ, ඉල්ලීම් යනාදි ප්‍රකාශන ඇති නොවේ.

⑦ ここを 押(お)すと、ドアが 開(あ)きます。　　මෙතන එබුවම දොර ඇරෙනවා.

～ば යොදා ගැනීමෙන් ⑦ ප්‍රකාශ කළ හැකි ය.

⑧ ここを 押(お)せば、ドアが 開(あ)きます。　　මෙතන එබුවම දොර ඇරෙනවා.

2) ～たら (විසිපස්වන පාඩම)

～たら යන යෙදුමෙහි (1) අනුමාන සහිත අසම්භාව්‍යතාව දක්වන භාවිතයක් සහ (2) ක්‍රියා පදයේ た රූපය ら යෙදුමෙන් දැක්වන සිද්ධිය සිදුවන බව දැනගෙන සිටින්නේ නම්, එය සිදුවීමෙන් පසුව ඉන් පසු එන ප්‍රධාන අතුරු වාක්‍යයේ ක්‍රියාව හෝ සිද්ධිය සිදු වන බව දැක්වන භාවිතයක් තිබේ. අපරාංගයෙහි (ප්‍රධාන අතුරු වාක්‍යය) කැමැත්ත, බලාපොරොත්තු, අණ, ඉල්ලීම් යනාදි ප්‍රකාශන භාවිත කළ හැකි ය.

⑨ 東京(とうきょう)へ 来(き)たら、ぜひ 連絡(れんらく)して ください。

තෝකියෝවලට ආවොත්, අනිවාර්යෙන්ම මට කතා කරන්න.

× 東京(とうきょう)へ 来(く)ると、ぜひ 連絡(れんらく)して ください。

× 東京(とうきょう)へ 来(く)れば、ぜひ 連絡(れんらく)して ください。

⑩ 田中(たなか)さんが 東京(とうきょう)へ 来れば、[わたしは] 会(あ)いに 行(い)きます。

තනකා මහත්තයා තෝකියෝවලට එනවා නම් මම හම්බවෙන්න යනවා.

⑨ වැනි අපරාංගහෙයි (ප්‍රධාන අතුරු වාක්‍යය) භාෂකයාගේ කැමැත්ත ඇත්නම්, ～たら භාවිත කළ හැකි නමුත් ～と, ～ば භාවිත කළ නොහැකි ය. ⑩ වැනි පූර්වාංගයේ සහ අපරාංගයේ උක්ත (ප්‍රධාන අතුරු වාක්‍යය) වෙනස් නම්, අපරාංගයෙහි (ප්‍රධාන අතුරු වාක්‍යය) භාෂකයාගේ කැමැත්ත ඇති වුවද, ～ば භාවිත කළ හැකි ය. මෙබඳු ～たら යෙදුමෙහි පුළුල් පරාසයක භාවිතයක් තිබෙන අතර, වාචික ගතියක් තිබෙන නිසා, ලිඛිත භාෂාවෙහි භාවිත කිරීමට අපසුය.

### 3. ප්‍රශ්නවාචී පද ක්‍රියා පදයේ අසම්භාව්‍ය රූපය いいですか

අසන්නාගෙන් උපදෙස් හෝ නිර්දේශ ඉල්ලන ප්‍රකාශනයකි. විසිහයවන පාඩමේදී ඉගෙන ගෙන ඇත ～たら いいですか සේම භාවිත කළ හැකි ය.

⑪ 本(ほん)を 借(か)りたいんですが、どう すれば いいですか。

පොතක් ණයට ගන්න කැමතියි. කොහොම කළොත් හොඳ ද?

⑫ 本(ほん)を 借(か)りたいんですが、どう したら いいですか。

පොතක් ණයට ගන්න කැමතියි. කොහොම කළොත් හොඳ ද? (විසිහයවන පාඩම)

### 4. නාම පද なら、～

නාම පද なら、～ යන යෙදුම අනෙක් අය පැවසූ දේවල් මත පදනම් කරගැනීමෙන් ඒවා ගැන යම් තොරතුරක් ලබා දෙන විට ද භාවිත කරනු ලැබේ.

⑬ 温泉(おんせん)に 行(い)きたいんですが、どこが いいですか。

……温泉(おんせん)なら、白馬(はくば)が いいですよ。

උණු දිය උල්පත් වලට යන්න කැමතියි. කොහෙද යන්න හොඳ?

……උණු දිය උල්පත් නම් හකුබා හොඳයි නේ.

### 5. ～は ありませんか (නිශේධනාර්ථ ප්‍රශ්නවාචී වාක්‍ය)

⑭ 2、3日(にち) 旅行(りょこう)を しようと 思(おも)って いるんですが、どこか いい 所(ところ)は ありませんか。

දවස් දෙක තුනක් විනෝද ගමනක් යන්න හිතාගෙන ඉන්නවා. යන්න හොඳ තැනක් තියෙනවා ද?

⑭ හි いい ところは ありませんか යනුවෙන් いい ところは ありますか යන යෙදුමට සමාන අර්ථයක් දැක්වේ. නමුත් ありませんか යැයි ප්‍රශ්න කිරීමෙන් අනෙක් අයට "නැහැ" යැයි උත්තර දීමට පහසු වන නිසා, අනෙක් අය ගැන සැලකිල්මත්ව විය හැකි ප්‍රශ්න කිරීමේ ක්‍රමයක් වේ. සාමාන්‍යයෙන් නැත අර්ථ සහිත ප්‍රශ්නවාචී වාක්‍ය වඩාත් ආචාරශීලී ප්‍රශ්න කිරීමේ ක්‍රමයක් වේ. උත්තර දෙන විට はい、あります, いいえ、ありません භාවිත කරනු ලැබේ.

# තිස්හයවන පාඩම

## I. වචන මාලාව

| | | |
|---|---|---|
| あいますⅠ | | ලක්වෙනවා, මුහුණදෙනවා |
| ［じこに～］ | ［事故に～］ | ［අනතුරට～］ |
| ちょきんしますⅢ | 貯金します | මුදල් ඉතිරි කරනවා |
| すぎますⅡ | 過ぎます | පහු වෙනවා |
| ［7じを～］ | ［7時を～］ | ［වෙලාව හත～］ |
| なれますⅡ | 慣れます | පුරුදු වෙනවා |
| ［しごとに～］ | ［仕事に～］ | ［වැඩට～］ |
| くさりますⅠ | 腐ります | නරක් වෙනවා |
| ［たべものが～］ | ［食べ物が～］ | ［ආහාර～］ |
| けんどう | 剣道 | කෙන්දෝ (කඩු හරඹය වැනි ජපන් සටන් ක්‍රමයකි) |
| じゅうどう* | 柔道 | ජූදෝ |
| ラッシュ | | තදබදය |
| うちゅう | 宇宙 | අභ්‍යාවකාශය |
| きょく | 曲 | ගීත |
| まいしゅう | 毎週 | හැම සතියෙම |
| まいつき* | 毎月 | හැම මාසෙම |
| まいとし*（まいねん） | 毎年 | හැම අවුරුද්දෙම |
| このごろ | | මේ දවස්වල, මේ කාලයේ |
| やっと | | යන්තම්, ඇති යන්තම් |
| かなり | | බොහෝ දුරට, සෑහෙන්න |
| かならず | 必ず | අනිවාර්යෙන්ම, ස්ථිරවම |
| ぜったいに | 絶対に | අනිවාර්යෙන්ම, ස්ථිර වශයෙන්ම |
| じょうずに | 上手に | දක්ෂ ලෙස, හොඳට |
| できるだけ | | පුළුවන් තරම් |
| ほとんど | | සම්පූර්ණයෙන් වාගේ (අස්ත්‍යර්ථ වැකි වල එය දැක්වේ), ඉතාමත් සුළු (නැත අර්ථ සහිත වැකි වල එය දැක්වේ) |
| ※ショパン | | චොපින් (1810-49, පෝලන්තයේ සංගීත නිර්මාන කරුවෙකි) |

## 〈会話〉

| | |
|---|---|
| お客様 | අමුත්තා (おきゃくさん යන පදයේ ගෞරව රූපය) |
| 特別[な] | විශේෂ |
| して いらっしゃいます | කරනවා (して います යන පදයේ ගෞරව රූපය) |
| 水泳 | පිහිනුම |
| 違います I | වෙනස් |
| 使って いらっしゃるんですね。 | පාවිච්චි කරනවා නෙ. (つかって いるんですね යන පදයේ ගෞරව රූපය) |
| チャレンジしますIII | අභියෝග කරනවා |
| 気持ち | හැඟීම |

## 〈読み物〉

| | |
|---|---|
| 乗り物 | යාන වාහන |
| ー世紀 | ーවන ශත වර්ෂය |
| 遠く | දුර, ඈතින් |
| 珍しい | අමුතු, දුර්ලභ |
| 汽車 | දුම්රිය |
| 汽船 | දුම්නැව |
| 大勢の ～ | බොහෝ～ |
| 運びます I | ගෙනියනවා |
| 利用しますIII | පාවිච්චි කරනවා, භාවිතා කරනවා |
| 自由に | කැමැති විදියට, නිදහසින් |

## II. පරිවර්තනය

### වාක්‍ය රටා

1. මම ඉක්මනට පීනන්න පුළුවන් වෙන්න හැමදාම පුහුණු වෙනවා.
2. අන්තිමට බොහොම අමාරුවෙන් මට බයිසිකලය පදින්න පුළුවන් වුණා.
3. මම හැමදාම දිනපොතක් ලියන්න උත්සාහ කරනවා.

### උදාහරණ වගන්ති

1. ඕක විද්‍යුත් ශබ්දකෝෂයක් ද?
   ……ඔව්. දන්නෙ නැති වචනයක් තිබ්බොත් ඉක්මනට හොයලා බලන්න ඒක තියාගෙන ඉන්නවා.
2. දින දර්ශනයේ ඇති රතු පාට රවුමෙන් දැක්වෙන්නෙ මොකද්ද?
   ……කුණු බැහැර කරන දින. අමතක නොකරන්න ලකුණු කරලා තියෙන්නෙ.
3. දැනටමත් ජපන් ආහාරවලට පුරුදු වුණා ද?
   ……ඔව්. මුලින් කන්න බැරි වුණා. ඒත් දැන් ඕන ආහාරයක් කන්න පුළුවන්.
4. චොපින්ගේ සංගීත දැන් වාදනය කරන්න පුළුවන් ද?
   ……බෑ. තාම වාදනය කරන්න බෑ.
   ඉක්මනින් වාදනය කරන්න පුළුවන් වෙන්න ආසයි.
5. අලුත් මාර්ගයක් ඉදිවෙලා නෙ.
   ……ඔව්. දැන් මගේ මහත්තයාගේ ගමට පැය හතරකින් යන්න පුළුවන්.
6. රසකැවිලි කන්නෙ නැද්ද?
   ……නෑ. පුළුවන් තරම් නොකා ඉන්න උත්සාහ කරනවා.
7. විභාගය පටන් ගන්නෙ නවයට. අනිවාර්යෙන්ම පරක්කු නොවී එන්න.
   මොකද පරක්කු වුණොත් ඇතුලට එන්න බැරි නිසා.
   ……හරි. තේරුණා.

### සංවාදය

**හැමදාම ව්‍යායාම කරන්න උත්සාහ කරනවා.**

නිවේදකයා: සියළු දෙනාටම ආයුබෝවන්. අද අපේ අමුත්තා වෙන්නෙ මේ අවුරුද්දට වයස අසූවක් වෙන ඔගවා යොනෙ මහත්මිය.

ඔගවා යොනෙ: ආයුබෝවන්.

නිවේදකයා: සනීපෙන් ඉන්නවා නෙ. ඔබේ සෞඛ්‍ය රැකගන්න මොකක් හරි විශේෂ දෙයක් කරනවා ද?

ඔගවා යොනෙ: හැමදාම ව්‍යායාම කරන්න උත්සාහ කරනවා.

නිවේදකයා: ඔබ මොන වගේ ව්‍යායාමද කරන්නෙ?

ඔගවා යොනෙ: නැටුම්, පිහිනීම එහෙම…
මේ ළඟදී මීටර් පන් සීයක් පීනන්න පුළුවන් වුණා.

නිවේදකයා: අපූරුයි නෙ. කෑම ගැන කිව්වොත්?

ඔගවා යොනෙ: ඕන දෙයක් කනවා. විශේෂයෙන්ම මාළුවලට කැමතියි.
හැමදාම කෑම ජාති වෙනස් කරලා උයන්න උත්සාහ කරනවා.

නිවේදකයා: ඔබ මොළයයි ශරීරයයි හොඳට පාවිච්චි කරනවා නේද?

ඔගවා යොනෙ: ඔව්. ලබන අවුරුද්දේ ප්‍රංශයට යන්න හිතාගෙන ඉන්නවා.
ඒක නිසා ප්‍රංශ භාෂාව ඉගෙන ගන්නත් පටන් ගත්තා.

නිවේදකයා: ඕනම දේකට තියෙන අභියෝගාත්මක හැඟීම වැදගත් නේද?
ඔබගේ රසවත් කතාවට බොහොම ස්තූතියි.

## III. අදාළ වචන සහ තොරතුරු

### 健康　සෞඛ්‍යය

#### いいださん

- 規則正しい生活をする
  නිතිපතා දෛනික චර්යාවකට හෝ කාල සටහනකට අනුකූලව ජීවිතය ගත කරනවා
- 早寝、早起きをする
  වේලාසනින් නැගිටිනවා වේලාසනින් නිදාගන්නවා
- 運動する／スポーツをする
  ව්‍යායාම කරනවා / ක්‍රීඩා කරනවා
- よく歩く
  නිතර ඇවිදිනවා
- 好き嫌いがない
  කෑම තෝරන්නෙ නෑ
- 栄養のバランスを考えて食べる
  සමබර පෝෂණය ගැන සිතා කනවා
- 健康診断を受ける
  සෞඛ්‍ය පරීක්ෂණයක් කරගන්නවා

#### だめださん

- 夜更かしをする
  මධ්‍යම රාත්‍රිය වෙනකම් අවදියෙන් ඉන්නවා
- あまり運動しない
  වැඩිය ව්‍යායාමය කරන්නෙ නැහැ
- 好き嫌いがある
  කෑම තෝරනවා
- よくインスタント食品を食べる
  බොහෝ විට ක්ෂණික ආහාර කනවා
- 外食が多い
  බොහෝ විට එළියෙන් කනවා
- たばこを吸う
  දුම්වැටි භාවිත කරනවා, දුම්පානය කරනවා
- よくお酒を飲む
  නිතර මත්පැන් පානය කරනවා

### 5つの大切な栄養素とそれを含む食べ物

ප්‍රධාන පෝෂක වර්ග පහක් සහ ඒවා අඩංගු වන ආහාර

36

# IV. ව්‍යාකරණ විස්තර

**1.** | ක්‍රියා පද$_1$ ශබ්දකෝෂ රූපය<br>ක්‍රියා පද$_1$ ない රූපය ない } ように、ක්‍රියා පද$_2$ |

〜ように යෙදුමෙහි ඉදිරියෙන් සඳහන් වන ප්‍රතිඵලය අරමුණු කරගෙන සිදුකරන ක්‍රියා පද$_2$ එකතු කරයි. ように යෙදුමට චේතනාවක් නොමැති ක්‍රියා පදවල (උදා: හැකි බව දැක්වෙන ක්‍රියා පද, わかります, みえます, きこえます, なります ආදි) ශබ්දකොෂ රූපය (①) හෝ ක්‍රියා පදයේ නිශේධනාර්ථ රූපය (②) භාවිත කෙරේ.

① 速く 泳げるように、毎日 練習して います。

ඉක්මනට පීනන්න පුළුවන් වෙන්න මම හැමදාම පුහුණු වෙනවා.

② 忘れないように、メモして ください。

අමතක නොවන විදියට කෙටි සටහනක් තියාගන්න.

**2.** | ක්‍රියා පදයේ ශබ්දකෝෂ රූපය ように なります |

1) なります යන ක්‍රියා පදයෙන් යම්කිසි තත්ත්වයක වෙනස් වීමක් අදහස් වෙයි. මෙම යෙදුමෙහි හැකි බව දැක්වෙන ක්‍රියා පද, わかります, みえます වැනි ක්‍රියා පද යෙදෙන විට ක්‍රියා පදයේ ශබ්දකෝෂ රූපය ように なります යන යෙදුමෙන් බැරි තත්ත්වයක් පුළුවන් තත්ත්වයට වෙනස් වුණ බව හඟවන්න පුළුවන්.

③ 毎日 練習すれば、泳げるように なります。

හැමදාම පුහුණු වුණොත් පීනන්න පුළුවන් වෙයි.

④ やっと 自転車に 乗れるように なりました。

මට බොහොම අමාරුවෙන් අන්තිමට බයිසිකලය පදින්න පුළුවන් වුණා.

2) 〜ように なりましたか යන ප්‍රශ්නවාචී වාක්‍යයට いいえ භාවිත කිරීමෙන් නිශේධනාර්ථ රූපයෙන් උත්තර දෙන ආකාරය පහත දැක්වේ.

⑤ ショパンの 曲が 弾けるように なりましたか。

……いいえ、まだ 弾けません。

චොපින්ගේ ගීත වාදනය කරන්න පුළුවන් වුණා ද?

……නෑ. තාම වාදනය කරන්න බෑ.

සංලක්ෂ්‍යය: මෙම ප්‍රධාන පෙළ පොතෙහි විස්තර නොකළත් 2 හි වාක්‍ය රටාවෙහි හැකි බව දැක්වෙන ක්‍රියා පද, わかります, みえます හැර වෙනත් ක්‍රියා පද යෙදෙන විට, කලින් නොතිබූ පුරුද්දක් අලුතෙන් ලබා ගත් බව (⑥) දැක්වේ.

⑥ 日本人は 100年ぐらいまえから 牛肉や 豚肉を 食べるように なりました。

ජපන් මිනිස්සු අවුරුදු සියයකට පමණ පෙර සිට හරක් මස් සහ ඌරු මස් කන්න පටන් ගත්තා.

**3.** | ක්‍රියා පදයේ ශබ්දකෝෂ රූපය<br>ක්‍රියා පදයේ ない රූපය ない } ように します |

1) 〜ように して います

පුරුද්දක් වශයෙන් යම් කිසි ක්‍රියාවක් සඳහා උත්සාහ කිරීම දැක්වේ.

⑦ 毎日 運動して、何でも 食べるように して います。

හැමදාම ව්‍යායාම කර ඕන දෙයක් කන්න පුළුවන් විදියට වැඩ කරනවා.

⑧ 歯(は)に 悪(わる)いですから、甘(あま)い 物(もの)を 食(た)べないように して います。

දත්වලට හොඳ නැති නිසා රස කැවිලි නොකා ඉන්න උත්සාහ කරනවා.

2) ～ように して ください

මෙය යම් කිසි ක්‍රියාවක් සිදු වීම සඳහා උත්සාහ කරන ලෙස ඉල්ලන යෙදුමකි. ～て／～ないで ください සෘජුව ඉල්ලීම් කිරීමේ යෙදුමක් වන අතර, ～ように して ください වක්‍ර යෙදුමක් වන නිසා, ～て／～ないで ください ට වඩා ආචාරශීලී බවක් තිබේ. මෙම යෙදුම පහත දැක්වෙන පරිදි භාවිත වේ.

⑨ もっと 野菜(やさい)を 食(た)べるように して ください。

තවත් එළවළු කන්න උත්සාහ කරන්න.

⑩ 絶対(ぜったい)に パスポートを なくさないように して ください。

කවදාවත් ඔයාගේ විදේශ ගමන් පත්‍රය නැති නොවන විදියට කටයුතු කරන්න.

සංලක්ෂ්‍යය: ～ように して ください එම අවස්ථාවේදීම ඉල්ලීම් කිරීම සඳහා භාවිත කළ නොහැකි ය.

⑪ すみませんが、塩(しお)を 取(と)って ください。 කරුණාකරලා ලුණු එක දෙන්න.

× すみませんが、塩(しお)を 取(と)るように して ください。

**4.** 早(はや)い→早(はや)く　　上手(じょうず)な→上手(じょうず)に

නාම විශේෂණ වෙනත් නාම විශේෂණයක් හෝ ක්‍රියා පදයක් විස්තර කරන විට, い- නාම විශේෂණ ～く බවට පත් කර, な- නාම විශේෂණ ～に බවට පත් කර යෙදේ.

⑫ 早(はや)く 上手(じょうず)に お茶(ちゃ)が たてられるように なりたいです。

ඉක්මනින් හොඳට තේ හදන්න පුළුවන් විදියට පත්වෙන්න කැමතියි.

# තිස්හත්වන පාඩම

## I. වචන මාලාව

| | | |
|---|---|---|
| ほめますⅡ | 褒めます | ප්‍රශංසා කරනවා |
| しかりますⅠ | | බනිනවා |
| さそいますⅠ | 誘います | ආරාධනා කරනවා |
| しょうたいしますⅢ | 招待します | ආරාධනා කරනවා |
| たのみますⅠ | 頼みます | පවරනවා, ඉල්ලනවා |
| ちゅういしますⅢ | 注意します | අවවාද කරනවා |
| とりますⅠ | | ගන්නවා |
| ふみますⅠ | 踏みます | පාගනවා |
| こわしますⅠ | 壊します | කඩනවා |
| よごしますⅠ | 汚します | කිලුටු කරනවා |
| おこないますⅠ | 行います | පවත්වනවා |
| ゆしゅつしますⅢ | 輸出します | අපනයනය කරනවා |
| ゆにゅうしますⅢ | 輸入します | ආනයනය කරනවා |
| ほんやくしますⅢ | 翻訳します | පරිවර්තනය කරනවා |
| はつめいしますⅢ | 発明します | නිර්මාණය කරනවා |
| はっけんしますⅢ | 発見します | සොයා ගන්නවා |
| こめ* | 米 | හාල් |
| むぎ | 麦 | තිරිඟු |
| せきゆ | 石油 | ඛණිජ තෙල්, පෙට්‍රෝලියම් |
| げんりょう | 原料 | අමු ද්‍රව්‍ය |
| インスタントラーメン | | ක්ෂණික නූඩ්ල්ස් |
| デート | | ඩේට්, විරුද්ධ ලිංගිකයකු සමග හමුවීම |
| どろぼう | 泥棒 | හොරා |
| けいかん | 警官 | පොලිස් නිලධාරියා |
| せかいじゅう | 世界中 | ලොව පුරා |
| ～じゅう | ～中 | ～පුරා |
| ーせいき | ー世紀 | －වන ශත වර්ෂය |
| なにご | 何語 | මොන භාෂාවද |
| だれか | | කවුරුහරි |
| よかったですね。 | | හොඳයි නෙ. |
| ※オリンピック | | ඔලිම්පික් ක්‍රීඩාව, ඔලිම්පික් උළෙල |
| ※ワールドカップ | | ලෝක කුසලාන තරගාවලිය |
| ※東大寺（とうだいじ） | | තෝදයි විහාරය |
| ※大仏（だいぶつ） | | විශාල බුද්ධ ප්‍රතිමාව |

| | |
|---|---|
| ※江戸時代 | එදො යුගය (1603-1868) |
| ※ポルトガル | පෘතුගීසි |
| ※サウジアラビア | සවුදි අරාබිය |
| ※ロシア | රුසියාව |

## 〈会話〉

| | |
|---|---|
| 皆様 | සියළු දෙනාම (みなさん යන පදයේ ගෞරව රූපය) |
| 焼けますⅡ ［うちが～］ | ගින්නෙන් පිච්චෙනවා [ගෙදර～] |
| その後 | ඉන් පසුව, ඉන් අනතුරුව |
| 世界遺産 | ලෝක උරුමය |
| ～の 一つ | ～අතරින් එකක් |
| 金色 | රන් පාට |
| 本物 | අව්‍යාජ, සත්‍ය දෑ |
| 金 | රන් |
| －キロ | කිලෝ－ (කිලෝමීටර් සහ කිලෝග්‍රෑම් යන අර්ථ දෙකම දැක්වේ) |
| 美しい | ලස්සන, අලංකාර |

## 〈読み物〉

| | |
|---|---|
| 豪華［な］ | සුඛෝපභෝගී |
| 彫刻 | කැටයම් කැපීම, මූර්ති ඇඹීම |
| 言い伝え | ජන කථා |
| 眠りますⅠ | නිදාගන්නවා |
| 彫りますⅠ | කැටයම් කරනවා |
| 仲間 | හවුල්කාරයා, සගයා |
| しかし | නමුත් |
| その あと | ඉන් පසුව, ඉන් අනතුරුව |
| 一生懸命 | වෙහෙස මහන්සි වී |
| ねずみ | මීයා |
| 一匹も いません。 | එකෙක්වත් නැහැ. |
| ※東照宮 | තෝෂෝගු (තොච්ගි ප්‍රාන්තයේ නික්කෝ ප්‍රදේශයේ පිහිටි තොකුගවා ඉඑයාසු වෙනුවෙන් පූජා කෙරුණු ෂින්තෝ දේවස්ථානය) |
| ※眠り猫 | නින්දේ ඉන්න පූසා යන තේරුම (ඒ කැටයමේ නම) |
| ※左甚五郎 | හිදරි ජින්ගොරෝ (1594-1651, එදො යුගයේ ප්‍රසිද්ධ කැටයම් ශිල්පියෙකි) |

# II. පරිවර්තනය

## වාක්‍ය රටා

1. ළමා කාලේදී මම නිතර අම්මාගෙන් බැනුම් ඇහුවා.
2. තදබද වෙලාවේ කෝච්චියේදී මගේ කකුල පෑගුවා.
3. හෝරියූ පන්සල අවුරුදු හයසීය හතේ ඉදිකරන ලදී.

## උදාහරණ වගන්ති

1. අද උදේ ප්‍රධානියා මට කතා කළා.
   ……මොකක් හරි ප්‍රශ්නයක් ද?
   එයා මට ව්‍යාපාර ගමනේ වාර්තාව ලියන විදිය ගැන අවවාද කළා.
2. මොකද වුණේ?
   ……කවුරු හරි මගේ කුඩය වැරදීමෙන් අරගෙන ගිහින්.
3. ආයෙත් අලුත් තරුවක් හොයාගෙන ලු.
   ……එහෙම ද?
4. මේ අවුරුද්දේ ලෝක ළමා සමුළුව පැවැත් වෙන්නෙ කොහෙද?
   ……හිරොෂිමාවල පැවැත් වෙන්නෙ.
5. බියර් හදන්න පාවිච්චි කරන්නෙ බාර්ලි. මේ තියෙන්නේ අමුද්‍රව්‍ය වන බාර්ලි.
   ……මේකෙන් තමයි බියර් හදන්නෙ නේ.
6. බ්‍රසීල්වල මොන භාෂාව ද පාවිච්චි කරන්නෙ?
   ……පෘතුගීසි භාෂාව පාවිච්චි කරන්නෙ.

## සංවාදය

**කින්කකු පන්සල දහහතර වෙනි ශත වර්ෂයේදී ඉදි කරලා තියෙන්නෙ.**

සංචාරක මාර්ගෝපදේශකයා: සියලු දෙනා, අර අතන තියෙන්නෙ ප්‍රසිද්ධ කින්කකු පන්සල. කින්කකු පන්සල දහහතර වෙනි ශත වර්ෂයේදී ඉදි කරලා තියෙන්නෙ. 1950 එක වතාවක් ගින්නෙන් පිච්චිලා ගිහින් තියෙනවා. නමුත් ඉන් පසුව අලුත් ගොඩනැගිල්ලක් ඉදි කරලා 1994 ලෝක උරුමයක් ලෙස ප්‍රකාශයට පත් කරලා තියෙනවා. කියෝතොවල ජනප්‍රිය පන්සල් අතරින් එක පන්සලක්.

කරීනා: ලස්සනයි නෙ. බිත්ති රත්තරන් පාටයි. ඒක ඇත්ත රත්තරන් ද?

සංචාරක මාර්ගෝපදේශකයා: ඔව්. රත්තරන් කිලෝ ග්‍රෑම් විස්සක් විතර පාවිච්චි කරලා තියෙනවා.

කරීනා: එහෙම ද? අරක ඇතුලට යන්න පුළුවන් ද?

සංචාරක මාර්ගෝපදේශකයා: ඇතුලට නම් යන්න බෑ. පොකුණ වටපිට ඇවිදලා බලන්න.

……………………………………………………………

කරීනා: රතු පාට ගස්වල කොළ ලස්සනයි නෙ.

සංචාරක මාර්ගෝපදේශකයා: ඔව්. කින්කකු පන්සල විශේෂයෙන්ම ලස්සනට පේන්නෙ ගස්වල කොළ රතු පාටට හැරෙන සරත් සෘතුවට සහ ශීත සෘතුවට කියලා කියනවා.

## III. අදාළ වචන සහ තොරතුරු

### 事故(じこ)・事件(じけん)　අනතුරු සහ සිද්ධි

殺(ころ)す　මරනවා, ඝාතනය කරනවා

撃(う)つ　වෙඩි තබනවා

刺(さ)す　පිහියෙන් අනිනවා

かむ　හපනවා

ひく　යට කරනවා, යට වෙනවා

はねる　ගැටිලා විසි වෙනවා

衝突(しょうとつ)する　හැප්පෙනවා

追突(ついとつ)する　වාහනයක පිටුපස හැප්පෙනවා

盗(ぬす)む　සොරකම් කරනවා

誘拐(ゆうかい)する　පැහැර ගන්නවා

ハイジャックする　ගුවන් යානයක් පැහැරගන්නවා

墜落(ついらく)する　(ගුවන් යානයක්) කඩා වැටෙනවා

運(はこ)ぶ　ගෙනයනවා

爆発(ばくはつ)する　පිපිරෙනවා

助(たす)ける　බේරගන්නවා

沈没(ちんぼつ)する　(නැවක්) ගිලෙනවා

# IV. ව්‍යාකරණ විස්තර

**1.** කර්මකාරක ක්‍රියා පද

| | | කර්මකාරක ක්‍රියා පද | |
|---|---|---|---|
| | | ආචාරශීලී රූපය | සාමාන්‍ය රූපය |
| I | かきます | かかれます | かかれる |
| II | ほめます | ほめられます | ほめられる |
| III | きます<br>します | こられます<br>されます | こられる<br>される |

(පෙළ පොතේ තිස්හත්වන පාඩමේ අභ්‍යාස A1 බලන්න.)

II වන වර්ගයේ ක්‍රියා පද වශයෙන් වර නැඟේ.

උදා: かかれます　かかれる　かかれ(ない)　かかれて

**2.** නාම පද$_1$ (කෙනා$_1$) は නාම පද$_2$ (කෙනා$_2$) に කර්මකාරක ක්‍රියා පද

කෙනා$_2$ විසින් කෙනා$_1$ කෙරෙහි සිදු කළ ක්‍රියාව, එම ක්‍රියාවට ලක් වූ පක්ෂය (කෙනා$_1$) පැත්තෙන් ප්‍රකාශ කරන වාක්‍ය රටාවකි. කෙනා$_1$ ව මාතෘකාකරණයට ලක් කර කර්තෘ (කෙනා$_2$) ට に නිපාතය එක් කිරීමෙන් දැක්වේ.

先生(せんせい)が わたしを 褒(ほ)めました。　ගුරුවරයා මට ප්‍රශංසා කළා.

① わたしは 先生(せんせい)に 褒(ほ)められました。　ගුරුවරයා විසින් මට ප්‍රශංසා කරන ලදී.

母(はは)が わたしに 買(か)い物(もの)を 頼(たの)みました。　අම්මා බඩු ගන්න යන්න කියලා මට කිව්වා.

② わたしは 母(はは)に 買(か)い物(もの)を 頼(たの)まれました。

අම්මා විසින් බඩු ගන්න යන්න කියලා මට කියන ලදී.

මිනිසුන් හැර චලනය වන සත්වයන් හෝ වාහන යනාදි දේවල් ද කර්තෘ විය හැකි ය.

③ わたしは 犬(いぬ)に かまれました。　බල්ලා විසින් මාව හපන ලදී.

**3.** නාම පද$_1$ (කෙනා$_1$) は නාම පද$_2$ (කෙනා$_2$) に නාම පද$_3$ を කර්මකාරක ක්‍රියා පද

කෙනා$_2$ විසින් කෙනා$_1$ තමන් සතු දෙයක් (නාම පද$_3$) කෙරෙහි යම් කිසි ක්‍රියාවක් සිදු කර, එම ක්‍රියාව කෙරෙහි කෙනා$_1$ (හිමි කෙනා) ට බොහෝ විට කරදරකාරී බව හැඟෙන බව දැක්වේ.

弟(おとうと)が わたしの パソコンを 壊(こわ)しました。　මල්ලි මගේ පරිගණකය කැඩුවා.

④ わたしは 弟(おとうと)に パソコンを 壊(こわ)されました。　මල්ලි විසින් මගේ පරිගණකය කඩන ලදී.

මිනිසුන් හැර චලනය වන සත්වයන් හෝ වාහන යනාදි දේවල් ද කර්තෘ විය හැකි ය.

⑤ わたしは 犬(いぬ)に 手(て)を かまれました。　බල්ලා විසින් මගේ අත සපා කන ලදී.

සංලක්ෂ්‍යය 1: මාතෘකාකරණයට ලක් වන්නේ තම සතු දෙය නොව ක්‍රියාව කෙරෙහි කරදරකාරී බව හැඟෙන කෙනා (හිමි කෙනා) ය. උදාහරණයක් ලෙස ④ වෙනුවට わたしの パソコンは おとうとに こわされました යන වාක්‍යය නොයෙදේ.

සංලක්ෂ්‍යය 2: මෙම වාක්‍ය රටාවෙන් බොහෝ විට ක්‍රියාවට ලක් වූ කෙනා එම ක්‍රියාව කරදරකාරී ලෙස සලකන අර්ථය දැක්වෙන නිසා, එය සැලකිල්ලට ගත යුතු ය. කෙනෙක් කළ ක්‍රියාවෙන් ප්‍රතිලාභයක් ලැබී ස්තුතිවන්ත වන විට ～て もらいます භාවිත කෙරේ.

× わたしは 友達(ともだち)に 自転車(じてんしゃ)を 修理(しゅうり)されました。

⑥ わたしは 友達(ともだち)に 自転車(じてんしゃ)を 修理(しゅうり)して もらいました。

මගේ යාළුවා මගේ බයිසිකලය අළුත්වැඩියා කර දුන්නා.

**4. නාම පද (දෙයක්/සිද්ධියක්) が／は කර්මකාරක ක්‍රියා පද**

යම් කිසි සිද්ධියක් විස්තර කරන විට ක්‍රියාවක් කරන කෙනාට විශේෂයෙන්ම අවධානය යොමු නොකරන්නේ නම්, දෙයක් හෝ සිද්ධියක් උක්තය/මාතෘකාව වශයෙන් කර්මකාරක ක්‍රියා පද භාවිත කිරීමෙන් ප්‍රකාශ කළ හැකි ය.

⑦ 大阪(おおさか)で 展覧会(てんらんかい)が 開(ひら)かれました。　ඔසකාවල ප්‍රදර්ශනයක් පැවැත්විණි.

⑧ 電話(でんわ)は 19世紀(せいき)に 発明(はつめい)されました。　දුරකථනය 19 වන සියවසේදී නිපදවන ලදී.

⑨ この本(ほん)は 世界中(せかいじゅう)で 読(よ)まれて います。　මේ පොත ලොව පුරා කියවනු ලැබේ.

**5. නාම පද から／නාම පද で つくります**

දෙයක් නිශ්පාදනය කිරීමේදී අමුද්‍රව්‍යයකින් නම් から නිපාතයෙන්, ද්‍රව්‍යයකින් නම් で නිපාතයෙන් දැක්වේ.

⑩ ビールは 麦(むぎ)から 造(つく)られます。　බියර් නිශ්පාදනය කරන්නෙ බාර්ලිවලින්.

⑪ 昔(むかし) 日本(にほん)の 家(いえ)は 木(き)で 造(つく)られました。

ගොඩක් කාලයකට කලින් ජපන් ගෙවල් ලීවලින් ඉදි කරලා තිබුණා.

**6. නාම පද$_1$ の නාම පද$_2$**

⑫ ビールは 麦(むぎ)から 造(つく)られます。　බියර් නිශ්පාදනය කරන්නෙ බාර්ලිවලින්.
これが 原料(げんりょう)の 麦(むぎ)です。

මේ තමයි අමුද්‍රව්‍ය ලෙස පාවිච්චි කරන බාර්ලි.

⑫ හි げんりょうの むぎ යනුවෙන් අමුද්‍රව්‍ය බාර්ලි යන සම්බන්ධතාව දැක්වේ. උදාහරණ ලෙස ペットの いぬ (තිස්නවවන පාඩම), むすこの ハンス (හතලිස්තුන්වන පාඩම) බලන්න.

**7. この／その／あの නාම පද (පිහිටුම)**

うえ, した, なか, となり, ちかく යනාදි පිහිටුම දැක්වෙන නාම පදවලට この, その, あの එක් වී නිදර්ශක පදවලින් පෙන්වා දෙනු ලබන දෙය සමඟ ඇති ස්ථානීය සම්බන්ධතාව නිරූපණය කෙරේ.

⑬ あの 中(なか)に 入(はい)れますか。　අර ඇතුලට යන්න පුළුවන් ද?

⑬ හි あの なか යනුවෙන් දැක්වෙන්නේ あの たてものの なか යන බව ය.

# තිස්අටවන පාඩම

## I. වචන මාලාව

| | | |
|---|---|---|
| さんかしますⅢ | 参加します | සහභාගි වෙනවා [සංචාරයකට～] |
| ［りょこうに～］ | ［旅行に～］ | |
| そだてますⅡ | 育てます | හදාවඩා ගන්නවා |
| はこびますⅠ | 運びます | ගෙනයනවා |
| にゅういんしますⅢ | 入院します | රෝහල් ගතකරනවා |
| たいいんしますⅢ | 退院します | සුවපත් වී රෝහලෙන් පිට වී යනවා |
| いれますⅡ* | 入れます | සක්‍රීය කරනවා, ඔන් කරනවා [ස්විච් එක～] |
| ［でんげんを～］ | ［電源を～］ | |
| きりますⅠ | 切ります | ක්‍රියා විරහිත කරනවා, ඕෆ් කරනවා [ස්විච් එක～] |
| ［でんげんを～］ | ［電源を～］ | |
| かけますⅡ | 掛けます | දමනවා [යතුරු～] |
| ［かぎを～］ | | |
| つきますⅠ | | කියනවා [බොරු～] |
| ［うそを～］ | | |
| きもちが いい | 気持ちが いい | සනීපයි |
| きもちが わるい* | 気持ちが 悪い | අප්‍රසන්නයි, අසනීප ගතියයි |
| おおきな ～ | 大きな ～ | ලොකු～ |
| ちいさな ～ | 小さな ～ | පොඩි～ |
| あかちゃん | 赤ちゃん | ළදරුවා, බබා |
| しょうがっこう | 小学校 | ප්‍රාථමික පාසල |
| ちゅうがっこう* | 中学校 | ද්විතීයික පාසල |
| えきまえ | 駅前 | දුම්රිය පල ඉදිරිපිට |
| かいがん | 海岸 | මුහුදු වෙරළ |
| こうじょう | 工場 | කර්මාන්ත ශාලාව |
| むら | 村 | ගම |
| かな | | කනා අක්ෂර |
| ゆびわ | 指輪 | මුද්ද |
| でんげん | 電源 | විදුලි සැපයුම |
| しゅうかん | 習慣 | පුරුද්ද, සිරිත් |
| けんこう | 健康 | සෞඛ්‍යය |
| ～せい | ～製 | ～රටේ නිශ්පාදනය වූ |
| おととし | | පසුගිය වසරට පෙර වසර |

| | |
|---|---|
| [あ、] いけない。 | [ආහ්,] වැරදුණා, අයියෝ |
| おさきに［しつれいします］。　お先に［失礼します］。 | ඔබට කලින් මම යමි. (සමාවෙන්න) |
| ※原爆（げんばく）ドーム | හිරොෂිමා සාම ස්මාරකය (ගෙන්බකු ගෝලාර්ධය) |
| ※出雲大社（いずもたいしゃ） | ඉසුමො තයිෂා (ශිමනෙ ප්‍රාන්තයේ ඉසුමො නගරයේ පිහිටි දේවාලය) |
| ※チェンマイ | (තායිලන්තයේ) චැන්මයි |

## 〈会話（かいわ）〉

| | |
|---|---|
| 回覧（かいらん） | බෙදා හරින ලියකියවිලි, චක්‍ර ලේඛනය |
| 研究室（けんきゅうしつ） | විද්‍යාගාරය, පර්යේෂණ කාමරය |
| きちんと | පිළිවෙළට, හරියට |
| 整理（せいり）しますⅢ | පිළිවෙලට තබනවා |
| 方法（ほうほう） | ක්‍රමය, විදිය |
| ～と いう | ～කියලා කියන |
| －冊（さつ） | (පොත් ආදී දේවල් ගණන් කිරීමේදී යොදන ප්‍රත්‍යයකි) |
| はんこ | මුද්‍රාව |
| 押（お）しますⅠ ［はんこを～］ | තබනවා [මුද්‍රාව～] |

81

## 〈読（よ）み物（もの）〉

| | |
|---|---|
| 双子（ふたご） | නිවුන්නු |
| 姉妹（しまい） | සහෝදරියෝ |
| 5年生（ねんせい） | පස්වන ශ්‍රේණියේ සිසුවා |
| 似（に）て いますⅡ | සමාන වෙනවා (හැඩහුරුකම) |
| 性格（せいかく） | ගති ගුණ |
| おとなしい | අහිංසක, නිශ්ශබ්ද |
| 優（やさ）しい | කරුණාවන්ත, කාරුණික |
| 世話（せわ）を しますⅢ | සාත්තු කරනවා |
| 時間（じかん）が たちますⅠ | වෙලාව ගතවෙනවා |
| 大好（だいす）き［な］ | ඉතා කැමැති |
| －点（てん） | ලකුණු－ |
| 気（き）が 強（つよ）い | හිත ශක්තිමත්, නිර්භීතයි |
| けんかしますⅢ | රණ්ඩු වෙනවා, දබර වෙනවා |
| 不思議（ふしぎ）［な］ | විශ්මයජනක, අරුම පුදුම, පුදුමාකාර, අද්භූත |
| 年齢（ねんれい） | වයස |
| しかた | ක්‍රමය, කරන විදිය |

38

# II. පරිවර්තනය

## වාක්‍ය රටා

1. චිත්‍ර අඳින එක හිතට සතුටක් දැනෙනවා.
2. මම තරු බලන්න කැමතියි.
3. මට මුදල් පසුම්බිය ගේන්න අමතක වුණා.
4. මම ජපානයට ආවෙ ගිය අවුරුද්දේ මාර්තු මාසෙ.

## උදාහරණ වගන්ති

1. දිනපොත ලියන එක පවත්වාගෙන යනවා ද?
   ……නෑ. දවස් තුනෙන් අතැරියා.
   පටන් ගන්න එක ලේසියි. ඒත් ඒක කරගෙන යන එක අමාරුයි නෙ.
2. ලස්සන ගෙවත්තක් නෙ.
   ……බොහොම ස්තුතියි.
   මගේ මහත්තයා මල්වලට සාත්තු කරන එකට දක්ෂයි.
3. තෝකියෝ කොහොම ද?
   ……මිනිස්සු ගොඩක් ඉන්නවා. අනිත් එක ඒ ගොල්ලො වේගයෙන් ඇවිදිනවා නෙ.
4. අහ්, අයියෝ.
   ……මොකද වුණෙ?
   වාහනේ ජනේලය වහන්න අමතක වුණා.
5. මියසකි මහත්මියට බබෙක් හම්බවුණා කියලා දන්නවා ද?
   ……නෑ. දන්නෙ නෑ. කවදාද හම්බවුණෙ?
   මාසෙකට විතර කලින්.
6. මුල් වතාවට ආදරය කරපු කෙනා ගැන මතක ද?
   ……ඔව්. ඇයව මුල් වතාවට හම්බවුණෙ ප්‍රාථමික පාසලේ පන්ති කාමරයේ දී. ඇය මගේ සංගීත ගුරුවරිය.

## සංවාදය

**පිළිවෙළට අස්පස් කරන එකට කැමතියි.**

විශ්වවිද්‍යාලයේ සේවක: වත් සර්, මෙන්න චක්‍ර ලේඛනය.
වත්: අහ්, ස්තුතියි. ඔතන තියාගන්න.
විශ්වවිද්‍යාලයේ සේවක: සර්ගේ පර්යේෂණ කාමරය හැම තිස්සෙම ලස්සනයි නෙ.
වත්: මම නම් පිළිවෙළට අස්පස් කරන එකට කැමතියි.
විශ්වවිද්‍යාලයේ සේවක: පොතුත් පිළිවෙළට තියාගෙන තියෙනවා. පිළිවෙළට අස්පස් කරන එකට දක්ෂයි නෙ.
වත්: ඉස්සර “හොඳට පිළිවෙළට අස්පස් කරන ක්‍රමය” කියලා පොතක් ලියලා තියෙනවා.
විශ්වවිද්‍යාලයේ සේවක: හරි ෂෝක් නේ.
වත්: හැබැයි එච්චර විකිණිලා නෑ නෙ.
කැමති නම් පොතක් අරගෙන එන්න ද?
………………………………………………………………
විශ්වවිද්‍යාලයේ සේවක: සුභ උදෑසනක් වේවා.
වත්: අහ්, පොත අරගෙන එන්න අමතක වුණා. සමා වෙන්න.
විශ්වවිද්‍යාලයේ සේවක: කමක් නෑ. හැබැයි චක්‍ර ලේඛනයට තමන්ගේ නම සහිත සීල් එක ගහන්න. අමතක කරන්න එපා. ගිය මාසෙත් ගහල තිබ්බෙ නැහැ නෙ.

## III. අදාළ වචන සහ තොරතුරු

位置　පිහිටුම

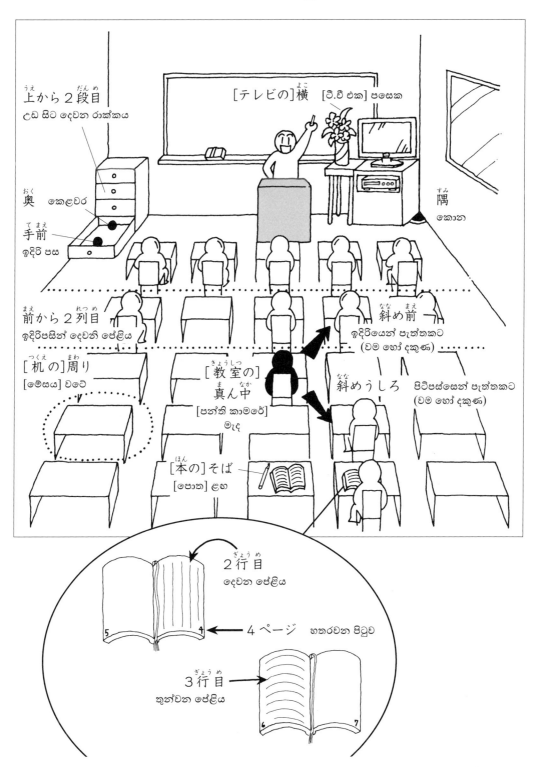

# IV. ව්‍යාකරණ විස්තර

## 1. නාමිකකරණය කරන の

の යන නිපාතයට විවිධ පද නාමිකකරණය කිරීමේ හැකියාව ඇත. の ට කලින් එන ක්‍රියා පද, නාම විශේෂණ, නාම පද ආචාරශීලී රූපයක් බවට නොව, සාමාන්‍ය රූපයක් බවට පත් කෙරේ. නාම පදවලට පත් වූ විවිධ ප්‍රකාශන පහත සඳහන් පරිදි වේ.

## 2. ක්‍රියා පදයේ ශබ්දකෝෂ රූපය のは නාම විශේෂණ です

① テニスは おもしろいです。　　ටෙනිස් ක්‍රීඩාව විනෝදජනකයි.

② テニスを するのは おもしろいです。　　ටෙනිස් ක්‍රීඩාව කරන එක විනෝදජනකයි.

③ テニスを 見(み)るのは おもしろいです。　　ටෙනිස් ක්‍රීඩාව බලන එක විනෝදජනකයි.

මෙය, は නිපාතයෙන් ක්‍රියා පදයේ ශබ්දකෝෂ රූපය の යන යෙදුම මාතෘකාකරණයට ලක් කරන වාක්‍ය රටාවකි.

මෙම වාක්‍ය රටාවෙන් නිතර යෙදෙන නාම විශේෂණ වශයෙන් むずかしい, やさしい, おもしろい, たのしい, たいへん[な] යනාදි පද තිබේ.

① වැනි の භාවිත නොකරන වාක්‍යය සමඟ සසඳා බලන විට の භාවිත කළ ② සහ ③ යනුවෙන් පිළිවෙළින් "ටෙනිස් ක්‍රීඩාව කිරීම", "ටෙනිස් ක්‍රීඩාව බැලීම" විනෝදජනක බව ප්‍රකාශ කරනු ලැබේ.

## 3. ක්‍රියා පදයේ ශබ්දකෝෂ රූපය のが නාම විශේෂණ です

84

④ わたしは 花(はな)が 好(す)きです。　　මම මල්වලට කැමතියි.

⑤ わたしは 花(はな)を 育(そだ)てるのが 好(す)きです。　　මම මල් වගා කරන එකට කැමතියි.

⑥ 東京(とうきょう)の 人(ひと)は 歩(ある)くのが 速(はや)いです。　　තෝකියෝ මිනිස්සු ඇවිදින එක ඉක්මන්.

ක්‍රියා පදයේ ශබ්දකෝෂ රූපය の යන යෙදුම නාම විශේෂණවලට ලක් වේ. මෙම වාක්‍ය රටාවෙන් නිතර යෙදෙන නාම විශේෂණ වශයෙන්, මනාප, කුසලතා, හැකියාවන් දැක්වෙන すき[な], きらい[な], じょうず[な], へた[な], はやい, おそい යනාදි පද තිබේ.

38

## 4. ක්‍රියා පදයේ ශබ්දකෝෂ රූපය のを 忘(わす)れました　～න්න අමතක වුණා

⑦ かぎを 忘(わす)れました。　　යතුර අමතක වුණා.

⑧ 牛乳(ぎゅうにゅう)を 買(か)うのを 忘(わす)れました。　　එළකිරි මිලදී ගන්න අමතක වුණා.

⑨ 車(くるま)の 窓(まど)を 閉(し)めるのを 忘(わす)れました。　　වාහනයේ ජනේලය වහන්න අමතක වුණා.

ක්‍රියා පදයේ ශබ්දකෝෂ රූපය の යන යෙදුමේ を නිපාතය යෙදෙන නිදසුන් ය. එහි අමතක වූ අන්තර්ගතය පැහැදිලිව විසතර කරනු ලැබේ.

## 5. ක්‍රියා පදයේ සාමාන්‍ය රූපය のを 知(し)っていますか　～බව දන්නවා ද?

ක්‍රියා පදයේ සාමාන්‍ය රූපය の යන යෙදුමේ を නිපාතය ඇති වන නිදසුන් ය. එහි එම විස්තරාත්මක අන්තර්ගතය පිළිබඳව දන්නවාදැයි විමසන විට යෙදේ.

⑩ 鈴木(すずき)さんが 来月(らいげつ) 結婚(けっこん)するのを 知(し)って いますか。

සුසුකි මහත්තයා ලබන මාසෙ විවාහ වෙනවා කියලා දන්නවා ද?

සංලක්ෂ්‍යය: しりません සහ しりませんでした අතර ඇති වෙනස

⑪ 木村さんに 赤ちゃんが 生まれたのを 知って いますか。
……いいえ、知りませんでした。
කිමුරා මහත්මියට බබෙක් හම්බ වුණා කියලා දන්නවා ද?
……නෑ. දන්නෙ නෑ.

⑫ ミラーさんの 住所を 知って いますか。
……いいえ、知りません。
මිලර් මහත්තයාගේ ලිපිනය දන්නවා ද?
……නෑ. දන්නෙ නෑ.

⑪ හි ශ්‍රාවකයා ප්‍රශ්න අසනු ලබන තුරු “බබෙක් ඉපදුණා” යන තොරතුර ගැන දැන නොසිටි අතර, එම ප්‍රශ්නයෙන් එම තොරතුර ලබා ගත් නිසා, しりませんでした යනුවෙන් පිළිතුර දෙනු ලැබේ. ⑫ හි ප්‍රශ්න අසනු ලැබීමෙන් පෙර ද, අසනු ලබන ප්‍රශ්නයෙන් ද තොරතුර ලබා නොගත් නිසා しりません යනුවෙන් පිළිතුර දෙනු ලැබේ.

**6.**

| | | |
|---|---|---|
| **ක්‍රියා පද** | සාමාන්‍ය රූපය | のは **නාම පද$_2$**です |
| い- **නාම විශේෂණ** | | |
| な- **නාම විශේෂණ** | සාමාන්‍ය රූපය | |
| **නාම පද$_1$** | ～だ→～な | |

මෙම වාක්‍ය රටාව නාම පද$_2$ට අවධාරණය කරන යෙදුමකි.

⑬ 初めて 会ったのは いつですか。 මුල් වතාවට හමු වුණෙ කවදාද?
…… 3年まえです。 ……අවුරුදු තුනකට කලින්.

⑬ හි භාෂකයා විමසන්නට කැමති වන්නේ මුල් වතාවට හමු වූ බව සම්බන්ධයෙන් එය කවදාදැයි යන බව ය. මෙම වාක්‍ය රටාව ⑭ වැනි අනෙක් අය පැවසූ දෙය නිවැරදි කිරීම සඳහා නිතර භාවිත කෙරේ.

⑭ バンコクで 生まれたんですか。
……いいえ、生まれたのは チェンマイです。
බැංකොක්වලදී ඉපදුණා ද?
……නෑ. ඉපදුණෙ චියැංමායි.

～のは ට පෙර වාක්‍යයේ උක්තය は නිපාතයෙන් නොව, が නිපාතයෙන් දැක්වේ.

⑮ 父が 生まれたのは 北海道の 小さな 村です。
තාත්තා ඉපදුණෙ හොක්කයිදෝවල පුංචි ගමක.


38

# තිස්නමවන පාඩම

## I. වචන මාලාව

| | | |
|---|---|---|
| こたえますII<br>［しつもんに～］ | 答えます<br>［質問に～］ | උත්තර දෙනවා, පිළිතුරු දෙනවා [ප්‍රශ්නයට～] |
| たおれますII<br>［ビルが～］ | 倒れます | කඩා වැටෙනවා [ගොඩනැගිල්ල～] |
| とおりますI<br>［みちを～］ | 通ります<br>［道を～］ | යනවා [පාරෙන්～] |
| しにますI | 死にます | මැරෙනවා |
| びっくりしますIII | | පුදුම වෙනවා |
| がっかりしますIII | | බලාපොරොත්තු කඩ වෙනවා, දොම්නසට පත්වෙනවා |
| あんしんしますIII | 安心します | සැනසීමට පත්වෙනවා |
| けんかしますIII | | රණ්ඩු වෙනවා, දබර වෙනවා |
| りこんしますIII | 離婚します | දික්කසාද වෙනවා |
| ふとりますI | 太ります | මහත් වෙනවා |
| やせますII* | | කෙට්ටු වෙනවා |
| ふくざつ[な] | 複雑[な] | සංකීර්ණ |
| じゃま[な] | 邪魔[な] | බාධා වන, කරදරකාරි |
| かたい | 硬い | තදයි |
| やわらかい* | 軟らかい | මෘදුයි, මෙලකයි |
| きたない | 汚い | අපිරිසිදුයි, කිලුටුයි |
| うれしい | | සන්තෝසයි, සතුටුයි |
| かなしい | 悲しい | දුකයි |
| はずかしい | 恥ずかしい | ලැජ්ජයි |
| しゅしょう | 首相 | අගමැති |
| じしん | 地震 | භූමිකම්පාව |
| つなみ | 津波 | ත්සුනාමි |
| たいふう | 台風 | සුළි සුළඟ, කුණාටුව |
| かみなり | 雷 | අකුණ, හෙණ |
| かじ | 火事 | ගින්න |
| じこ | 事故 | අනතුර |
| ハイキング | | කඳු නැගීම, හයිකින් |
| [お]みあい | [お]見合い | මංගල යෝජනාව |
| そうさ | 操作 | හසුරුවීම (～します：හසුරුවනවා) |
| かいじょう | 会場 | රැස්වීමක් පැවැත්වීමේ ස්ථානය |
| ～だい | ～代 | ගාස්තු |
| ～や | ～屋 | ～කඩේ, වෙළඳසැල |

| | | |
|---|---|---|
| フロント | | පිළිගැනීමේ කවුන්ටරය |
| ーごうしつ | ー号室 | කාමර අංක ー |
| タオル | | තුවාය |
| せっけん | | සබන් |
| おおぜい | 大勢 | බොහෝ දෙනෙක්, විශාල පිරිසක් |
| おつかれさまでした。 | お疲れさまでした。 | මහන්සි වී වැඩ කළාට ස්තූතියි./මහන්සියට ස්තූතියි. (මහන්සි වෙලා කැපවීමෙන් වැඩ කිරීමට ආචාර කිරීමක් විදියට භාවිතා වන යෙදුම) |
| うかがいます。 | 伺います。 | එනවා. (いきます යන පදයේ යටහත් බව හඟවන රූපය) |

## 〈会話(かいわ)〉

| | |
|---|---|
| 途中(とちゅう)で | අතරමගදී |
| トラック | ලොරිය |
| ぶつかります I | හැප්පෙනවා |

## 〈読(よ)み物(もの)〉

| | |
|---|---|
| 大人(おとな) | වැඩිහිටියා |
| しかし | නමුත් |
| また | ඊට අමතරව |
| 洋服(ようふく) | බටහිර ඇඳුම් |
| 西洋化(せいようか)します III | බටහිරකරණය කරනවා |
| 合(あ)います I | ගැලපෙනවා |
| 今(いま)では | දැන් |
| 成人式(せいじんしき) | වයස අවුරුදු විස්සක් සැපිරීමේ උත්සවය |
| 伝統的(でんとうてき)[な] | සම්ප්‍රදායික |


39

# II. පරිවර්තනය

## වාක්‍ය රටා

1. ප්‍රවෘත්තිය අහලා මම පුදුම වුණා.
2. භූමිකම්පාවෙන් ගොඩනැගිලි කඩා වැටිලා.
3. ඇඟට සනීප නැති නිසා ඉස්පිරිතාලෙට යනවා.

## උදාහරණ වගන්ති

1. මංගල යෝජනාව කොහොම ද?

    ……පින්තූර බලනකොට යහපත් කෙනෙක් කියලා හිතුවා.

    ඒත් එයාව හමු වුණාට පස්සේ මගේ ඒ බලාපොරොත්තුව කැඩුනා.

2. ලබන සෙනසුරාදාට අපි විනෝද ගමනක් යනවා. අපිත් එක්ක යමු ද?

    ……සමා වෙන්න. සෙනසුරාදාට නම් යන්න පොඩ්ඩක් අපහසුයි. යන්න බෑ.

3. ඊයෙ බලපු චිත්‍රපටිය කොහොමද?

    ……ඒකේ කතාව සංකීර්ණයි. හරියට තේරුනෙ නෑ.

4. පරක්කු වුනාට සමා වෙන්න.

    ……මොකද වුණෙ?

    රිය අනතුරකින් බස් එක පරක්කු වුණා නෙ.

5. පොඩ්ඩක් බොන්න යමුද?

    ……සමා වෙන්න. වැඩක් තියෙන නිසා දැන්ම යනවා.

    එහෙම ද? ඔයාගේ මහන්සියට බොහොම ස්තූතියි.

6. මේ දවස්වල මම ෆූතොන් එකක නිදාගන්නවා. ඒක පහසුයි.

    ……ඇඳට මොකද වුණෙ?

    කාමරේ පොඩි නෙ. ඒකෙන් කාමරේ ඉඩ ඇහිරෙන නිසා, යාළුවෙක්ට ඒක දුන්නා.

## සංවාදය

**පරක්කු වුණාට සමා වෙන්න.**

| | |
|---|---|
| මිලර්: | අංශ ප්‍රධානිතුමා, පරක්කු වුනාට සමා වෙන්න. |
| අංශ ප්‍රධානි නකමුරා: | මිලර් මහත්තයා, මොකද වුණෙ? |
| මිලර්: | ඇත්තටම එන අතරතුර අනතුරක් සිද්ද වෙලා බස් එක පරක්කු වුණා. |
| අංශ ප්‍රධානි නකමුරා: | බස් අනතුරක් ද? |
| මිලර්: | නෑ. හංදියේ ට්‍රක් එකකුයි වාහනයකුයි හැප්පිලා ඒ බාධාවෙන් බස් එකට යන්න බැරි වුණා. |
| අංශ ප්‍රධානි නකමුරා: | ලොකු කරදරයක් වුණා නෙ.<br>අපිට කතා නොකරපු නිසා අපි බයෙන් හිටියෙ. |
| මිලර්: | මම කතා කරන්න හැදුවා. ඒත් ජංගම දුරකථනය ගෙදර දාලා ඇවිල්ලා. සමා වෙන්න. |
| අංශ ප්‍රධානි නකමුරා: | තේරුණා. එහෙනම් රැස්වීම පටන් ගමු. |

## III. අදාළ වචන සහ තොරතුරු

### 気(き)持(も)ち　　හැඟීම්

うれしい
සතුටුයි

楽(たの)しい
සතුටුයි, විනෝදජනකයි

寂(さび)しい
තනියි, පාළුයි

悲(かな)しい
දුකයි

おもしろい
සිත්ගන්න සුළුයි, රසවත්

うらやましい
ඊර්ෂ්‍යායි

恥(は)ずかしい
ලැජ්ජයි

懐(なつ)かしい
අතීතකාමී (අතීත මතක)

びっくりする
පුදුම වෙනවා

がっかりする
බලාපොරොත්තු සුන් වෙනවා

うっとりする
වශී වෙනවා, ආකර්ශනය වෙනවා

いらいらする
නොරිස්සුම් සහගත වෙනවා, එපා වෙලා ඉන්නවා

どきどきする
හදවත ඩක් ඩක් ගානවා, තැතිගැන් වෙනවා

はらはらする
නොසන්සුන් වෙනවා

わくわくする
සතුටින්/ආසාවෙන් බලා ඉන්නවා

# IV. ව්‍යාකරණ විස්තර

**1.** ～て(で)、～

දහසයවන, තිස්හතරවන පාඩම්වල දී ～て(で)、～ යන්න වාක්‍ය රටාව ඉගෙන ගෙන ඇත. මෙහිදී පූර්වාංගය (～て(で) අඩංගු කොටස) හේතු අදහස් කරමින්, එමගින් ඇති වූ ඵලය අපරාංගයෙන් දැක්වෙන ආකාරය ඉගෙන ගනිමු. අපරාංගයෙහි චේතනාත්මක නොමැති ප්‍රකාශන සහ පවතින තත්ත්වයක් දැක්වෙන ප්‍රකාශන යෙදේ.

1)

| | |
|---|---|
| ක්‍රියා පදයේ て රූපය | 、～ |
| ක්‍රියා පදයේ ない රූපයなくて | |
| い- නාම විශේෂණ (～い)→～くて | |
| な- නාම විශේෂණ [な]→で | |

අපරාංගයෙහි ප්‍රධාන වශයෙන් පහත සඳහන් ප්‍රකාශන යෙදේ.

(1) හැඟීම් දැක්වෙන ක්‍රියා පද, නාම විශේෂණ: びっくりします, あんしんします, こまります, さびしい, うれしい, ざんねん[な] යනාදි

① ニュースを 聞(き)いて、びっくりしました。
ප්‍රවෘත්ති අහලා පුදුම වුණා.

② 家族(かぞく)に 会(あ)えなくて、寂(さび)しいです。
පවුලේ අයව හමුවෙන්න බැරිව පාළුයි.

(2) හැකියා හෝ තත්ත්වයන් දැක්වෙන ක්‍රියා පද සහ ප්‍රකාශන

③ 土曜日(どようび)は 都合(つごう)が 悪(わる)くて、行(い)けません。
සෙනසුරාදා නම් අපහසුයි. යන්න බෑ.

④ 話(はなし)が 複雑(ふくざつ)で、よく わかりませんでした。
කතාව සංකීර්ණ නිසා හරියට තේරුණේ නෑ.

⑤ 事故(じこ)が あって、バスが 遅(おく)れて しまいました。
අනතුරක් සිද්ද වෙච්ච නිසා බස් එක පරක්කු වුණා.

⑥ 授業(じゅぎょう)に 遅(おく)れて、先生(せんせい)に しかられました。
පන්තියට පරක්කු වෙලා ගුරුවරයාගෙන් බැනුම් ඇහුවා.

සංලක්‍ෂ්‍යය: අපරාංගයෙහි චේතනා අඩංගු ප්‍රකාශන (චේතනා, අණ, ආරාධනා, ඉල්ලීම්) භාවිත කරන විට ～から යෙදේ.

⑦ 危(あぶ)ないですから、機械(きかい)に 触(さわ)らないで ください。
අනතුරුදායක නිසා යන්ත්‍රය ස්පර්ශ කරන්න එපා.

× 危なくて、機械(きかい)に 触(さわ)らないで ください。

2) නාම පදで

මෙහිදී じこ, じしん, かじ යනාදි වැනි ස්වභාවික සංසිද්ධි, සිදුවීම් දැක්වෙන නාම පද බොහොමයක් යෙදේ.

⑧ 地震(じしん)で ビルが 倒(たお)れました。　භූමිකම්පාවෙන් ගොඩනැගිලි කඩා වැටිලා.

⑨ 病気(びょうき)で 会社(かいしゃ)を 休(やす)みました。　අසනීපයක් නිසා සමාගමෙන් නිවාඩු ගත්තා.

**2.**

| | | |
|---|---|---|
| ක්‍රියා පද<br>い- නාම විශේෂණ | සාමාන්‍ය රූපය | ので、～ |
| な- නාම විශේෂණ<br>නාම පද | සාමාන්‍ය රූපය<br>～だ→～な | |

නවවන පාඩමෙහි ඉගෙන ගෙන ඇති ～から සේම ～ので ද හේතු දක්වයි. ～ので යන යෙදුමට මුලදී හේතු ඵල සම්බන්ධතාව (හේතු සහ ඵල) නිරූපණය කිරීමෙන්, හේතුවෙන් සකස් වන ඵලය ප්‍රකාශ කිරීමේ ලක්ෂණයක් තිබෙන නිසා, අවසර ගැනීමට හේතු හෝ සමාව ලබාගැනීම මෘදු ලෙස ප්‍රකාශ කිරීම සඳහා එය සුදුසු ය.

⑩ 日本語(にほんご)が わからないので、英語(えいご)で 話(はな)して いただけませんか。

ජපන් භාෂාව තේරෙන්නෙ නැති නිසා, කරුණාකරලා ඉංග්‍රීසියෙන් කතා කරන්න.

⑪ 用事(ようじ)が あるので、お先(さき)に 失礼(しつれい)します。

පොඩි වැඩක් තියෙන නිසා මම කලින් යනවා, සමාවෙන්න.

**3.** 途中(とちゅう)で

とちゅうで කොහේ හරි යන ගමන් යම් කිසි ස්ථානයකදී යන්න අර්ථය දෙයි. එය ක්‍රියා පදයේ ශබ්දකෝෂ රූපය හෝ නාම පද の යන යෙදුම සමඟ යෙදේ.

⑫ 実(じつ)は 来(く)る 途中(とちゅう)で 事故(じこ)が あって、バスが 遅(おく)れて しまったんです。

ඇත්තටම එන ගමන් අනතුරක් සිද්ද වෙලා බස් එක පරක්කු වුණා නෙ.

⑬ マラソンの 途中(とちゅう)で 気分(きぶん)が 悪(わる)く なりました。

මැරතන් තරඟය අතරතුර දුවද්දී මට ඇඟට අපහසුවක් දැනුණා.

# හතලිස්වන පාඩම

## I. වචන මාලාව

| | | |
|---|---|---|
| かぞえますⅡ | 数えます | ගණන් කරනවා |
| はかりますⅠ | 測ります、量ります | මනිනවා |
| たしかめますⅡ | 確かめます | තහවුරු කරනවා |
| あいますⅠ<br>[サイズが～] | 合います | ගැලපෙනවා [ප්‍රමාණය～] |
| しゅっぱつしますⅢ* | 出発します | පිටත් වෙනවා |
| とうちゃくしますⅢ | 到着します | ලඟා වෙනවා |
| よいますⅠ | 酔います | මත් වෙනවා, වෙරි වෙනවා |
| うまく いきますⅠ | | හොඳින් කිරීමට හැකි වෙනවා |
| でますⅡ<br>[もんだいが～] | 出ます<br>[問題が～] | පිට වෙනවා, එනවා [ප්‍රශ්න～] |
| そうだんしますⅢ | 相談します | සාකච්ඡා කරනවා, කතා කරගන්නවා, උපදෙස් ගන්නවා, පැහැදිලි කරගන්නවා |
| ひつよう[な] | 必要[な] | අවශ්‍ය |
| てんきよほう | 天気予報 | කාලගුණ වාර්තාව |
| ぼうねんかい | 忘年会 | වසර අවසානයේදී පැවැත්වෙන සාදය |
| しんねんかい* | 新年会 | වසර මුලදී පැවැත්වෙන සාදය |
| にじかい | 二次会 | ප්‍රධාන සාදයට පසු දෙවනුව පැවැත්වෙන සාදය |
| はっぴょうかい | 発表会 | කථික තරගය |
| たいかい | 大会 | තරඟය |
| マラソン | | මැරතන් ක්‍රීඩාව |
| コンテスト | | තරඟය |
| おもて | 表 | ඉදිරිපස, මතුපිට |
| うら* | 裏 | පිටුපස, පසුපිට |
| まちがい | | වැරද්ද |
| きず | 傷 | තුවාලය |
| ズボン | | කලිසම |
| [お]としより | [お]年寄り | වයසක පුද්ගලයා, මහළු |
| ながさ* | 長さ | දිග |
| おもさ | 重さ | බර |
| たかさ | 高さ | උස |
| おおきさ* | 大きさ | විශාලත්වය |
| [－]びん | [－]便 | අංක－ (ගුවන් යානයේ පියාසර අංකය) |
| －こ* | －個 | (කුඩා දේවල් ගණන් කිරීමේදී යොදන ප්‍රත්‍යයකි) |
| －ほん<br>(－ぽん、－ぼん) | －本 | (දිග දේවල් ගණන් කිරීමේදී යොදන ප්‍රත්‍යයකි) |

| | | |
|---|---|---|
| ーはい<br>（ーぱい、ーばい）* | ー杯 | (කෝප්පයේ තිබෙන බීම වර්ග ගණන් කිරීමේදී යොදන ප්‍රත්‍යයකි) |
| ーセンチ* | | සෙන්ටි මීටර් ー |
| ーミリ* | | මිලි මීටර් ー |
| ーグラム* | | ග්‍රෑම් ー |
| ～いじょう* | ～以上 | ～ට වැඩියෙන්, ～ට වැඩි |
| ～いか | ～以下 | ～ට අඩුවෙන්, ～ට අඩු |
| ※長崎（ながさき） | | නගසකි (නගසකි ප්‍රාන්තයේ අගනුවර) |
| ※仙台（せんだい） | | සෙන්දයි (මියගි ප්‍රාන්තයේ අගනුවර) |
| ※ JL | | ජපන් ගුවන් සමාගම |
| ※七夕祭り（たなばたまつり） | | තනබතා උත්සවය |
| ※東照宮（とうしょうぐう） | | තෝෂෝගූ (තොචිගි ප්‍රාන්තයේ නික්කෝ ප්‍රදේශයේ පිහිටි තොකුගවා ඉඑයාසු වෙනුවෙන් පූජා කෙරුණු ෂින්තෝ දේවාස්ථානය) |

## 〈会話（かいわ）〉

| | |
|---|---|
| どうでしょうか。 | කොහොමද? (どうですか යන පදයේ ගෞරව රූපය) |
| テスト | විභාගය |
| 成績（せいせき） | විභාගයේ ප්‍රතිඵල |
| ところで | ඒක නෙවෙයි |
| いらっしゃいますⅠ | එනවා (きます යන පදයේ ගෞරව රූපය) |
| 様子（ようす） | තත්ත්වය |

## 〈読み物（よみもの）〉

| | |
|---|---|
| 事件（じけん） | සිද්ධිය |
| オートバイ | යතුරු පැදිය |
| 爆弾（ばくだん） | බෝම්බය |
| 積（つ）みますⅠ | පටවනවා, ගොඩ ගසනවා |
| 運転手（うんてんしゅ） | රියදුරු |
| 離（はな）れた | ඈත, දුරින් |
| 急（きゅう）に | හදිස්සියෙන් |
| 動（うご）かしますⅠ | ක්‍රියා කරනවා, ගමන් කරනවා |
| 一生懸命（いっしょうけんめい） | වෙහෙස මහන්සි |
| 犯人（はんにん） | අපරාධ කාරයා |
| 男（おとこ） | පිරිමි, පුරුෂ |
| 手（て）に入（い）れますⅡ | ලබා ගන්නවා |
| 今（いま）でも | තවමත්, දැන් වුණත් |

## II. පරිවර්තනය

### වාක්‍ය රටා

1. පියාසර අංක ජේ. එල්. 107 ළඟා වෙන්නෙ කීයටද කියලා හොයලා බලන්න.
2. ටයිෆූන් අංක 9 තෝකියෝ පැත්තට එනවා ද නැද්ද කියලා තාම දන්නෙ නෑ.
3. මේ ඇඳුම ඇඳලා බැලුවත් කමක් නැද්ද?

### උදාහරණ වගන්ති

1. දෙවෙන සාදයට ගියෙ කොහෙද?
   ……බීලා වෙරි වෙලා හිටපු නිසා කොහේ ගියා ද කියලා මොකුත් මතකයක් නෑ.
2. කන්දක උස මනින්නෙ කොහොමද කියලා දන්නවා ද?
   ……හ්ම්…අන්තර්ජාලයෙන් හොයලා බලමු.
3. අපි මුල් වතාවට හමු වුණෙ කවදා ද කියලා මතක ද?
   ……ඒක ගොඩක් ඉස්සෙල්ලා සිද්ද වෙච්ච දෙයක් නිසා දැන් මතකයක් නෑ.
4. අවුරුද්දෙ අන්තිම සාදයට සහභාගි වෙන්න පුළුවන් ද නැද්ද කියන එක ඊ-මේල් එකෙන් පිළිතුර දෙන්න.
   ……හරි. තේරුණා.
5. මේක විශ්වවිද්‍යාලයට ඉදිරිපත් කරන ලියකියවිලි. වැරදි තැනක් තියෙනවා ද නැද්ද කියලා හොයලා බලන්න පුළුවන් ද?
   ……හරි හරි.
6. නගසකිවලට ගිහින් තියෙනවා ද?
   ……තාම නෑ. ඇත්තටම එක සැරයක් යන්න ආසයි.

### සංවාදය

**යාළුවෙක් ඉන්නවා ද නැද්ද කියලා හිතලා මම බයෙන් ඉන්නවා.**

ක්ලාරා: සර්, හන්ස් කොහොමද ඉස්කෝලේ?
එයාට යාළුවෙක් ඉන්නවා ද නැද්ද කියලා බයෙන් ඉන්නෙ.

ඉතෝ ගුරුවරිය: ප්‍රශ්නයක් නම් නෑ. හන්ස් පන්තියේ බොහොම ජනප්‍රිය කෙනෙක්.

ක්ලාරා: එහෙම ද? දැන් හිතට සහනයක් ආවා.
ඉගෙනීම කොහොමද? එයා කන්ජි බොහොම අමාරුයි කියලා කියනවා.

ඉතෝ ගුරුවරිය: හැමදාම කන්ජි පරීක්ෂණයක් තියෙනවා. හන්ස්ට නම් හොඳ ප්‍රතිඵල තියෙනවා.

ක්ලාරා: එහෙම ද? බොහොම ස්තුතියි.

ඉතෝ ගුරුවරිය: ඒක නෙවෙයි. දැන් ක්‍රීඩා උළෙල තියන්න කිට්ටුයි. තාත්තාත් බලන්න එනවා ද?

ක්ලාරා: ඔව්.

ඉතෝ ගුරුවරිය: හන්ස් ඉස්කෝලේ කොහොම ද ඉන්නෙ කියලා බලන්න එන්න.

ක්ලාරා: හරි. කරුණාකරලා මීට පස්සෙත් එයාව හොඳට බලාගන්න.

40

# III. අදාළ වචන සහ තොරතුරු

## 単位(たんい)・線(せん)・形(かたち)・模様(もよう)　ඒකකය, රේඛාව, හැඩතලය, රටාව

### 面積(めんせき)　වර්ගඵලය

| | | |
|---|---|---|
| $cm^2$ | 平方(へいほう)センチメートル | වර්ග සෙන්ටිමීටරය |
| $m^2$ | 平方(へいほう)メートル | වර්ග මීටරය |
| $km^2$ | 平方(へいほう)キロメートル | වර්ග කිලෝමීටරය |

### 長(なが)さ　දිග

| | | |
|---|---|---|
| mm | ミリ[メートル] | මිලි මීටරය |
| cm | センチ[メートル] | සෙන්ටි මීටරය |
| m | メートル | මීටරය |
| km | キロ[メートル] | කිලෝ මීටරය |

### 体積(たいせき)・容積(ようせき)　පරිමාව, ධාරිතාව

| | | |
|---|---|---|
| $cm^3$ | 立方(りっぽう)センチメートル | ඝනසෙන්ටිමීටර |
| $m^3$ | 立方(りっぽう)メートル | ඝනමීටර |
| ml | ミリリットル | මිලිලීටර |
| cc | シーシー | ඝන සෙන්ටිමීටරය |
| ℓ | リットル | ලීටර |

### 重(おも)さ　බර

| | | |
|---|---|---|
| mg | ミリグラム | මිලි ග්‍රෑම් |
| g | グラム | ග්‍රෑම් |
| kg | キロ[グラム] | කිලෝ ග්‍රෑම් |
| t | トン | ටොන් |

### 計算(けいさん)　ගණනය

$$1 + 2 - 3 \times 4 \div 6 = 1$$

| + | − | × | ÷ | = |
|---|---|---|---|---|
| たす | ひく | かける | わる | は(イコール) |
| එකතු කිරීම | අඩු කිරීම | ගුණ කිරීම | බෙදීම | සමානයි |

### 線(せん)　රේඛාව

直線(ちょくせん)　සරල රේඛාව

曲線(きょくせん)　වක්‍ර රේඛාව

点線(てんせん)　තිත් රේඛාව　…………………

### 形(かたち)　රූපය

円(えん)(丸(まる))
වෘත්තය

三角(さんかく)[形(けい)]
ත්‍රිකෝණය

四角(しかく)[形(けい)]
චතුරශ්‍රය

### 模様(もよう)　රටාව

縦(たて)じま
සිරස් ඉරි

横(よこ)じま
තිරස් ඉරි

チェック
කොටු කොටු

水玉(みずたま)
බිංදු බිංදු

花柄(はながら)
මල් මෝස්තර

無地(むじ)
රටාවක් නොමැති තනි වර්ණයකින් යුත්

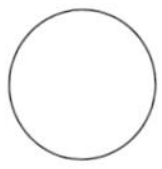

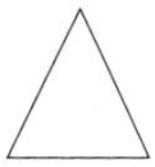

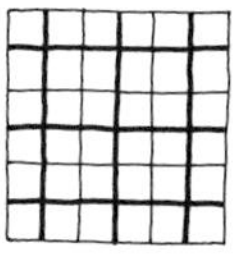

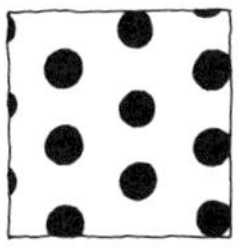

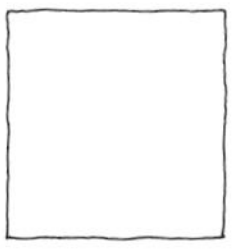

# IV. ව්‍යාකරණ විස්තර

**1.**

| | | |
|---|---|---|
| ක්‍රියා පද<br>い- නාම විශේෂණ | සාමාන්‍ය රූපය | か、～ |
| な- නාම විශේෂණ<br>නාම පද | සාමාන්‍ය රූපය<br>～だ | |

මෙම වාක්‍ය රටාව යෙදෙන්නේ ප්‍රශ්නවාචී පදයක් අඩංගු වන ප්‍රශ්නවාචී වාක්‍යය වෙනත් වාක්‍යයකට අඩංගු කිරීම සඳහා ය.

① JL107 便(びん)は 何時(なんじ)に 到着(とうちゃく)するか、調(しら)べて ください。
පියාසර අංක ජේ. එල්. 107 ළඟා වෙන්නෙ කීයටද කියලා හොයලා බලන්න.

② 結婚(けっこん)の お祝(いわ)いは 何(なに)が いいか、話(はな)して います。
විවාහ මංගල උත්සවය වෙනුවෙන් දෙන තෑග්ගට මොකක්ද හොඳ කියලා අපි කතා කරනවා.

③ わたしたちが 初(はじ)めて 会(あ)ったのは いつか、覚(おぼ)えて いますか。
අපි මුල් වතාවට හමු වුණෙ කවදාද කියලා මතක ද?

මෙහිදී සැලකිල්ලට ගත යුත්තේ ප්‍රශ්නවාචී පදය නාම පදයක් වන නිසා, ③ වැනි ප්‍රශ්නවාචී පදයか යන ආකාරයට පත් වන බව ය.

**2.**

| | | |
|---|---|---|
| ක්‍රියා පද<br>い- නාම විශේෂණ | සාමාන්‍ය රූපය | か どうか、～ |
| な- නාම විශේෂණ<br>නාම පද | සාමාන්‍ය රූපය<br>～だ | |

මෙම වාක්‍ය රටාව යෙදෙන්නේ ප්‍රශ්නවාචී පදයක් අඩංගු නොවන ප්‍රශ්නවාචී වාක්‍යය වාක්‍යයකට අඩංගු කිරීම සඳහා ය. සාමාන්‍ය රූපය か යන යෙදුමට පසුව どうか යන පදය අවශ්‍ය වන නිසා සැලකිල්ලට ගත යුතු ය.

④ 忘年会(ぼうねんかい)に 出席(しゅっせき)するか どうか、20日(はつか)までに 返事(へんじ)を ください。
අවුරුද්දෙ අන්තිම සාදයට සහභාගි වෙනවා ද නැද්ද කියලා විසි වැනිදා වෙද්දී ඊ-මේල් එකෙන් පිළිතුර දෙන්න.

⑤ その 話(はなし)は ほんとうか どうか、わかりません。
ඒ කතාව ඇත්ත ද නැද්ද කියලා දන්නෙ නෑ.

⑥ まちがいが ないか どうか、調(しら)べて ください。
වැරදි තැන් තියෙනවා ද නැද්ද කියලා හොයලා බලන්න.

⑥ හි まちがいが あるか どうか නොව まちがいが ないか どうか යන යෙදුම භාවිත වන්නේ වැරදි නොමැති බව භාෂකයා තහවුරු කර ගැනීම සඳහා ය.

**3.** **ක්‍රියා පදයේ て රූපය みます**

මෙම වාක්‍ය රටාවෙන් දැක්වෙන්නේ යම් කිසි ක්‍රියාවක් කර බලන බව ය.

⑦ もう 一度(いちど) 考(かんが)えて みます。

තව සැරයක් හිතලා බලන්නම්.

⑧ この ズボンを はいて みても いいですか。

මේ කලිසම ඇඳල බැලුවට කමක් නැද්ද?

⑨ 北海道(ほっかいどう)へ 行(い)って みたいです。

හොක්කයිදෝ ගිහින් බලන්න ආසයි.

⑨ වැනි ～て みたい යන යෙදුම භාවිත කරන්නේ නම්, ～たい යන යෙදුමට වඩා නිහතමානීව තමන්ගේ බලාපොරොත්තුව ප්‍රකාශ කළ හැකි ය.

**4.** **い- නාම විශේෂණ (～~~い~~)→～さ**

い- නාම විශේෂණයෙහි අග い ස්වරය さ ට පත් කිරීමෙන් නාම පදයක් සකස් කළ හැකි ය.

උදා: 高(たか)い → 高(たか)さ　長(なが)い → 長(なが)さ　速(はや)い → 速(はや)さ

⑩ 山(やま)の 高(たか)さは どうやって 測(はか)るか、知(し)って いますか。

කන්දේ උස මනින්නෙ කොහොමද කියලා දන්නවා ද?

⑪ 新(あたら)しい 橋(はし)の 長(なが)さは 3,911 メートルです。

අලුත් පාලමේ දිග මීටර් 3,911 යි.

**5.** **～でしょうか**

～でしょう (විසිදෙවන පාඩම) ⑫ වැනි ප්‍රශ්නවාචී වාක්‍යයකදී භාවිත කළහොත්, නිශ්චිත පිළිතුරක් නොඉල්ලන යෙදුමක් නිසා, අනෙක් අය කෙරෙහි මෘදු හැඟීමක් ඇති කළ හැකි ය.

⑫ ハンスは 学校(がっこう)で どうでしょうか。　හන්ස් ඉස්කෝලේ හැසිරෙන්නෙ කොහොමද?

40

# හතලිස්එක්වන පාඩම

## I. වචන මාලාව

| | | |
|---|---|---|
| いただきますⅠ | | ගන්නවා (もらいます යන පදයේ යටහත් බව හඟවන රූපය) |
| くださいますⅠ | | දෙනවා (くれます යන පදයේ ගෞරව රූපය) |
| やりますⅠ | | දෙනවා (තමාට වඩා වයසින් හෝ තරාතිරමෙන් අඩු අය වෙත මෙන්ම සත්තුන් හෝ මල් කොළවල වෙත ද යෙදේ) |
| あげますⅡ | 上げます | උස්සනවා |
| さげますⅡ* | 下げます | පහත් කරනවා |
| しんせつに しますⅢ | 親切に します | කරුණාවෙන් සලකනවා, උදවු කරනවා |
| かわいい | | හුරුබුහුටි |
| めずらしい | 珍しい | අමුතු, දුර්ලභ |
| おいわい | お祝い | සැමරීම, තෑග්ග (～を します：තෑගි කරනවා) |
| おとしだま | お年玉 | අවුරුදු තෑග්ගක් ලෙස දෙන මුදල් |
| [お]みまい | [お]見舞い | රෝගීන් බලන්න යෑම, රෝගීන්ට දෙන තෑග්ග |
| きょうみ | 興味 | රුචිය, ඇල්ම, උනන්දුව ([コンピューターに] ～が あります：පරිගණකය සම්බන්ධයෙන් උනන්දුවක් තියෙනවා) |
| じょうほう | 情報 | තොරතුරු |
| ぶんぽう | 文法 | ව්‍යාකරණය |
| はつおん | 発音 | උච්චාරණය |
| さる | 猿 | වඳුරා |
| えさ | | සත්තුන්ට දෙන කෑම, ඇම |
| おもちゃ | | සෙල්ලම් බඩු |
| えほん | 絵本 | චිත්‍ර කථාව |
| えはがき | 絵はがき | පින්තූර තැපැල් පත |
| ドライバー | | රියැදුරා, ඩ්‍රයිවර් |
| ハンカチ | | ලේන්සුව |
| くつした | 靴下 | මේස් |
| てぶくろ | 手袋 | අත්මේස් |
| ようちえん | 幼稚園 | පෙර පාසල |
| だんぼう | 暖房 | වායු තාපකය, වායු උණුසුම්කරණය |
| れいぼう* | 冷房 | වායු සමීකරණය |
| おんど | 温度 | උෂ්ණත්වය |
| そふ* | 祖父 | (තම) සීයා |

| | | |
|---|---|---|
| そぼ | 祖母 | (තම) ආච්චි |
| まご | 孫 | (තම) මිනිපිරිය, මුනුපුරා |
| おまごさん | お孫さん | (වෙන කෙනෙකුගේ) මිනිපිරිය, මුනුපුරා |
| おじ* | | (තම) මාමා |
| おじさん* | | (වෙන කෙනෙකුගේ) මාමා |
| おば | | (තම) නැන්දා |
| おばさん* | | (වෙන කෙනෙකුගේ) නැන්දා |
| かんりにん | 管理人 | භාරකරු |
| ～さん | | මහත්තයා/මහත්මිය (ගෞරවය දැක්වීම සඳහා ව්‍යාපාරයේ නම හෝ තනතුර පසුව එකතු වන ප්‍රත්‍යයකි) |
| このあいだ | この間 | මෑතකදී |

## 〈会話（かいわ）〉

| | |
|---|---|
| ひとこと | එක වචනයක් |
| ～ずつ | ～බැගින් |
| 二人（ふたり） | දෙන්නා (යුවළ කියන අර්ථය) |
| お宅（たく） | නිවස (うち හෝ いえ යන පදයේ ගෞරව රූපය) |
| どうぞ お幸（しあわ）せに。 | (වාසනාවන්ත අනාගතයකට) සුභ පතනවා. |

## 〈読み物（よみもの）〉

| | |
|---|---|
| 昔話（むかしばなし） | ජනකථාව |
| ある ～ | එකමත්～ |
| 男（おとこ） | මිනිහා, පිරිමියා, පුරුෂයා |
| 子（こ）どもたち | ළමයි |
| いじめますⅡ | හිරිහැර කරනවා, සමච්චල් කරනවා |
| かめ | ඉබ්බා |
| 助（たす）けますⅡ | උදව් කරනවා |
| 優（やさ）しい | කරුණාවන්ත |
| お姫様（ひめさま） | කුමාරිය |
| 暮（く）らしますⅠ | ජීවත් වෙනවා |
| 陸（りく） | පොළොව |
| すると | එතකොට |
| 煙（けむり） | දුම |
| 真（ま）っ白（しろ）[な] | සුදුම සුදු |
| 中身（なかみ） | අඩංගු දේ |
| ※浦島太郎（うらしまたろう） | උරෂිමා තරෝ (එම ජනකතාවෙහි ප්‍රධාන චරිතයේ නම) |

## II. පරිවර්තනය

### වාක්‍ය රටා

1. මට වත් සර්ගෙන් පොතක් ලැබුණා.
2. සර් මම ලියපු කන්ජිවල වැරදි නිවැරදි කරලා දුන්නා.
3. ප්‍රධානියාගේ නෝනා මට තේ කලාව ගැන කියලා දුන්නා.
4. මම පුතාට කඩදාසි ගුවන් යානයක් හදලා දුන්නා.

### උදාහරණ වගන්ති

1. ලස්සන පිඟානක් නෙ.
   ……ඔව්. මංගල තෑග්ගක් හැටියට තනකා මහත්තයා මට දුන්නා.
2. අම්මේ, වඳුරාට රසකැවිලි දුන්නාට කමක් නැද්ද?
   ……එපා. අර අතන කෑම දෙන්න එපා කියලා ලියලා තියෙනවා නේද?
3. සුමෝ ක්‍රීඩාව බලන්න ගිහින් තියෙනවා ද?
   ……ඔව්. මේ ළඟදී ප්‍රධානිතුමා මාව එක්ක ගෙන ගියා.
   ඒක බොහොම සිත්ගන්නා සුළුයි.
4. ගිම්හාන නිවාඩුවේ හෝම් ස්ටෙයි එක කොහොම ද?
   ……සන්තෝසෙන් හිටියා. පවුලේ අය මට හරියට කරුණාවන්තව සැලකුවා.
5. දිග නිවාඩුවට මොනවද කරන්නෙ?
   ……ළමයින්ව ඩිස්නිලන්තයට එක්කගෙන යනවා.
6. අලුත් ඡායා පිටපත් යන්ත්‍රය පාවිච්චි කරන විදිය ගැන හරියට දන්නෙ නෑ.
   පොඩ්ඩක් මට කියලා දෙනවා ද?
   ……හරි හරි.

### සංවාදය

**සුබ මංගලම්.**

විශ්වවිද්‍යාලයේ කුලපති: වත් මහත්තයටයි ඉසුමි මහත්මියටයි සුබ මංගලම්. ජයවේවා.

සියළු දෙනාම: ජයවේවා.

……………………………………………………………

නිවේදිකාව: ඊ ළඟට මේ ඉන්න සියළු දෙනාට වචන කීපයක් කතා කරන්න මම ආරාධනා කරනවා.

මත්සුමොතො යොෂිකො: ගිය ගිම්හාන කාලේ පන්තියේදී මම වත් සර්ගෙන් ඉංග්‍රීසි ඉගෙන ගත්තා. සර්ගේ පන්ති හාස්‍යශීලි, විනෝදජනක පන්තියක්. ඇත්තටම ඒ පන්තියේ ඉසුමි මහත්මියත් හිටියා.

විශ්වවිද්‍යාලයේ නිලධාරියා: මට සර්ගෙන් ලැබුණා, "හරි පිළිවෙලට අස්පස් කිරීමේ ක්‍රමය" කියන පොත. සර් හරිම දක්ෂයි පිළිවෙලට අස්පස් කිරීමට. එයාගේ කාමරේ හැමතිස්සෙම පිරිසුදුයි. ඇත්තටම ඔය දෙන්නාගේ ගෙදරත් අලංකාර වෙයි කියලා හිතනවා.

මිලර්: වත් මහත්තයා, අලුතෙන් පොතක් ලියනවා නම් "යහපත් කෙනෙක්ව විවාහ කර ගැනීමේ ක්‍රමය" කියලා පොතක් ලියන්න පුළුවන් ද?
අනිවාර්යෙන්ම ඒක කියවලා ඉගෙන ගන්න ආසයි. සුභ පැතුම්.

41

# III. අදාළ වචන සහ තොරතුරු

## 便利情報 (べんりじょうほう) ප්‍රයෝජනවත් තොරතුරු

---

### 貸衣装の「みんなの晴れ着」
මංගල ඇදුම් කුලියට දෙන "සැමට වාරිත්‍රානුකූල ඇදුම්"

**何でもそろいます!!** සියලුම අයිතම ලබා ගත හැක.
**新作がいっぱい!!** අලුත්ම අලුත් අයිතම මිලදී ගත හැකිය.

☎ 03-3812-556X

- 七五三 — 7,5,3 හැවිරිදි ළමයින්ගේ උත්සවය
- 卒業式 — පාසල අවසන් කිරීමේ උත්සවය, උපාධි ප්‍රදානෝත්සවය
- 成人式 — වැඩිවිය (අවුරුදු විස්සට එළඹීම) පැමිණීමේ උත්සවය
- 結婚式 — විවාහ මංගල උත්සවය

---

### 泊まりませんか
නවාතැන් ගමු ද?

**民宿 三浦** මිඋරා ආගන්තුක නිවාස

安い、親切、家庭的な宿
උණුසුම් හා මිත්‍රශීලී වාතාවරණයක් තුළ සාධාරණ මිලකට සේවාවක් සපයන නවාතැන

☎ 0585-214-1234

---

### 公民館からのお知らせ
ප්‍රජා මධ්‍යස්ථානයේ දැනුම්දීම

- 月曜日 සඳුදා — 日本料理講習会 ජපන් ආහාර පිසීමේ වැඩමුළුව
- 火曜日 අඟහරුවාදා — 生け花スクール මල් සැකසුම් කලාව පිළිබඳ පාඨමාලාව
- 水曜日 බදාදා — 日本語教室 ජපන් භාෂා පන්තිය
- *毎月第3日曜日 සෑම මාසයකම තුන්වන සතියේ ඉරිදා — バザー කඩමණ්ඩිය

☎ 0798-72-251X

---

### 便利屋
නොයෙක් විදියේ වැඩෙහි දක්ෂ තැනැත්තා

☎ 0343-885-8854

**何でもします!!** ඔබට අවශ්‍ය ඕනෑම දෙයක් අපට භාර දෙන්න.

- ☆ 家の修理、掃除 නිවාස අලුත්වැඩියා කිරීම, පිරිසුදු කිරීම
- ☆ 赤ちゃん、子どもの世話 ළදරුවන් හා දරුවන් රැකබලා ගැනීම
- ☆ 犬の散歩 බල්ලා ඇවිදවීම
- ☆ 話し相手 ඔබ සමඟ කතාබහ කිරීමට සහය වීම

---

### レンタルサービス
කුලියට දීමේ සේවා

**何でも貸します!!** ඔබට අවශ්‍ය ඕනෑම දෙයක් කුලියට දෙනු ලැබේ.

- カラオケ — කැරෝකේ
- ビデオカメラ — වීඩියෝ කැමරා
- 携帯電話 — ජංගම දුරකථන
- ベビー用品 — ළදරු ගෘහ භාණ්ඩ
- レジャー用品 — එළිමහන් විනෝද භාණ්ඩ
- 旅行用品 — සංචාරක භාණ්ඩ

☎ 0741-41-5151

---

### お寺で体験できます
පන්සලේ පහත සඳහන් ක්‍රියාකාරකම් අත්විඳිය හැකිය.

**禅ができます** සෙන් දහමේ භාවනාව කළ හැකිය.

**精進料理が食べられます** "ෂියෝජින් රියෝරි" (මස් මාළු වලින් වැළකී බෞද්ධ ඉගැන්වීම් මත පදනම් වූ නිර්මාංශ ආහාර) අනුභව කළ හැකිය.

金銀寺 ☎ 0562-231-2010

# IV. ව්‍යාකරණ විස්තර

### 1. ලබාදීම සහ ලබාගැනීම පිළිබඳ ප්‍රකාශන

හත්වන සහ විසිහතරවන පාඩම්වලදී දෙයක් හෝ ක්‍රියාවක් ලබාදීම සහ ලබාගැනීම පිළිබඳ ප්‍රකාශන ඉගෙන ගෙන ඇත. මෙම පාඩමෙහි ලබා දෙන්නා සහ ලබා ගන්නා අතර ඇති සම්බන්ධතාව පිළිබිඹු කරන ලබා දීම සහ ලබා ගැනීම පිළිබඳ ප්‍රකාශන ඉගෙන ගමු.

1) නාම පද$_1$ (කෙනා) に නාම පද$_2$ を いただきます

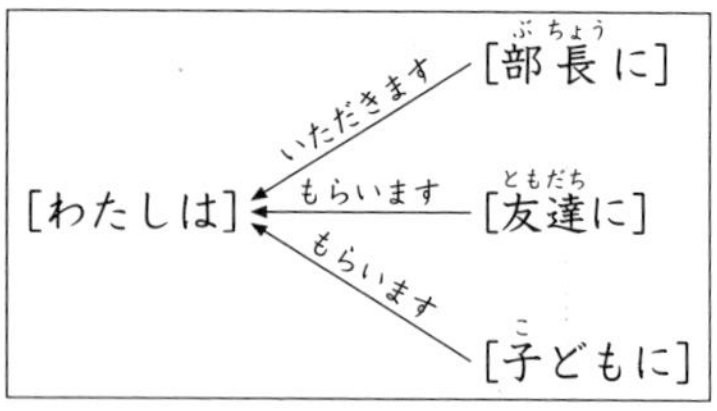

වයසින් වැඩිමහල් කෙනාගෙන් (නාම පද$_1$) දෙයක් (නාම පද$_2$) ලබා ගන්නා විට, もらいます නොව いただきます භාවිත කෙරේ.

① わたしは 社長（しゃちょう）に お土産（みやげ）を いただきました。
මට සභාපතිතුමාගෙන් සිහිවටනයක් හම්බ වුණා.

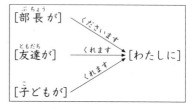

2) [わたしに] නාම පද を くださいます

වයසින් වැඩිමහල් කෙනෙක් භාෂකයාට දෙයක් ලබා දෙන විට くれます නොව くださいます භාවිත කෙරේ.

② 社長（しゃちょう）が わたしに お土産（みやげ）を くださいました。
සභාපතිතුමා මට සිහිවටනයක් දුන්නා.

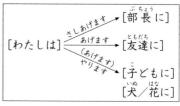

සංලක්ෂ්‍යය: いただきます, くださいます යනුවෙන් ලබාගන්නා භාෂකයාගේ පවුලේ සාමාජිකයෙක් වන අවස්ථාවේ ද යෙදේ.

③ 娘（むすめ）は 部長（ぶちょう）に お土産（みやげ）を いただきました。
මගේ දුවට ප්‍රධානිතුමාගෙන් සිහිවටනයක් හම්බ වුණා.

④ 部長（ぶちょう）が 娘（むすめ）に お土産（みやげ）を くださいました。
ප්‍රධානිතුමා මගේ දුවට සිහිවටනයක් දුන්නා.

3) නාම පද$_1$ に නාම පද$_2$ を やります

භාෂකයා වයසින් බාල කෙනාට, ශාක හා සත්ත්වට (නාම පද$_1$) දෙයක් (නාම පද$_2$) ලබා දෙන විට, මූලික වශයෙන් やります භාවිත කෙරේ. නමුත් මෑතකදී やります ට වඩා ආචාරශීලී පදයක් ලෙස සැලකීමෙන් あげます භාවිත කරන අය බොහෝමයකි.

⑤ わたしは 息子（むすこ）に お菓子（かし）を やりました（あげました）。
මම පුතාට රසකැවිලි දුන්නා.

⑥ わたしは 犬（いぬ）に えさを やりました。
මම බල්ලාට කෑම දුන්නා.

**2. ක්‍රියාවක් ලබාදීම සහ ලබාගැනීම**

ක්‍රියාවක් ලබාදීම සහ ලබාගැනීම පිළිබඳව ප්‍රකාශ කරන විට ද いただきます, くださいます, やります යෙදේ. උදාහරණ පහත සඳහන් වේ.

1) | ක්‍රියා පදයේ て රූපය いただきます |

⑦ わたしは 部長に 手紙の まちがいを 直して いただきました。

ප්‍රධානිතුමා මගේ ලියුමේ ඇති වැරැද්ද නිවැරදි කරලා දුන්නා.

2) | ක්‍රියා පදයේ て රූපය くださいます |

⑧ 部長の 奥さんが [わたしに] お茶を 教えて くださいました。

ප්‍රධානිතුමාගේ නෝනා මට තේ කලාව ගැන කියලා දුන්නා.

⑨ 部長が [わたしを] 駅まで 送って くださいました。

ප්‍රධානිතුමා මාව දුම්රිය පලට ගිහින් ඇරලුවා.

⑩ 部長が [わたしの] レポートを 直して くださいました。

ප්‍රධානිතුමා මගේ වාර්තාව නිවැරදි කරලා දුන්නා.

3) | ක්‍රියා පදයේ て රූපය やります |

⑪ わたしは 息子に 紙飛行機を 作って やりました (あげました)。

මම පුතාට කඩදාසි යානයක් හදලා දුන්නා.

⑫ わたしは 犬を 散歩に 連れて 行って やりました。

මම බල්ලාත් එක්ක ඇවිදින්න ගියා.

⑬ わたしは 娘の 宿題を 見て やりました (あげました)。

මම දුවට ගෙදර වැඩ කරන්න උදව් කරලා දුන්නා.

**3. | ක්‍රියා පදයේ て රූපය くださいませんか |**

මෙය ～て ください ට වඩා වැඩි ආචාරශීලී භාවය සහිත ඉල්ලීමක් කිරීමේ යෙදුමකි. නමුත් විසිහයවන පාඩමෙහි ඉගෙන ගෙන ඇත ～て いただけませんか ට වඩා ආචාරශීලී භාවය අඩුය.

⑭ コピー機の 使い方を 教えて くださいませんか。

පිටපත් යන්ත්‍රය පාවිච්චි කරන්නෙ කොහොමද කියලා මට කියලා දෙනවා ද?

⑮ コピー機の 使い方を 教えて いただけませんか。

කරුණාකරලා පිටපත් යන්ත්‍රය පාවිච්චි කරන්නෙ කොහොමද කියලා මට කියලා දෙනවා ද? (විසිහයවන පාඩම)

**4. | නාම පද に ක්‍රියා පද |**

පහත සඳහන් උදාහරණ වගන්තිවල යෙදෙන に නිපාතයෙන් ～ලකුණක්, ～සැමරුම සඳහා යන අර්ථය දැක්වේ.

⑯ 田中さんが 結婚祝いに この お皿を くださいました。

තනකා මහත්තයා මට මංගල තෑග්ගක් විදියට මේ පිඟාන දුන්නා.

⑰ 北海道旅行の お土産に 人形を 買いました。

හොක්කයිදෝ සංචාරයේ සිහිවටනයක් ලෙස බෝනික්කෙක් මිලදී ගත්තා.

# හතලිස්දෙවන පාඩම

## I. වචන මාලාව

| | | |
|---|---|---|
| つつみますⅠ | 包みます | ඔතනවා |
| わかしますⅠ | 沸かします | උණු කරනවා (වතුර) |
| まぜますⅡ | 混ぜます | මිශ්‍ර කරනවා |
| けいさんしますⅢ | 計算します | ගණන් කරනවා |
| ならびますⅠ | 並びます | පෝළිමේ ඉන්නවා, පෙළ ගැසෙනවා |
| じょうぶ[な] | 丈夫[な] | හයිය, ශක්තිමත් |
| アパート | | මහල් නිවාසය |
| べんごし | 弁護士 | නීතිඥයා |
| おんがくか | 音楽家 | සංගීත වේදියා |
| こどもたち | 子どもたち | ළමයි |
| しぜん | 自然 | ස්වභාවධර්මය |
| きょういく | 教育 | අධ්‍යාපනය |
| ぶんか | 文化 | සංස්කෘතිය |
| しゃかい | 社会 | සමාජය |
| せいじ | 政治 | දේශපාලනය |
| ほうりつ | 法律 | නීතිය |
| せんそう* | 戦争 | යුද්ධය |
| へいわ | 平和 | සාමය |
| もくてき | 目的 | අරමුණ |
| ろんぶん | 論文 | නිබන්ධනය, ශාස්ත්‍රීය නිබන්ධනය |
| たのしみ | 楽しみ | විනෝදය, ආශාවෙන් බලාපොරොත්තු වීම |
| ミキサー | | මික්සර්, මිශ්‍රණ යන්ත්‍රය, බ්ලෙන්ඩරය |
| やかん | | කේතලය |
| ふた | | පියන |
| せんぬき | 栓抜き | බෝතල් මූඩි අරිනය |
| かんきり | 缶切り | ටින් කටරය, කෑන් ඕපනරය |
| かんづめ | 缶詰 | ටින් කෑම |
| のしぶくろ | のし袋 | මුදල් ත්‍යාග වශයෙන් දීමේදී භාවිත කරන කඩදාසි කවර වර්ගයක් |
| ふろしき | | බඩු භාණ්ඩ ඔතන රෙදි වර්ගයක් |
| そろばん | | ගණක රාමුව, ඇබකසය |
| たいおんけい | 体温計 | උණ කටුව |
| ざいりょう | 材料 | ද්‍රව්‍ය |
| ある ～ | | එකමත්～ |

いっしょうけんめい　　一生懸命　　　　　　　　වෙහෙස මහන්සි වී, උනන්දුවෙන්

なぜ　　　　　　　　　　　　　　　　　　　　ඇයි
どのくらい　　　　　　　　　　　　　　　　　කොච්චර

※国連　　　　　　　　　　　　　　　　　　　එක්සත් ජාතීන්ගේ සංවිධානය
※エリーゼの ために　　　　　　　　　　　　එලිසා සඳහා
※ベートーベン　　　　　　　　　　　　　　　බීතෝවන් (1770-1827, ජර්මනියේ සංගීත
　　　　　　　　　　　　　　　　　　　　　　　රචකයකි)

※こどもニュース　　　　　　　　　　　　　　මනඃකල්පිත පුවත්

### 〈会話〉

出ますⅡ［ボーナスが～］　　　　　　　　　ගෙවනු ලැබෙනවා [බෝනස්/ප්‍රසාද දීමනා～]
半分　　　　　　　　　　　　　　　　　　　　භාගය
ローン　　　　　　　　　　　　　　　　　　　ණය, ලෝන් එක

### 〈読み物〉

カップめん　　　　　　　　　　　　　　　　　කප් නූඩ්ල්ස් (ප්ලාස්ටික් භාජනයක අඩංගු ක්ෂණික
　　　　　　　　　　　　　　　　　　　　　　　නූඩ්ල්ස්)

世界初　　　　　　　　　　　　　　　　　　　ලෝකයේ පළමුවැනි වතාව
～に よって　　　　　　　　　　　　　　　　～විසින්
どんぶり　　　　　　　　　　　　　　　　　　යම් ආහාරයක් සහිත බත් බඳුන
めん　　　　　　　　　　　　　　　　　　　　නූඩ්ල්ස්
広めますⅡ　　　　　　　　　　　　　　　　　පතුරුවනවා
市場 調査　　　　　　　　　　　　　　　　　වෙළඳ පොළ පර්යේෂණය
割りますⅠ　　　　　　　　　　　　　　　　　කඩනවා
注ぎますⅠ　　　　　　　　　　　　　　　　　වක්කරනවා

※チキンラーメン　　　　　　　　　　　　　　කුකුල් මස් රසැති නූඩ්ල්ස් (ක්ෂණික නූඩ්ල්ස්
　　　　　　　　　　　　　　　　　　　　　　　නිෂ්පාදිත භාණ්ඩයේ නම)

※安藤百福　　　　　　　　　　　　　　　　　අන්දෝ මොමොහුකු (1910-2007, ජපන් ජාතික
　　　　　　　　　　　　　　　　　　　　　　　ව්‍යවසායකයෙක් මෙන්ම නිමැවුම්කරුවෙකි)

## II. පරිවර්තනය

### වාක්‍ය රටා

1. අනාගතයේදී මගේම සාප්පුවක් පටන් ගන්න මුදල් ඉතිරි කරනවා.
2. මේ සපත්තු දෙක කන්දක ඇවිදින එකට හොඳයි.

### උදාහරණ වගන්ති

1. මම බොන් උත්සවේ නැටුමට සහභාගි වෙන්න හැමදාම පුහුණු වෙනවා.
   ……එහෙම ද? ඒක සතුටින් බලාගෙන ඉන්නවා.
2. ඇයි තනියෙන් කන්දට නගින්නෙ?
   ……තනි වෙලා කල්පනා කරන්න තමයි කන්දට යන්නෙ.
3. සෞඛ්‍යය රැකගන්න මොනව හරි කරනවා ද?
   ……නෑ. හැබැයි ලබන සතියේ ඉඳලා හැම උදේම දුවන්න හිතාගෙන ඉන්නවා.
4. ලස්සන සංගීතයක් නෙ.
   ……ඒක "එලිසා සඳහා" කියන සංගීතය. බෙටෝවෙන් එක් කන්තාවකට නිර්මාණය කරපු සංගීතයක්.
5. මේක මොකට ද පාවිච්චි කරන්නෙ?
   ……වයින් බෝතල් අරින්න පාවිච්චි කරන්නෙ.
6. දවස් දෙක තුනක ව්‍යාපාර ගමනකට හොඳ බෑග් එකක් තියනවා ද?
   ……මේක කොහොම ද? පරිගණකයකුත් දාගන්න පුළුවන්. පහසුයි නෙ.
7. මේ පාලම ඉදිකරන්න අවුරුදු කියක් ගියා ද?
   ……අවුරුදු දොළොහක් ගියා.

### සංවාදය

**බෝනස් එක මොනවට ද වියදම් කරන්නෙ?**

සුසුකි: හයෂි මහත්තයා, බෝනස් එක කවදාද ලැබෙන්නෙ?
හයෂි: ලබන සතියේ. සුසුකි මහත්තයාගේ සමාගමෙන් ලැබෙන්නෙ?
සුසුකි: හෙට. මම ඒකට සතුටින් බලාගෙන ඉන්නෙ.
හයෂි: ආ. සුසුකි මහත්තයා නම් ඒක මොනවට ද වියදම් කරන්නෙ?
සුසුකි: ඉස්සෙල්ලාම අලුත් බයිසිකලයක් මිළදී ගෙන, ඊට පස්සෙ විනෝද ගමනකට ගිහින්…
ඔගවා: ඒක ඉතිරි කරන්නෙ නැද්ද?
සුසුකි: මම නම් ඒ ගැන එච්චර කල්පනා කරලා නෑ නේ.
හයෂි: මම නම් ඒකේ භාගයක් ඉතිරි කරනවා.
සුසුකි: අහ්, භාගයක්ම ඉතිරි කරනවා ද?
හයෂි: ඔව්. කවදා හරි එංගලන්තයට ඉගෙන ගන්න යන්න හිතාගෙන ඉන්නවා.
ඔගවා: ෂා. තනිකඩ ජීවිතය හොඳයි. ඔක්කොම තමන් වෙනුවෙන් වියදම් කරන්න පුළුවන් නෙ. මම නම් නිවාස ණය ගෙවලා, දරුවන්ගේ අධ්‍යාපනයට සල්ලි ඉතිරි කළොත් ගොඩක් ඉතුරු වෙන්නෙ නෑ.

## III. අදාළ වචන සහ තොරතුරු

### 事務用品・道具じむようひん・どうぐ) 　　ලිපි ද්‍රව්‍ය හා උපකරණ

| | | | |
|---|---|---|---|
| とじる<br>ස්ටේප්ලර් එකකින් අමුණනවා | 挟む／とじる<br>ගොනුකරනවා, අමුණනවා | 留める<br>පින් එකකින් අමුණනවා | 切る<br>කපනවා |
| <br>ホッチキス<br>ස්ටෙප්ලරය | <br>クリップ<br>ෆයිල් ක්ලිප් | <br>画びょう<br>ඩ්‍රොයින් පින් එක | <br>カッター<br>කටරය, කටර් පිහිය<br><br>はさみ<br>කතුර |
| はる<br>අලවනවා | | 削る<br>මුවහත් කරනවා | ファイルする<br>ෆයිල් කරනවා |
| <br>セロテープ<br>සෙලෝටේප්<br>ガムテープ<br>ගම්ටේප් | <br>のり<br>ගම්<br> | <br>鉛筆削り<br>පැන්සල් මුවහත් කරනය, පැන්සල් උල් කරන කටරය | <br><br>ファイル<br>ෆයිල් එක |
| 消す<br>මකනවා | [穴を]開ける<br>හිල් කරනවා, සිදුරු කරනවා | 計算する<br>ගණන් හදනවා | [線を]引く／測る<br>[ඉරක්] අඳිනවා/මනිනවා |
| <br>消しゴム<br>මකනය<br><br>修正液<br>කරෙක්ෂන් පෙන් එක | <br>パンチ<br>පංචර් එක | <br><br>電卓<br>ගණක යන්ත්‍රය, කැල්කියුලේටරය | <br>定規(物差し)<br>අඩි කෝදුව |
| 切る<br>කියතෙන් කපනවා | [くぎを]打つ<br>[ඇණ] ගහනවා | 挟む／曲げる／切る<br>කොනිත්තනවා/නවනවා/කපනවා, විසන්ධි කරනවා | [ねじを]締める／緩める<br>[ඇණ] තද කරනවා/බුරුල් කරනවා |
| <br>のこぎり<br>කියත | <br>金づち<br>අඬු මිටිය | <br>ペンチ<br>අඬුව | <br>ドライバー<br>ඉස්කුරුප්පු නියන |

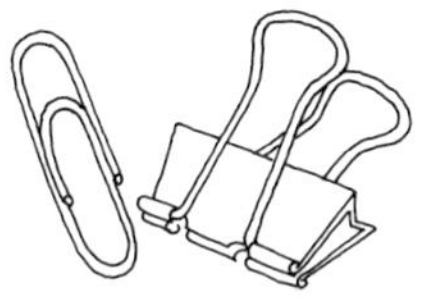

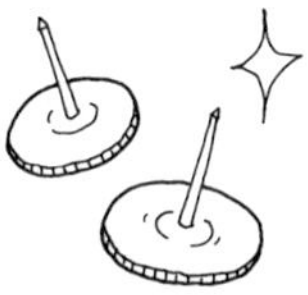

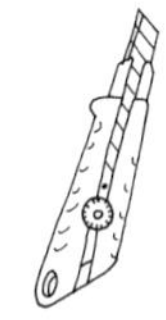

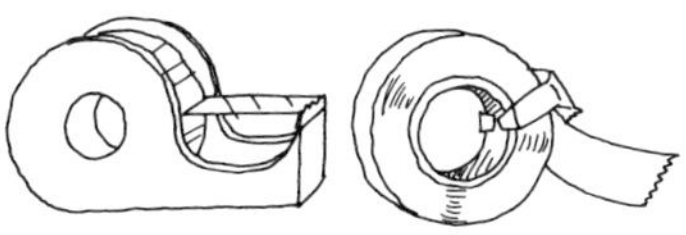

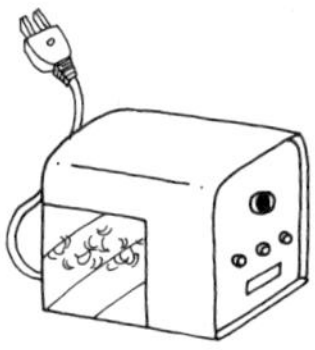

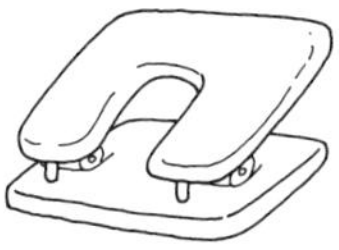

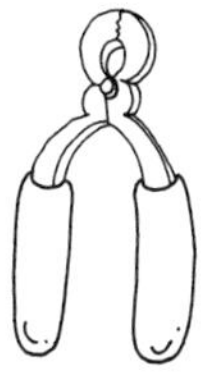

## IV. ව්‍යාකරණ විස්තර

**1.**

| | | |
|---|---|---|
| ක්‍රියා පදයේ ශබ්දකෝෂ රූපය<br>නාම පද の | ために、～ | ～ සඳහා |

ために යන යෙදුමෙන් දැක්වෙන්නේ අරමුණකි. නාම පද の ために යන යෙදුමෙන් ද වාසි සහගත වීම යන අර්ථය දැකි විය හැකි ය (④).

① 自分の 店を 持つ ために、貯金して います。

මගේම කියලා සාප්පුවක් ගන්න මුදල් ඉතිරි කරනවා.

② 引っ越しの ために、車を 借ります。

පදිංචිය වෙනස් කරන නිසා බඩු ගෙනියන්න වාහනයක් ඉල්ලලා ගන්නවා.

③ 健康の ために、毎朝 走って います。 සෞඛ්‍යය රැකගන්න හැම උදේම දුවනවා.

④ 家族の ために、うちを 建てます。 මගේ පවුල වෙනුවෙන් ගෙයක් හදාගන්නවා.

සංලක්ෂ්‍යය 1: සමාන යෙදුමක් ලෙස තිස්හයවන පාඩමෙහි ඉගෙන ගෙන ඇත ～ように තිබේ. ために ට පෙර චේතනාත්මක ක්‍රියා පදයේ ශබ්දකෝෂ රූපයක් යෙදෙන අතර, ように ට පෙර චේතනාත්මක නොමැති ක්‍රියා පදයේ ශබ්දකෝෂ රූපයක් හෝ ක්‍රියා පදයේ නිශේධනාර්ථ රූපයක් යෙදේ.

පහත සඳහන් වගන්ති දෙක සසඳා බලන විට, වෙනස් වන්නේ මෙසේ ය. පහත ① අර්ථය දෙන්නේ චේතනාත්මකව “තමන්ගේ කඩයක් හිමි කරගැනීම” යන අරමුණයෙන් මුදල් ඉතිරි කරමින් සිටින බව ය. ⑤ අර්ථය දෙන්නේ ප්‍රතිඵලයක් ලෙස “තමන්ගේ සාප්පුවක් හිමි වීම” යන තත්ත්වයට පත් වීමේ අරමුණයෙන් මුදල් ඉතිරි කරමින් සිටින බව ය.

① 自分の 店を 持つ ために、貯金して います。

මගේම කියලා සාප්පුවක් ගන්න මුදල් ඉතිරි කරනවා.

⑤ 自分の 店が 持てるように、貯金して います。

මගේම කියලා සාප්පුවක් ගන්න පුළුවන් විදියට මුදල් ඉතිරි කරනවා.

සංලක්ෂ්‍යය 2: なります යන පදයේ භාවිතයන් දෙකම ඇත. එනම් සචේතනික ක්‍රියා පදයක් වශයෙන් ද අචේතනික ක්‍රියා පදයක් වශයෙන් ද යෙදේ.

⑥ 弁護士に なる ために、法律を 勉強して います。

මම නීතිඥයෙක් වෙන්න නීතිය ඉගෙන ගන්නවා.

⑦ 日本語が 上手に なるように、毎日 勉強して います。

මම ජපන් භාෂාව හොඳට හසුරවන්න පුළුවන් වෙන්න හැමදාම ඉගෙන ගන්නවා. (තිස්හයවන පාඩම)

**2.**

| | |
|---|---|
| ක්‍රියා පදයේ ශබ්දකෝෂ の<br>නාම පද | に ～ |

මෙම වාක්‍ය රටාව つかいます, いいです, べんりです, やくに たちます, [じかん]が かかります යනාදි යෙදුම් සමඟ යෙදී, එම අරමුණ දැක්වීම සඳහා භාවිත කෙරේ.

⑧ この はさみは 花を 切るのに 使います。

මේ කතුර මල් කපන්න පාවිච්චි කරනවා.

⑨ この かばんは 大きくて、旅行に 便利です。

මේ බෑග් එක ලොකුයි. සංචාරයට පහසුයි.

⑩ 電話番号を 調べるのに 時間が かかりました。

දුරකථන අංකය හොයාගන්න වෙලාව ගියා.

### 3. ප්‍රමාණවාචී සංඛ්‍යා පද は／も

は නිපාතය ප්‍රමාණවාචී සංඛ්‍යා පදයට එක් වීමෙන් භාෂකයා තක්සේරු කළ අවම මට්ටම දක්වයි.

も නිපාතය ප්‍රමාණවාචී සංඛ්‍යා පදයට එක් වීමෙන් භාෂකයාට එම සංඛ්‍යාව වැඩි යැයි හැඟෙන බව දක්වයි.

⑪ わたしは [ボーナスの] 半分(はんぶん)は 貯金(ちょきん)する つもりです。
……えっ、半分(はんぶん)も 貯金(ちょきん)するんですか。
මම [බෝනස් එකෙන්] බාගයක් ඉතිරි කරන්න හිතාගෙන ඉන්නවා.
……අහ්. භාගයක්ම ඉතිරි කරන්න හදනවා ද?

### 4. ～に よって

නිර්මාණය කිරීම හෝ සොයා ගැනීම දැක්වෙන ක්‍රියා පද (උදා: かきます, はつめいします, はっけんします යනාදි) කර්මකාරක වශයෙන් භාවිත කරන විට, කර්තෘ නිපාතය に නොව に よって නිපාතයෙන් දැක්වේ.

⑫ チキンラーメンは 1958 年(ねん)に 安藤百福(あんどうももふく)さんに よって 発明(はつめい)されました。
චිකින් රාමෙන් 1958 වසරේ දී අන්දෝ මොමොෆුකු මහතා විසින් හඳුන්වා දෙන ලදී.

# හතලිස්තුන්වන පාඩම

## I. වචන මාලාව

| | | |
|---|---|---|
| ふえますⅡ | 増えます | වැඩි වෙනවා |
| ［ゆしゅつが～］ | ［輸出が～］ | ［අපනයන～］ |
| へりますⅠ | 減ります | අඩු වෙනවා |
| ［ゆしゅつが～］ | ［輸出が～］ | ［අපනයන～］ |
| あがりますⅠ | 上がります | ඉහළ යනවා, ඉහළ නගිනවා |
| ［ねだんが～］ | ［値段が～］ | ［මිල～］ |
| さがりますⅠ* | 下がります | පහත බහිනවා |
| ［ねだんが～］ | ［値段が～］ | ［මිල～］ |
| きれますⅡ | 切れます | කැපෙනවා |
| ［ひもが～］ | | ［නූල～］ |
| とれますⅡ | | ගැලවෙනවා |
| ［ボタンが～］ | | ［බොත්තම～］ |
| おちますⅡ | 落ちます | වැටෙනවා |
| ［にもつが～］ | ［荷物が～］ | ［බඩු～］ |
| なくなりますⅠ | | ඉවරවෙනවා |
| ［ガソリンが～］ | | ［පැට්රල්～］ |
| へん［な］ | 変［な］ | අමුතු, නොපුරුදු |
| しあわせ［な］ | 幸せ［な］ | වාසනාවන්ත |
| らく［な］ | 楽［な］ | පහසු, ලෙහෙසි |
| うまい* | | රසවත් |
| まずい | | නීරස |
| つまらない | | එපා වෙන, නොවැදගත් |
| やさしい | 優しい | කරුණාවන්ත |
| ガソリン | | පැට්‍රල් |
| ひ | 火 | ගිනි, ගින්දර |
| パンフレット | | පැම්ෆ්ලට්, පත්‍රිකා, කුඩා පොත |
| いまにも | 今にも | ඔන්න මෙන්න (වෙනසක් සිදුවෙන්න මොහොතකට කලින් තිබෙන තත්ත්වය දැක්වීමට යෙදේ) |
| わあ | | ෂා |

### 〈読み物（よみもの）〉

| | |
|---|---|
| ばら | රෝස මල |
| ドライブ | ඩ්‍රයිවිං, රියපැදවීම |
| 理由（りゆう） | හේතුව, කාරණය |
| 謝（あやま）りますⅠ | සමාව ඉල්ලනවා |
| 知（し）り合（あ）いますⅠ | හඳුනා ගන්නට ලැබෙනවා, හඳුනා ගන්නවා |

## II. පරිවර්තනය

### වාක්‍ය රටා

1. වහින්න ඔන්න මෙන්න වගේ.
2. පොඩ්ඩක් ටිකට් පතක් මිලදී ගෙන එනවා.

### උදාහරණ වගන්ති

1. ජැකට් එකේ බොත්තම ගැලවෙන්න වගේ.
   ······අහ්. ඇත්තමයි. බොහොම ස්තූතියි.
2. දැන් කාලගුණය උණුසුම් වුණා නේද?
   ······ඔව්. දැන් සකුරා මල් පිපෙන්න කිට්ටුයි වගේ නෙ.
3. ජර්මනියේ ඇපල් කේක් එකක්. මෙන්න කන්න.
   ······ෂා. රසයි වගේ නෙ. එහෙනම් මම කන්නම්.
4. මේ අර්ධ කාලීන රස්සාව හොඳයි වගේ නෙ. පඩියත් හොඳයි වගේ. වැඩත් ලේසි වගේ.
   ······හැබැයි ඊ දොළොහේ ඉඳන් උදේ හය වෙනකම් වැඩ.
5. ලියකියවිලිවල පිටපත් මදි.
   ······කීයක් ඕන ද? ඉක්මනින්ම ෆොටෝ කොපි කරගෙන එන්නම්.
6. පොඩ්ඩක් එළියට ගිහින් එන්නම්.
   ······කීයට විතර ද ආපහු එන්නෙ?
   හතරට කලින් ආපහු එන්නම්.

### සංවාදය

**හැම දාම සතුටින් ඉන්නවා වගේ.**

හයෂි: මේක කාගෙ පින්තූරයක් ද?

ස්මිත්: මගේ පුතා, හන්ස්ගේ. ක්‍රීඩා උළෙලෙ ගත්තු පින්තූරයක්.

හයෂි: සනීපෙන් ඉන්නවනේ.

ස්මිත්: ඔව්. හන්ස්ට වේගයෙන් දුවන්න පුළුවන්.
එයා ජපානයේ ප්‍රාථමික පාසලටත් හුරු වෙලා දැන් යාළුවොත් ඉන්නවා. හැමදාම සතුටින් ඉන්නවා වගේ.

හයෂි: හරි හොඳයි නෙ.
මේ ඉන්නෙ ඔයාගේ නෝනා ද? ලස්සයි නෙ.

ස්මිත්: බොහොම ස්තූතියි.
මගේ නෝනා විවිධ දේවල්වලට රුචි දක්වන කෙනෙක්. එයාත් එක්ක ඉන්නකොට විනෝදයි.

හයෂි: එහෙම ද?

ස්මිත්: එයා විශේෂයෙන්ම ඉතිහාසයට කැමතියි. වෙලාව තියෙන වෙලාවට පැරණි නගරවලට ගිහින් ඇවිදිනවා.

## III. අදාළ වචන සහ තොරතුරු

### 性格(せいかく)・性質(せいしつ)　ගතිගුණ සහ චරිත ලක්ෂණ

明(あか)るい　ප්‍රීතිමත්, උද්යෝගිමත්

暗(くら)い　අඳුරු, ඛේදසහගත

優(やさ)しい　කරුණාවන්ත

おとなしい　නිහඬ, අහිංසක

冷(つめ)たい　අකාරුණික, හදවතක් නැති

厳(きび)しい　දැඩි, තද, විධිමත්, සැරපරුෂ

気(き)が長(なが)い　ඉවසිලිවන්ත

気(き)が短(みじか)い　නොඉවසිලිවන්ත, ඉක්මනින් කෝපයට පත් වන

気(き)が強(つよ)い　නොනැමෙන, හිත හයියයි, නිර්භීතයි

気(き)が弱(よわ)い　පසුබෑමක් සහිත, බියගුලු, බයාදු

活発(かっぱつ)[な]　ක්‍රියාශීලී, කඩිසර

誠実(せいじつ)[な]　අවංක, අව්‍යාජ

わがまま[な]　ආත්මාර්ථකාමී

まじめ[な]　උනන්දු

ふまじめ[な]　වගකීම් රහිත, උනන්දුවක් නැති

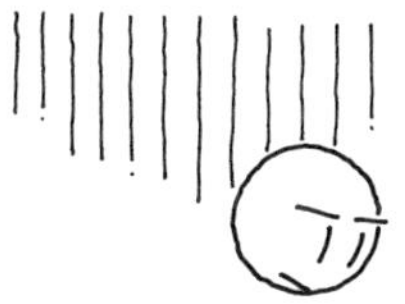

頑固(がんこ)[な]　මුරණ්ඩු, ඇට්ටර

素直(すなお)[な]　කීකරු

意地悪(いじわる)[な]　නපුරු, වෛරීය

勝(か)ち気(き)[な]　යටත් නොවන

神経質(しんけいしつ)[な]　ඉක්මනින් කලබල වන, කලබලකාරී

113

43

## IV. ව්‍යාකරණ විස්තර

### 1. ～そうです　～න්න වගේ

1) ක්‍රියා පදයේ ます රූපය そうです

මෙම වාක්‍ය රටාවෙන් ක්‍රියා පද දැක්වෙන ක්‍රියාව හෝ වෙනසක් සිදු වීමේ සලකුණ නිරූපණය කෙරේ. එම ක්‍රියාව හෝ වෙනස සිදු වීමේ කාලය දැක්වෙන いまにも, もうすぐ, これから යනාදි ක්‍රියා විශේෂණ සමඟ භාවිත කළ හැකි ය.

① 今にも 雨が 降りそうです。　　වහින්න ඔන්න මෙන්න වගේ.

② もうすぐ 桜が 咲きそうです。　　තව ටිකකින් සකුරා මල් පිපෙන්න වගේ.

③ これから 寒く なりそうです。　　මීට පස්සෙ සීතල වෙයි වගේ.

2) い- නාම විශේෂණ (～い) / な- නාම විශේෂණ [な] } そうです

ඇත්ත වශයෙන්ම තහවුරු නොකළත්, පෙනුමෙන් එම ලක්ෂණ අනුමාන කිරීමෙන් විස්තර කරන යෙදුමකි.

④ この 料理は 辛そうです。　　මේ ආහාර සැර පාටයි.

⑤ 彼女は 頭が よさそうです。　　ඇය බුද්ධිමත් පාටයි.

⑥ この 机は 丈夫そうです。　　මේ මේසය ශක්තිමත් පාටයි.

සංලක්ෂ්‍යය: අන් අයගේ හැඟීම් ප්‍රකාශ කරන විට, හැඟීම් දැක්වෙන නාම විශේෂණ (うれしい, かなしい, さびしい යනාදි) එලෙසම භාවිත කළ නොහැකි ය. එවිට そうです එක් කර පෙනුමෙන් අනුමාන කිරීමෙන් ප්‍රකාශ කරන යෙදුම භාවිත කෙරේ.

⑦ うれしそうですね。
……ええ、実は きのう 結婚を 申し込まれたんです。
සතුටුයි වගේ නෙ.
……ඔව්. ඇත්තටම ඊයෙ මගෙන් විවාහ වෙන්න කැමති ද කියලා ඇහුව.

### 2. ක්‍රියා පදයේ て රූපය 来ます

1) ක්‍රියා පදයේ て රූපය きます යන යෙදුමෙන් දැක්වෙන්නේ යම් කිසි ස්ථානයකට ගොස් යම් කිසි ක්‍රියාවක් සිදු කර ආපසු එන බව ය.

⑧ ちょっと たばこを 買って 来ます。　　පොඩ්ඩක් සිගරට් එකක් මිලදී ගෙන එන්නම්.

⑧ යනුවෙන් දැක්වෙන්නේ (1) සිගරට් විකිණෙන ස්ථානයකට යෑම, (2) එහිදී සිගරට් මිලදී ගැනීම, (3) සිටි ස්ථානයට ආපසු පැමිණීම, යන ක්‍රියා තුනකි.

⑨ වැනි ක්‍රියා පදයේ て රූපය දැක්වෙන ක්‍රියාව සිදු කරන ස්ථානය で නිපාතයෙන් දැක්වේ. නමුත් ⑩ වැනි を නිපාතයෙන් දැක්වෙන දෙයක් එන ස්ථානය (දෙයක් එළියට එන ආරම්භක ලක්ෂ්‍යය) වශයෙන් සලකන විට, から නිපාතය භාවිත කෙරේ. から නිපාතය භාවිත කරන ක්‍රියා පද වශයෙන් とって きます හැර もって きます, はこんで きます යනාදි ක්‍රියා පදද තිබේ.

⑨ スーパーで 牛乳(ぎゅうにゅう)を 買(か)って 来(き)ます。

සුපිරි වෙළඳ සැළට ගිහින් එළකිරි මිලදී ගෙන එනවා.

⑩ 台所(だいどころ)から コップを 取(と)って 来(き)ます。　කුස්සියෙන් කෝප්පයක් අරගෙන එන්නම්.

2) නාම පද (ස්ථානය) へ 行(い)って 来(き)ます

きます ට පෙර いきます යන ක්‍රියා පදයේ て රූපය භාවිත කිරීමෙන් යම් කිසි ස්ථානයකට ගොස් ආපසු පැමිණෙන අර්ථය දැක්වේ. ගිය ස්ථානයේදී සිදු කරන ක්‍රියාව ගැන විශේෂයෙන්ම ප්‍රකාශ නොකරන අවස්ථාවේ යෙදේ.

⑪ 郵便局(ゆうびんきょく)へ 行(い)って 来(き)ます。　තැපැල් කාර්යාලයට ගිහින් එන්නම්.

3) 出(で)かけて 来(き)ます

きます ට පෙර でかけます යන ක්‍රියා පදයේ て රූපය භාවිත කිරීමෙන් කොහේ හරි ගොස් ආපසු පැමිණෙන අර්ථය දැක්වේ. යන ස්ථානය ද එම අරමුණය ද විශේෂයෙන්ම ප්‍රකාශ නොකරන අවස්ථාවේ යෙදේ.

⑫ ちょっと 出(で)かけて 来(き)ます。　පොඩ්ඩක් එළියට ගිහින් එන්නම්.

## 3. ක්‍රියා පදයේ て රූපය くれませんか　～න්න පුළුවන් ද?

මෙය "～て ください" ට වඩා ආචාරශීලීව ඉල්ලීම් කරන යෙදුමකි. නමුත් "～て いただけませんか" (විසිහයවන පාඩම) හෝ "～て くださいませんか" (හතලිස්එක්වන පාඩම) තරම් ආචාරශීලී නොවේ. එය තමාට සමාන කෙනෙක්ට හෝ වයසින් බාල කෙනෙක්ට භාවිත කිරීමට සුදුසු යෙදුමකි.

⑬ コンビニへ 行(い)って 来(き)ます。
……じゃ、お弁当(べんとう)を 買(か)って 来(き)て くれませんか。
කොන්බිනි එකට ගිහින් එන්නම්.
……එහෙනම් කෑම පර්සලයක් අරන් එන්න පුළුවන් ද?

# හතලිස්හතරවන පාඩම

## I. වචන මාලාව

| | | |
|---|---|---|
| なきます I | 泣きます | අඬනවා |
| わらいます I | 笑います | හිනාවෙනවා |
| ねむります I | 眠ります | නිදාගන්නවා |
| かわきます I<br>［シャツが～］ | 乾きます | වේළෙනවා [කමිසය～] |
| ぬれます II* | | තෙමෙනවා [කමිසය～] |
| ［シャツが～］ | | |
| すべります I | 滑ります | ලිස්සනවා |
| おきます II<br>［じこが～］ | 起きます<br>［事故が～］ | සිදුවෙනවා [අනතුරක්～] |
| ちょうせつしますIII | 調節します | හරිගස්සනවා, සකසා ගන්නවා |
| あんぜん［な］ | 安全［な］ | ආරක්ෂිත |
| きけん［な］* | 危険［な］ | අනතුරදායක |
| こい | 濃い | රසවැඩි ගතිය, පාටක් තද ගතිය, ද්‍රවයක් සන ගතිය |
| うすい | 薄い | දියරස ගතිය, පාටක් ලා ගතිය, තුනී ගතිය |
| あつい | 厚い | ඝන |
| ふとい | 太い | මහත්, ස්ථූල |
| ほそい* | 細い | හීන්, කෙට්ටු |
| くうき | 空気 | වායු |
| なみだ | 涙 | කඳුළු |
| わしょく | 和食 | ජපන් ආහාර |
| ようしょく | 洋食 | බටහිර ආහාර |
| おかず* | | ව්‍යංජනය |
| りょう | 量 | ප්‍රමාණය |
| ーばい | ー倍 | ーගුණයක් |
| シングル | | තනි ඇඳ සහිත කාමරය |
| ツイン | | ඇඳන් දෙකක් සහිත කාමරය |
| せんたくもの | 洗濯物 | සේදූ රෙදි, හෝදන්න තියන රෙදි |
| DVD | | ඩී.වී.ඩී. එක |
| ※ホテルひろしま | | මනඃකල්පිත හෝටලය |

## 〈会話（かいわ）〉

| | |
|---|---|
| どう なさいますか。 | ඔබට මොන වගේ කොණ්ඩ මෝස්තරයක් ද ඕන? (ගෞරවයෙන්) |
| カット | කට් එකක්, කොණ්ඩේ කැපීම |
| シャンプー | ෂැම්පූ (～を します：ෂැම්පූ කරනවා) |
| どういうふうに なさいますか。 | කොහොමද කපන්නෙ? (ගෞරවයෙන්) |
| ショート | කෙටි කොණ්ඩ විලාසිතාව |
| ～みたいに して ください。 | ～වගේ කරන්න. |
| これで よろしいでしょうか。 | මෙහෙම හොඳද? (ආචාරශීලීව) |
| [どうも] お疲（つか）れさまでした。 | මෙතෙක් වෙලා සිටියාට ස්තූතියි. (රූපලාවණ්‍ය සේවකයා පාරිභෝගිකයාට කියනවා) |

## 〈読（よ）み物（もの）〉

| | |
|---|---|
| 嫌（いや）がります I | අකැමැති වෙනවා |
| また | ඊට අමතරව |
| うまく | හරියට, හොඳට, දක්ෂ ලෙස |
| 順序（じゅんじょ） | අනුපිළිවෙල |
| 安心（あんしん）[な] | සහනයක් දෙන |
| 表現（ひょうげん） | ප්‍රකාශය |
| 例（たと）えば | උදාහරණයක් ලෙස ගත්තොත් |
| 別（わか）れます II | වෙන් වෙනවා |
| これら | මේව |
| 縁起（えんぎ）が 悪（わる）い | අසුභ බලපෑමක් ඇති වෙයි, අසුභයි |

## II. පරිවර්තනය

### වාක්‍ය රටා

1. ඊයෙ රෑ මත්පැන් බීලා වැඩි වුණා.
2. මේ පරිගණකය පාවිච්චි කරන්න පහසුයි.
3. මේ කලිසම කොට කරන්න.

### උදාහරණ වගන්ති

1. අඬනවා ද?
……නෑ. හිනා වෙලා වැඩිවෙලා කඳුලු පැන්නා.
2. මෑත කාලයේ වාහන හසුරුවන්න පහසුයි.
……ඔව්. හැබැයි පහසු වැඩි නිසා පැදවීම විනෝදජනක නෑ.
3. ගමයි නගරයි අතරින් ජීවත් වෙන්න ලේසි කොහෙද?
……ගම් පලාතේ ජීවත් වෙන්න වැඩියෙන් ලේසි කියලා හිතනවා.
මොකද බඩු මිල ලාභයි, වාතය පිරිසුදු නිසා.
4. මේ කෝප්පය ශක්තිමත් නිසා බිඳුම් වලට ඔරොත්තු දෙනවා.
……ළමයින්ට පාවිච්චි කරන්න ආරක්ෂිතයි, හොඳයි නෙ.
5. දැන් මහ රෑ නිසා කරුණාකරලා නිෂ්ශබ්ද වෙනවා ද?
……හරි. සමා වෙන්න.
6. මොනවද බොන්නෙ?
……බියර් ගන්නම්.

### සංවාදය

**මේ පින්තූරේ විදියට කරන්න.**

කොණ්ඩා මෝස්තරකරු: එන්න. අද මොකද කරන්නේ?
ඊ: හෙයා කට් එකක් ඕන.
කොණ්ඩා මෝස්තරකරු: එහෙනම් ෂැම්පූ කරන නිසා මේ පැත්තට එන්න.
……………………………………………………………
කොණ්ඩා මෝස්තරකරු: කට් එක කොහොමද කෙරෙන්න ඕන?
ඊ: ෂෝට් කට් එකට කැමතියි.
මේ පින්තූරේ විදියට හදලා දෙන්න.
කොණ්ඩා මෝස්තරකරු: අහ්, ලස්සනයි නෙ.
……………………………………………………………
කොණ්ඩා මෝස්තරකරු: හිස ඉදිරිපස හිසකෙස් දිග මෙහෙම හොඳ ද?
ඊ: ඔව් නේ. තවත් පොඩ්ඩක් කොටට කපලා දෙන්න.
……………………………………………………………
කොණ්ඩා මෝස්තරකරු: මෙතෙක් වෙලා හිටියට ස්තුතියි.
ඊ: ස්තුතියි.

## III. අදාළ වචන සහ තොරතුරු

### 美容院（びよういん）・理髪店（りはつてん）　බාබර් සාප්පුව, සැලෝනය, රූපලාවන්‍යාගාරය

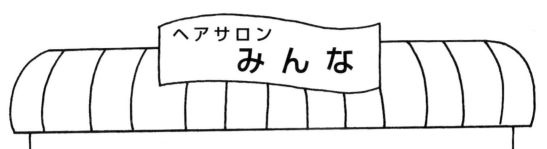

| | |
|---|---|
| カット | හිසකෙස් කැපීම, හෙයා කට් |
| パーマ | පර්ම් කිරීම |
| シャンプー | ෂැම්පූ |
| トリートメント | ට්‍රීට්මන්ට් එක |
| ブロー | බ්ලෝ ඩ්‍රයි කිරීම |
| カラー | හිස කෙස් වර්ණ ගැන්වීම |
| エクステ | හෙයර් එක්ස්ටෙන්ෂන් එක |

| | |
|---|---|
| ネイル | නිය අලංකරණය |
| フェイシャルマッサージ | මුහුණ සම්බාහනය |
| メイク | මේකප් |
| 着付（きつ）け | කිමොනොව ඇඳීම |

耳（みみ）が見（み）えるくらいに　/　කන් පෙනෙන ගානට
肩（かた）にかかるくらいに　/　උරහිස ගාවට වෙන්න
まゆが隠（かく）れるくらいに　/　ඇහි බැම වැහෙන විදියට
1センチくらい　/　සෙන්ටි මීටරයක් විතර
この写真（しゃしん）みたいに　/　මේ පින්තූරේ විදියට

} 切（き）ってください。　කපලා දෙන්න.

| | |
|---|---|
| 髪（かみ）をとかす | කොණ්ඩය පීරනවා |
| 髪（かみ）を分（わ）ける | කොන්ඩය කොටස් කරගන්නවා |
| 髪（かみ）をまとめる | කොන්ඩය එකට එකතු කරනවා |
| 髪（かみ）をアップにする | කොන්ඩය බෙල්ලෙන් උඩට කරනවා |
| 髪（かみ）を染（そ）める | හිසකෙස් ඩයි කරනවා, වර්ණ ගන්වනවා |

| | |
|---|---|
| ひげ／顔（かお）をそる | රැවුල කපනවා, මුහුණේ රෝම ඉවත් කරනවා |
| 化粧（けしょう）／メイクする | මුහුණ හැඩ ගන්වනවා/මේකප් කරනවා |
| 三（み）つ編（あ）みにする | කොණ්ඩය ගොතනවා |
| 刈（か）り上（あ）げる | කොණ්ඩය ඉතා කොටට කපනවා |
| パーマをかける | පර්ම් කරනවා |

## IV. ව්‍යාකරණ විස්තර

**1.**

| | |
|---|---|
| ක්‍රියා පදයේ ます රූපය<br>い- නාම විශේෂණ (～~~い~~)<br>な- නාම විශේෂණ [~~な~~] | すぎます |

～すぎます යනුවෙන් දැක්වෙන්නේ ක්‍රියාවක හෝ තත්ත්වයක ප්‍රමාණය ඕනෑවට වඩා අධික බව ය. සාමාන්‍යයෙන් එම ක්‍රියාව හෝ තත්ත්වය නොසුදුසු වන අවස්ථාවේදී භාවිත කෙරේ.

① ゆうべ お酒(さけ)を 飲(の)みすぎました。　　ඊයෙ රෑ හොඳටම බීල වැඩි වුණා.

② この セーターは 大(おお)きすぎます。　　මේ ස්වේටර් එක ලොකු වැඩියි.

සංලක්ෂ්‍යය: ～すぎます Ⅱ වන වර්ගයේ ක්‍රියා පද වශයෙන් වර නැඟේ.

උදා: のみすぎる　　のみすぎ(ない)　　のみすぎた

③ 最近(さいきん)の 車(くるま)は 操作(そうさ)が 簡単(かんたん)すぎて、運転(うんてん)が おもしろくないです。
මෑත කාලයේ වාහන හසුරවන්න ලෙහෙසි වැඩි නිසා, පැදවීම විනෝදජනක නැහැ.

④ いくら 好(す)きでも、飲(の)みすぎると、体(からだ)に 悪(わる)いですよ。
කොච්චර කැමති වුණත්, අධිකව බිව්වොත් සෞඛ්‍යයට අහිතකරයි.

**2.**

| | |
|---|---|
| ක්‍රියා පදයේ ます රූපය | やすいです<br>にくいです |

1) චේතනාත්මක ක්‍රියා පද ක්‍රියා පදයේ ます රූපයක් ලෙස යෙදෙන විට ～やすい යනුවෙන් එම ක්‍රියාව සිදු කිරීම පහසු බව දැක්වෙන අතර, ～にくい යනුවෙන් එම ක්‍රියාව සිදු කිරීම අපහසු බව දැක්වේ.

⑤ この パソコンは 使(つか)いやすいです。　　මේ පරිගණකය පාවිච්චි කරන්න පහසුයි.

⑥ 東京(とうきょう)は 住(す)みにくいです。　　ටෝකියෝ ජීවත් වෙන්න අමාරුයි.

⑤ යනුවෙන් දැක්වෙන්නේ පරිගණකය පහසුවෙන් භාවිත කිරීමේ හැකියාව ඇති බව ය. ⑥ යනුවෙන් දැක්වෙන්නේ ටෝකියෝ යන නගරයේ ජීවත් වීමේදී ඇති වන දුෂ්කරතාව පිළිබඳව ය.

2) චේතනාත්මක නොවන ක්‍රියා පද ක්‍රියා පදයේ ます රූපයක් ලෙස යෙදෙන විට ～やすい යනුවෙන් එම ක්‍රියාව සිදු වීම පහසු බව දැක්වෙන අතර, ～にくい යනුවෙන් එම ක්‍රියාව සිදු වීමේ අවස්ථාව ලෙහෙසියෙන් නොලැබෙන බව දැක්වේ.

⑦ 白(しろ)い シャツは 汚(よご)れやすいです。　　සුදු පාට කමිසය අපිරිසිදු වෙන්න ලෙහෙසියි.

⑧ 雨(あめ)の 日(ひ)は 洗濯物(せんたくもの)が 乾(かわ)きにくいです。
වහින දවස්වල හෝදගත්තු රෙදි වේලෙනවා හොරයි.

සංලක්ෂ්‍යය: ～やすい, ～にくい い- නාම විශේෂණ සේම වර නැඟේ.

⑨ この 薬(くすり)は 砂糖(さとう)を 入(い)れると、飲(の)みやすく なりますよ。
සීනි දැම්මහම මේ බෙහෙත් බොන්න පහසු වෙනවා නෙ.

⑩ この コップは 割(わ)れにくくて、安全(あんぜん)ですよ。
මේ කෝප්පය බිඳීමට ඔරොත්තු දෙන නිසා ආරක්ෂිතයි.

**3.**

| | | | |
|---|---|---|---|
| නාම පද$_1$ を | い- නාම විශේෂණ (～~~い~~) → ～く | | します |
| | な- නාම විශේෂණ [~~な~~] → ～に | | |
| | නාම පද$_2$ に | | |

දහනවවන පාඩමේදී ඉගෙන ගෙන ඇති ～く／～に なります යනු උක්තයට ඇති වන වෙනස් පිළිබඳව ප්‍රකාශ කරන යෙදුමක් වන අතර, ～く／～に します යනු දෙයක් (නාම පද$_1$) වෙනස් කිරීම පිළිබඳව ප්‍රකාශ කරන යෙදුමකි.

⑪ 音(おと)を 大(おお)きく します。 ශබ්දය වැඩි කරනවා.

⑫ 部屋(へや)を きれいに します。 කාමරය පිරිසුදු කරනවා.

⑬ 塩(しお)の 量(りょう)を 半分(はんぶん)に しました。 ලුණු ප්‍රමාණය අඩකින් අඩු කළා.

**4.** නාම පද に します

**මෙම වාක්‍ය රටාවෙන් දැක්වෙන්නේ තෝරාගැනීම හෝ තීරණය කිරීම ය.**

⑭ 部屋(へや)は シングルに しますか、ツインに しますか。

එක් ඇඳක් සහිත කාමරයක් ද දෙකක් සහිත කාමරයක් ද ඕන?

⑮ 会議(かいぎ)は あしたに します。 රැස්වීම හෙට පවත්වන්න තීරණය කරනවා.

# හතලිස්පස්වන පාඩම

## I. වචන මාලාව

| | | |
|---|---|---|
| しんじますⅡ | 信じます | විශ්වාස කරනවා |
| キャンセルしますⅢ | | අවලංගු කරනවා |
| しらせますⅡ | 知らせます | දන්වනවා |
| ほしょうしょ | 保証書 | වගකීම් සහතිකය |
| りょうしゅうしょ | 領収書 | බිල, රිසිට් පතය |
| キャンプ | | කැම්පින්ග් |
| ちゅうし | 中止 | අවලංගු කරනවා |
| てん | 点 | ලකුණ |
| うめ | 梅 | උමේ (ප්ලම් මල්) |
| 110ばん | 110番 | දුරකථන අංක 110 (පොලිස් හදිසි ඇමතුම් අංකය) |
| 119ばん | 119番 | දුරකථන අංක 119 (හදිසි අවස්ථාවකදී අමතන ගිනි නිවන හමුදාවේ දුරකථන අංකය) |
| きゅうに | 急に | හදිස්සියෙන් |
| むりに | 無理に | බලයෙන්, අමාරුවෙන්, අපහසුවෙන් |
| たのしみに して います | 楽しみに して います | බලාපොරොත්තුවෙන් ඉන්නවා |
| いじょうです。 | 以上です。 | මෙයින් අවසානයි. |

122

45

## 〈会話(かいわ)〉

| | |
|---|---|
| 係員(かかりいん) | වැඩ භාර නිලධාරී, අදාළ නිලධාරි |
| コース | කෝස් එක, පථය (මැරතන් ධාවන පථය) |
| スタート | ආරම්භක ස්ථානය |
| －位(い) | －වැනි ස්ථානය |
| 優勝(ゆうしょう)しますⅢ | ජයග්‍රහණය කරනවා |

## 〈読(よ)み物(もの)〉

| | |
|---|---|
| 悩(なや)み | කනස්සල්ල, හිතේ අවුල, ගැටළුව |
| 目覚(めざ)まし[時計(どけい)] | එලාම් ඔරලෝසුව |
| 目(め)が 覚(さ)めますⅡ | අවදි වෙනවා |
| 大学生(だいがくせい) | සරසවි සිසුන්, විශ්වවිද්‍යාල විද්‍යාර්ථීන් |
| 回答(かいとう) | පිළිතුර (～します：පිළිතුරු දෙනවා) |
| 鳴(な)りますⅠ | නාද වෙනවා |
| セットしますⅢ | පිහිටුවනවා, සකසනවා |
| それでも | එහෙම වුණත් |

## II. පරිවර්තනය

### වාක්‍ය රටා

1. කාඩ් පත නැති වුණොත් වහාම කාඩ්පත් සමාගමට කතා කරන්න.
2. හමුවෙන්න පොරොන්දු වුණත් ඈය ආවෙ නෑ.

### උදාහරණ වගන්ති

1. භූමිකම්පාවෙන් කෝච්චි නැවැත්තුවොත් බොහොම අමාරුවෙන් ගෙදර යන්න හදන්නෙ නැතුව සමාගමේ නතර වෙන්න.
   ······හරි, තේරුණා.
2. මේක මේ පරිගණකයේ වගකීමේ සහතික පත්‍රය.
   හරියට වැඩ නොකරනකොට මේ අංකයට සම්බන්ධ කරගන්න.
   ······හරි, තේරුණා.
3. මේ…මේ පුස්තකාලයෙන් රිසීට් එකක පිටපතක් ගන්න පුළුවන් ද?
   ······ඔව්. අවශ්‍ය වුණොත් කියන්න.
4. ගින්නක් හරි භූමිකම්පාවක් සිද්ධ වුණොත් කිසිසේත් විදුලි සොපානය පාවිච්චි කරන්න එපා.
   ······හරි, තේරුණා.
5. ඔයාගේ කතාව හරි ගියා ද?
   ······නෑ. බොහොම මහන්සි වෙලා පුහුණු වෙලා කට පාඩම් කළත්, කතාව කරද්දී මතක නැතුව ගියා.
6. ශීත ඍතුව වුණත් සකුරා මල් පිපිලා නෙ.
   ······අහ්. අර සකුරා මල් නෙවෙයි නෙ. පිපිලා තියෙන්නෙ උමෙ.

### සංවාදය

**කෝස් එක වැරදි නම් මොකද කරන්නෙ?**

| | |
|---|---|
| සේවකයා: | මේ මැරතන් ධාවන තරඟය පැවැත් වෙන්නෙ සෞඛ්‍යය වර්ධනය කිරීමට. |
| | ඒක නිසා අපහසුවෙන් දුවන්න එපා. |
| | අසනීපයක් දැනෙනකොට අදාළ සේවකයෙක්ට කියන්න. |
| සියළු සහභාගිකරු: | හරි. |
| සහභාගිකරු 1: | සමා වෙන්න. කෝස් එක වැරදි නම් මොකද කරන්නෙ? |
| සේවකයා: | ආපහු නිවැරදි තැනට ආපහු ඇවිල්ලා දුවන්න. |
| සහභාගිකරු 2: | මේ…අතරමගදී නතර කරන්න වුවමනා වුණොත්? |
| සේවකයා: | එහෙමනම් ළඟ ඉන්න අදාළ සේවකයෙක්ට තමන්ගේ නම කියලා එතනින් ඉවත් වෙන්න. |
| | එහෙනම් ස්ටාට් කරන වෙලාව. |
| | ................................................................... |
| සුසුකි: | මිලර් මහත්තයා, මැරතන් තරඟය කොහොම ද? |
| මිලර්: | දෙවෙනියා වුණා. |
| සුසුකි: | දෙවෙනියා වුණා ද? ෂා. අපූරුයි නෙ. |
| මිලර්: | බොහොම මහන්සියෙන් පුහුණු වුණත් ජයග්‍රහණය කරන්න බැරි වුණා. කණගාටුයි. |
| සුසුකි: | ආයෙත් ලබන අවුරුද්දේත් මැරතන් තරඟය තියෙනවා නෙ. |

## III. අදාළ වචන සහ තොරතුරු

病院（びょういん）　රෝහල

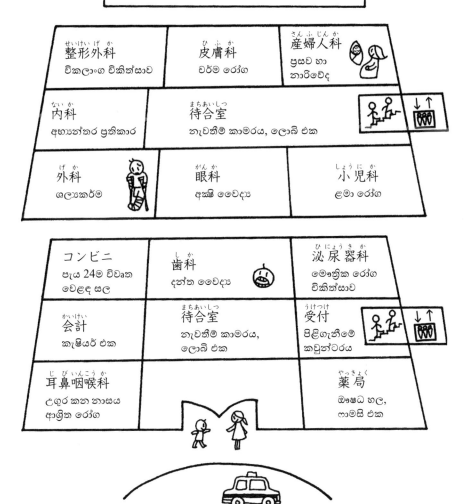

| | |
|---|---|
| 診察（しんさつ）する | වෛද්‍ය පරීක්ෂණයක් කරනවා |
| 検査（けんさ）する | පරීක්ෂා කරනවා |
| 注射（ちゅうしゃ）する | එන්නත් කරනවා |
| レントゲンを撮（と）る | එක්ස්රේ පරීක්ෂණයක් කරනවා |
| 入院（にゅういん）／退院（たいいん）する | රෝහල් ගත වෙනවා/ රෝහලෙන් පිට වෙනවා |
| 手術（しゅじゅつ）する | ශල්‍යකර්මයක් කරනවා |
| 麻酔（ますい）する | නිර්වින්දනය කරනවා |
| 処方箋（しょほうせん） | බෙහෙත් තුන්ඩුව, බෙහෙත් වට්ටෝරුව |
| カルテ | වෛද්‍ය පරීක්ෂණ වාර්තාව |
| 保険証（ほけんしょう） | සෞඛ්‍ය රක්ෂණ කාඩ්පත |
| 診察券（しんさつけん） | රෝගීන් ලියාපදිංචි කිරීමේ කාඩ්පත |
| 薬（くすり）の種類（しゅるい） | බෙහෙත් වර්ග |

痛（いた）み止（ど）め／湿布薬（しっぷやく）／解熱剤（げねつざい）
වේදනා නාශක/නිර්වේදක පැච්/ප්‍රතිජීවක බෙහෙත්

錠剤（じょうざい）／粉薬（こなぐすり）／カプセル
බෙහෙත් පෙති/බෙහෙත් කුඩු/බෙහෙත් කැප්සියුල

## IV. ව්‍යාකරණ විස්තර

**1.**

| | |
|---|---|
| ක්‍රියා පදයේ ශබ්දකෝෂ රූපය | 場合は、～ |
| ක්‍රියා පදයේ ない රූපය ない | |
| ක්‍රියා පදයේ た රූපය | |
| い- නාම විශේෂණ (～い) | |
| な- නාම විශේෂණ な | |
| නාම පද の | |

～ばあい යනු යම් කිසි සිද්ධියක් පරිකල්පනය කරන යෙදුමකි. ඊට පසු එන වාක්‍යයෙන් දැක්වෙන්නේ එම සිද්ධියට පියවර ගැනීමේ ක්‍රමය හෝ එම සිද්ධියෙන් සිදුවීමේ ප්‍රතිඵල ය. ばあい නාම පදයක් නිසා, එය සමඟ සම්බන්ධ කිරීමේ ක්‍රමය නාම පද විශේෂණය කිරීමේ ක්‍රමයට සමාන ය.

① 会議に 間に 合わない 場合は、連絡して ください。
රැස්වීමට පරක්කු වෙනවා නම් දැනුවත් කරන්න.

② 時間に 遅れた 場合は、会 場 に 入れません。
වෙලාවට පරක්කු වුණොත් ශාලාවට ඇතුල් වෙන්න බෑ.

③ パソコンの 調 子が 悪い 場合は、どう したら いいですか。
පරිගණකය හරියට වැඩ නොකරන කොට මොනවද කරන්න ඕන?

④ 領 収 書が 必要な 場合は、言って ください。
රිසිට්පත අවශ්‍ය නම් කියන්න.

⑤ 火事や 地震の 場合は、エレベーターを 使わないで ください。
ගින්නක් හරි භූමිකම්පාවක් ඇති වුණොත් විදුලි සෝපානය පාවිච්චි කරන්න එපා.

**2.**

| | | |
|---|---|---|
| ක්‍රියා පද | සාමාන්‍ය රූපය | のに、～ |
| い- නාම විශේෂණ | | |
| な- නාම විශේෂණ | සාමාන්‍ය රූපය | |
| නාම පද | ～だ→～な | |

のに භාවිත වන්නේ පූර්වරාංගයෙන් අපේක්ෂා කරනු ලබන සිද්ධිය සමඟ පරස්පර වන සිද්ධියක් අපරාංගයේ ඇති වන විට ය. බොහෝ විට අනපේක්ෂිත හැඟීමක් හෝ අතෘප්තිමත් හැඟීමක් දැක්වේ.

⑥ 約束を したのに、彼女は 来ませんでした。
පොරොන්දු වුණාට ඇය ආවේ නැහැ.

⑦ きょうは 日曜日なのに、働かなければ なりません。
අද ඉරිදා වුණාට වැඩ කරන්න ඕන.

උදාහරණයන් වශයෙන් ⑥ හි “පොරොන්දු වුණා” යන්න පූර්වාරංගයෙන් අපේක්ෂා කෙරෙන “එනවා” යන්න බලාපොරොත්තුව නැති වීමෙන් දැනෙන හැඟීම දැක්වේ. එමෙන්ම ⑦ හි “ඉරිදා” යන පූර්වරාංගයෙන් “විවේක ගත හැකි” යන බව අනිවාර්යෙන්ම අපේක්ෂා කළ හැකි නමුත්, වැඩ කළ යුතු තත්ත්වයට පත් වූ නිසා, のに භාවිත කිරීමෙන් අතෘප්තිමත් හැඟීම දැක්වේ.

සංලක්ෂ්‍යය 1: ～のに සහ ～が අතර ඇති වෙනස

⑥, ⑦ වල のに が ට මාරු කරන්නේ නම් අනපේක්ෂිත හැඟීම හෝ අතෘප්තිමත් හැඟීම දැක්විය නොහැක ය.

⑧ 約束(やくそく)を しましたが、彼女(かのじょ)は 来(き)ませんでした。

පොරොන්දු වුණා. ඒත් ඇය ආවෙ නැහැ.

⑨ きょうは 日曜日(にちようび)ですが、働(はたら)かなければ なりません。

අද ඉරිදා. ඒත් වැඩ කරන්න ඕන.

සංලක්ෂ්‍යය 2: ～のに සහ ～ても අතර ඇති වෙනස

～のに යනුවෙන් දැනටමත් සිදු වූ සිද්ධියක් පිළිබඳ භාෂකයාගේ හැඟීම් දැක්වෙන අතර, ～ても මෙන් නොව උපකල්පිත පරස්පර විරෝධී අදහසක් දැක්විය නොහැක ය.

⑩ あした 雨(あめ)が 降(ふ)っても、サッカーを します。

හෙට වැස්සත් පාපන්දු ක්‍රීඩාව කරනවා.

× あした 雨(あめ)が 降(ふ)るのに、サッカーを します。

# 46 හතලිස්හයවන පාඩම

## I. වචන මාලාව

| | | |
|---|---|---|
| わたします I | 渡します | අතට දෙනවා |
| かえって きます III | 帰って 来ます | ආපහු එනවා |
| でます II | 出ます | පිටත් වෙනවා |
| ［バスが～］ | | ［බස් එක～］ |
| とどきます I | 届きます | තැපැලෙන් ලැබෙනවා |
| ［にもつが～］ | ［荷物が～］ | ［බඩු～］ |
| にゅうがくします III | 入学します | ඇතුළු වෙනවා, ඇතුළත් වෙනවා |
| ［だいがくに～］ | ［大学に～］ | ［විශ්ව විද්‍යාලයට～］ |
| そつぎょうします III | 卒業します | අධ්‍යාපන කටයුතු නිම කරනවා |
| ［だいがくを～］ | ［大学を～］ | ［උපාධිදාරියකු ලෙස විශ්ව විද්‍යාලයෙන් පිට වෙනවා］ |
| やきます I | 焼きます | පුළුස්සනවා, ටෝස්ට් කරනවා |
| やけます II | 焼けます | ටෝස්ට් වෙනවා, පිළිස්සෙනවා, බැදෙනවා |
| ［パンが～］ | | ［පාන්～］ |
| ［にくが～］ | ［肉が～］ | ［මස්～］ |
| るす | 留守 | ගෙදර නැති බව |
| たくはいびん | 宅配便 | තැපැල් සේවා වර්ගයක් (ලියුම් හෝ පාර්සල් තැපැල් කිරීම සහ ලබාගැනීම කරන තැපැල් කටයුතු) |
| げんいん | 原因 | හේතුව |
| こちら | | මගේ පැත්ත |
| ～の ところ | ～の 所 | ～ගාව, ළඟ, අසල |
| はんとし | 半年 | අඩ වසර |
| ちょうど | | හරියටම |
| たったいま | たった今 | දැන් තමයි (ක්‍රියා පදයේ අතීත රූපය සමග යෙදේ) |
| いま いいですか。 | 今 いいですか。 | දැන් කමක් නැද්ද? |

## 〈会話（かいわ）〉

| | |
|---|---|
| ガスサービスセンター | ගෑස් පාරිභෝගික සේවා මධ්‍යස්ථානය |
| ガスレンジ | ගෑස් ලිප |
| 具合（ぐあい） | තත්ත්වය |
| 申（もう）し訳（わけ）ありません。 | සමා වෙන්න. |
| どちら様（さま）でしょうか。 | ඔබතුමා කවුද?, කවුද කතා කරන්නෙ?<br>(ගෞරවයෙන් ඔබ කවුද අසන ආකාරය) |
| お待（ま）たせしました。 | ඔබට බලාගෙන ඉන්න සිදුවීම ගැන කණගාටුයි. |
| 向（む）かいます I | එනවා (අසා සිටින කෙනා ඉන්න දිශාවට) |

## 〈読（よ）み物（もの）〉

| | |
|---|---|
| ついて います II | සුභයි, වාසනාවන්තයි |
| 床（ゆか） | පොළව, බිම |
| 転（ころ）びます I | පෙරළිලා වැටෙනවා |
| ベル | සණ්ටාරය, සීනුව |
| 鳴（な）ります I | නාද වෙනවා |
| 慌（あわ）てて | කලබලෙන් |
| 順番（じゅんばん）に | අනුපිළිවෙළට |
| 出来事（できごと） | සිද්ධිය, සිදුවීම |

# II. පරිවර්තනය

## වාක්‍ය රටා

1. රූගත කිරීම දැන් පටන් ගන්න යන්නෙ.
2. ඔහු මාර්තු මාසෙ විශ්ව විද්‍යාල අධ්‍යාපන කටයුතු නිම කළා විතරයි.
3. මිලර් මහත්තයා රූගත කිරීම් කාමරයේ ඉන්නවා ඇති.

## උදාහරණ වගන්ති

1. හලෝ. මම තනකා. දැන් කතා කරන්න පුළුවන් ද?
   ……සමා වෙන්න. කෝච්චියට නගින්න යන්නෙ.
   පස්සෙ මම ගන්නම්.
2. අක්‍රිය වෙන්න හේතුව දැනගත්තා ද?
   ……නෑ. දැන් හොයමින් යනවා.
3. වතනබෙ මහත්තයා ඉන්නවා ද?
   ……අහ්, මේ දැන් පිටත් වුණා විතරයි.
   තාම විදුලි සෝපානය ගාව ඉන්න පුළුවන්.
4. රස්සාව කොහොම ද?
   ……සමාගමට ගිය මාසේ සම්බන්ධ වුණා විතරයි. ඒ නිසා තාම හරියට දන්නෙ නෑ.
5. මේ වීඩියෝ කැමරාව ගිය සතියෙ මිලදී ගත්තා විතරයි. ඒත් වැඩ කරන්නෙ නෑ.
   ……එහෙනම් පොඩ්ඩක් පෙන්නන්න.
6. මිලර් මහත්තයා තාම ආවෙ නැද්ද?
   ……ටිකකට කලින් දුම්රිය පොළේ ඉඳලා කෝල් එකක් ආව නිසා දැන් එනවා ඇති.

## සංවාදය

**ගිය සතියෙ අළුත්වැඩියා කරවගත්තා විතරයි. ආයෙත්…**

සේවකයා: ඔව්. ගෑස් පාරිභෝගික සේවා සංස්ථාවෙන්.

තවපොන්: මේ…ගෑස් ලිප හරියට වැඩ කරන්නෙ නෑ නෙ.

සේවකයා: කොහොම ද තත්ත්වය?

තවපොන්: ගිය සතියෙ ඔය ගොල්ලන්ට කියලා ඒක අළුත්වැඩියා කරවගත්තා විතරයි. ඒත් ආයෙ සැරයක් මොකක් හරි හේතුවකින් ගින්දර නිවිලා යනවා. ඒක භයානකයි. ඉක්මනින්ම බලන්න එනවා ද?

සේවකයා: තේරුණා. පහට විතර එන්න පුළුවන් කියලා හිතනවා. කරුණාකරලා ඔබගේ ලිපිනයයි නමයි කියන්න.

……………………………………………………………

තවපොන්: හලෝ. පහට විතර ගෑස් ලිප බලන්න එනවා කියලා කිව්වා නෙ. තාම එන්නෙ නැද්ද?

සේවකයා: සමා වෙන්න. ඔබතුමා කවුද?

තවපොන්: තවපොන් කතා කරන්නෙ.

සේවකයා: පොඩ්ඩක් ඉන්න. අදාළ සේවකයාට කතා කරන්නම්.

……………………………………………………………

සේවකයා: සමා වෙන්න. දැන් එන ගමන්. කරුණාකරලා තවත් විනාඩි දහයක් විතර ඉන්න.

## III. අදාළ වචන සහ තොරතුරු

### かたかな語のルーツ　කතකන වචනවල මූලයන්

වෙනත් විදේශීය භාෂා වලින් ජපන් භාෂාවට පැමිණි වචන බොහෝය. එය ලිවීම සඳහා කතකන අක්ෂර යොදාගනු ලැබේ. ඉංග්‍රීසි භාෂාවෙන් ජපන් භාෂාවට පැමිණි වචන බොහෝ වන අතර, ප්‍රංශ, ලන්දේසි මෙන්ම ජර්මන්, පෘතුගීසි ආදි භාෂාවලින් පැමිණි වචනත් තිබේ. ඒ වගේම ජපානයේදී සැකසූ කතකනා වචනත් තිබේ.

| | 食べ物・飲み物 ආහාර සහ බීම වර්ග | 服飾 ඇඳුම් පැලඳුම් | 医療関係 වෛද්‍ය සම්බන්ධ | 芸術 කලා ශිල්ප | その他 අනෙකුත් |
|---|---|---|---|---|---|
| 英語 | ジャム ජෑම්<br>ハム හැම්<br>クッキー කුකීස්<br>チーズ කේජු, චීස් | エプロン ඒප්‍රන්<br>スカート සාය<br>スーツ ඇඳුම් කට්ටලය | インフルエンザ ඉන්ෆ්ලුවෙන්සා<br>ストレス ආතතිය | ドラマ නාට්‍යය<br>コーラス සමූහ ගායනය<br>メロディー තාලය | スケジュール කාල සටහන<br>ティッシュペーパー ටිශූ කඩදාසි<br>トラブル කරදරය<br>レジャー විවේකය හා විනෝදය |
| フランス語 | コロッケ කට්ලට් වැනි ආහාරයක නමක්<br>オムレツ ඔම්ලට් | ズボン කලිසම<br>ランジェリー කාන්තා යට ඇඳුම් | | バレエ බැලේ නර්තනය<br>アトリエ චිත්‍රාගාරය | アンケート ප්‍රශ්නාවලිය<br>コンクール වාදන තරඟය |
| ドイツ語 | フランクフルト［ソーセージ］ ලිංගුස් [සොසෙජස්] | | レントゲン X කිරණය<br>アレルギー අසාත්මිකතාව | メルヘン සුරඟන කතාව | アルバイト අර්ධ කාලීන රැකියාව<br>エネルギー බලශක්තිය<br>テーマ තේමාව |
| オランダ語 | ビール බියර්<br>コーヒー කෝපි | ホック හක් එක<br>ズック ඩෙක් සපත්තු | メス ශල්‍ය පිහිය<br>ピンセット ටුවිසර් | オルゴール සංගීත පෙට්ටිය | ゴム රබර්<br>ペンキ තීන්ත<br>ガラス වීදුරු |
| ポルトガル語 | パン පාන්<br>カステラ ස්පොන්ජ් කේක් | ビロード වෙල්වට්<br>ボタン බොත්තම | | | カルタ කාඩ් පත |
| イタリア語 | マカロニ මැකරෝනි<br>パスタ පස්ටා<br>スパゲッティ ස්පගැටි | | | オペラ ඔපෙරා | |

# IV. ව්‍යාකරණ විස්තර

**1.**

| | |
|---|---|
| ක්‍රියා පදයේ ශබ්දකෝෂ රූපය<br>ක්‍රියා පදයේ て රූපය いる<br>ක්‍රියා පදයේ た රූපය | ところです |

මෙම පාඩමෙහි ඉගෙන ගන්නා ところ යම් කිසි ක්‍රියාවක් හෝ සිද්ධියක් පිළිබඳව ප්‍රකාශ කිරීම සඳහා යෙදේ.

1) ක්‍රියා පදයේ ශබ්දකෝෂ රූපය ところです

ක්‍රියාවක් ආරම්භ වීමට ඉතාම ආසන්නයි යන අවස්ථාව දැක්වේ. බොහෝ විට これから, [ちょうど]いまから යනාදි ක්‍රියා පද විශේෂණ සමඟ භාවිත කරනු ලැබේ.

① 昼(ひる)ごはんは もう 食(た)べましたか。
……いいえ、これから 食(た)べる ところです。
දැනටමත් දවල් කෑම කෑවා ද?
……නෑ. මේ දැන් කන්න යන්නේ.

② 会議(かいぎ)は もう 始(はじ)まりましたか。
……いいえ、今(いま)から 始(はじ)まる ところです。
රැස්වීම දැනටමත් පටන් ගත්තා ද?
……නෑ. මේ දැන් පටන් ගන්න යන්නෙ.

2) ක්‍රියා පදයේ て රූපය いる ところです

ක්‍රියාවක් සිදු කරමින් පවතින අවස්ථාව දැක්වේ. බොහෝ විට いま සමඟ භාවිත කරනු ලැබේ.

③ 故障(こしょう)の 原因(げんいん)が わかりましたか。
……いいえ、今(いま) 調(しら)べて いる ところです。
අක්‍රිය වෙච්ච හේතුව දැනගත්තා ද?
……නෑ. තාම හොයමින් ඉන්නවා.

3) ක්‍රියා පදයේ た රූපය ところです

ක්‍රියාවක් සම්පූර්ණයෙන්ම අවසන් වූ අවස්ථාවදැක්වේ. බොහෝ විට たったいま යනාදි ක්‍රියා විශේෂණ සමඟ භාවිත කරනු ලැබේ.

④ 渡辺(わたなべ)さんは いますか。
……あ、たった今(いま) 帰(かえ)った ところです。
වතනබෙ මහත්තයා ඉන්නවා ද?
……අහ්. මේ දැන් ගියා විතරයි.

⑤ たった今(いま) バスが 出(で)た ところです。
මේ දැන් බස් එක ගියා විතරයි.

සංලක්ෂ්‍යය: ～ところです නාම පදයක් ආඛ්‍යාතය වන වාක්‍යයක් වශයෙන් යෙදීමෙන් විවිධ වාක්‍ය රටාවලට එකතු කෙරේ.

⑥ もしもし 田中(たなか)ですが、今(いま) いいでしょうか。
……すみません。今(いま)から 出(で)かける ところなんです。
හලෝ. මම තනකා. දැන් කතා කරන්න පුළුවන් ද?
……සමාවෙන්න. දැන් මම පිටත් වෙන්න හදන්නෙ.

## 2. ක්‍රියා පදයේ た රූපය ばかりです

මෙම වාක්‍ය රටාව ද යෙදෙන්නේ ක්‍රියාවක් සිදු වීමට හෝ සිද්ධියක් සිදු වීමට පසු එතරම් කාලයක් ගත නොවූ බව හැඟෙන භාෂකයාගේ හැඟීම දැක්වීම සඳහා ය. සැබෑ කාල ගත වීම කෙටි කාලීන හෝ දිගු කාලීන වුවත්, භාෂකයා එය කෙටි යැයි සිතෙන්නේ නම් මේ වාක්‍ය රටාව භාවිත කළ හැකි ය. මෙම සම්බන්ධයෙන් ක්‍රියා පදයේ た රූපය ところです යන යෙදුමට වඩා වෙනස් ය.

⑦ さっき 昼(ひる)ごはんを 食(た)べた ばかりです。
ටිකකට කලින් දවල් කෑම කෑවා විතරයි.

⑧ 木村(きむら)さんは 先月(せんげつ) この 会社(かいしゃ)に 入(はい)った ばかりです。
කිමුරා මහත්තයා ගිය මාසෙ මේ සමාගමට බැඳුනා විතරයි.

සංලක්ෂ්‍යය: ～ばかりです නාම පදයක් ආඛ්‍යාතය වන වාක්‍යයක් වශයෙන් යෙදීමෙන් විවිධ වාක්‍ය රටාවලට එකතු කෙරේ.

⑨ この ビデオは 先週(せんしゅう) 買(か)った ばかりなのに、調子(ちょうし)が おかしいです。
මේ වීඩියෝ එක ගිය සතියේ මිලදී ගත්තා විතරයි. ඒත් හරියට වැඩ කරන්නෙ නෑ.

## 3.

| | |
|---|---|
| ක්‍රියා පදයේ ශබ්දකෝෂ රූපය<br>ක්‍රියා පදයේ ない රූපය ない<br>い- නාම විශේෂණ (～い)<br>な- නාම විශේෂණ な<br>නාම පද の | はずです |

මෙම වාක්‍ය රටාව භාෂකයා විසින් යම් කිසි පදනමක් මත තමන් කළ තීරණය නිශ්චිත විශ්වාසයෙන් ප්‍රකාශ කරන විට යෙදේ.

⑩ ミラーさんは きょう 来(く)るでしょうか。
……来(く)る はずですよ。きのう 電話(でんわ)が ありましたから。
මිලර් මහත්තයා අද එයි ද?
……එන්න ඕන. ඊයෙ එයා මට කෝල් කළා.

⑩ හි "ඊයෙ ලැබුු ඇමතුම" තීරණය කිරීමේ පදනම වී, එම පදනම මත භාෂකයා "අද මිලර් මහත්තයා එනවා" යන්න තීරණය කර, එම තීරණය විශ්වාස කරන බව ～はずです යොදා දැක්වේ.

# හතලිස්හත්වන පාඩම

47

## I. වචන මාලාව

| | | |
|---|---|---|
| ふきますＩ<br>［かぜが～］ | 吹きます<br>［風が～］ | හමනවා [සුළඟ～] |
| もえますⅡ<br>［ごみが～］ | 燃えます | ගිනිගන්නවා [කසළ～] |
| なくなりますＩ | 亡くなります | අභාවට යනවා, නැතිවෙනවා, මිය යනවා<br>（しにます යන පදයේ මෘදු ස්වරූපය) |
| あつまりますＩ<br>［ひとが～］ | 集まります<br>［人が～］ | රැස් වෙනවා [මිනිස්සු～] |
| わかれますⅡ<br>［ひとが～］ | 別れます<br>［人が～］ | වෙන් වෙනවා [මිනිස්සු～] |
| しますⅢ | | |
| ［おと／こえが～］ | ［音／声が～］ | ඇසෙනවා [ශබ්දයක්～] |
| ［あじが～］ | ［味が～］ | දැනෙනවා [රස～] |
| ［においが～］ | | දැනෙනවා [සුවඳ～] |
| きびしい | 厳しい | සැර, දැඩි |
| ひどい | | දරුණු |
| こわい | 怖い | භයානක, බය |
| じっけん | 実験 | අත් හදා බැලීම, පරීක්ෂණය කිරීම |
| データ | | දත්ත |
| じんこう | 人口 | ජනගහණය |
| におい | | සුවඳ |
| かがく | 科学 | විද්‍යාව |
| いがく* | 医学 | වෛද්‍ය විද්‍යාව |
| ぶんがく | 文学 | සාහිත්‍යය |
| パトカー | | පොලිස් රථය |
| きゅうきゅうしゃ | 救急車 | ගිලන් රථය |
| さんせい | 賛成 | එකඟවීම |
| はんたい | 反対 | විරුද්ධවීම, විරොධතාව |
| だいとうりょう | 大統領 | ජනාධිපති |
| ～に よると | | ～ට අනුව (තොරතුරු මූලයක් අන්තරගත වේ) |

## 〈会話〉

| | |
|---|---|
| 婚約しますⅢ | විවාහ ගිවිස ගන්නවා |
| どうも | සමහර විට (යම් දෙයක් අනුමාන කරන විට යෙදේ) |
| 恋人 | පෙම්වතා, පෙම්වතිය, ආදරවන්තයා, ආදරවන්තිය |
| 相手 | අනිත් කෙනා, සගයා |
| 知り合いますⅠ | හඳුනා ගන්නට ලැබෙනවා |

## 〈読み物〉

| | |
|---|---|
| 化粧 | මේකප් (～を します : මේකප් කරනවා) |
| 世話を しますⅢ | සාත්තු කරනවා |
| 女性 | කාන්තාව, ගැහැණිය |
| 男性 | පිරිමියා, පුරුෂයා |
| 長生き | දීර්ඝායුෂ (～します : දීර්ඝායුෂ ලබා ගන්නවා) |
| 理由 | හේතුව, කාරණය |
| 関係 | සම්බන්ධතාව, සම්බන්ධය |

47

## II. පරිවර්තනය

### වාක්‍ය රටා

1. කාලගුණ වාර්තාවට අනුව හෙට සීතල වෙනව ලු.
2. අල්ලපු කාමරේ කවුරු හරි ඉන්නවා වගේ.

### උදාහරණ වගන්ති

1. පත්තරය කියෙව්වා. ජනවාරි මාසෙ ජපන් භාෂා කථික තරඟයක් තියෙනවා ලු.
   මිලර් මහත්තයාත් සහභාගි වෙමු ද?
   ……ඔව් නේ. කල්පනා කරලා බලන්නම්.
2. ක්ලාරා මහත්මිය පුංචි කාලේදී ප්‍රංශයේ ජීවත් වෙලා හිටියා ලු.
   ……ඒකයි ප්‍රංශ භාෂාවත් පුළුවන් නෙ.
3. පවර් විදුලි සමාගමේ අලුත් විද්‍යුත් ශබ්දකෝෂය බොහොම පහසුවෙන් පාවිච්චි කරන්න පුළුවන් ලු. ඒක හොඳයි ලු.
   ……ඔව්. මමත් දැනටමත් එකක් මිළදී ගත්තා.
4. වත් සර් සැර ගුරුවරයෙක් ලු.
   ……ඔව්. හැබැයි පන්ති නම් බොහොම විනෝදජනකයි.
5. සද්දයි නේද?
   ……ඔව්. සාදයක් පවත්වනවා වගේ.
6. මිනිස්සු ගොඩක් රුස් වෙලා නෙ.
   ……අනතුරක් වගේ නෙ. පොලිස් වාහනයි ගිලන් රථයි ඇවිල්ලා තියෙන්නෙ.

### සංවාදය

**විවාහ ගිවිස ගත්තා ලු.**

වතනබෙ: සමාවෙන්න මම කලින් යනවා.
තකහෂි: අහ්, වතනබෙ මහත්මිය, පොඩ්ඩක් ඉන්න. මමත් එන්නම්.
වතනබෙ: සමා වෙන්න. පොඩ්ඩක් ඉක්මනින් පිටත් වෙන්න ඕන.

……………………………………………………………

තකහෂි: වතනබෙ මහත්මිය, මේ දවස්වල වේලාසනින් ගෙදර යනවා නේද?
පෙම්වතෙක් ඉන්නවා වගේ නෙ.
හයෂි: අහ්, දන්නෙ නැද්ද? මේ ළඟදී විවාහ ගිවිස ගත්තලු.
තකහෂි: අහ්, කවුද ඒ කෙනා?
හයෂි: අයි.එම්.සී. ආයතනයේ සුසුකි මහත්තයා.
තකහෂි: අහ්, සුසුකි මහත්තයා?
හයෂි: වත් මහත්තයාගේ විවාහ මංගල උත්සවයේදී හම්බවෙලා ලු.
තකහෂි: එහෙම ද?
හයෂි: ඒක නෙවෙයි. තකහෂි මහත්තයා කොහොම ද?
තකහෂි: මම ද? මට නම් රස්සාව තමයි මගේ පෙම්වතිය.

# III. අදාළ වචන සහ තොරතුරු

## 擬音語・擬態語　ශබ්දානුකරණය

| ザーザー （降る） | ピューピュー （吹く） | ゴロゴロ （鳴る） |
|---|---|---|
| හෝ ගාලා වහිනවා, හයියෙන් වහිනවා | හෝ ගාලා සුළං හමනවා | ගිගුරුම් දෙනවා, ගොරවනවා |
| ワンワン （ほえる） | ニャーニャー （鳴く） | カーカー （鳴く） |
| බුහ් බුහ්, බව් බව් (බුරනවා) | ඤාව් ඤාව් (ගානවා) | කාක් කාක් (ගානවා) |
| げらげら （笑う） | しくしく （泣く） | きょろきょろ （見る） |
| බකබක ගාලා හිනා වෙනවා | හෙමිහිට අඩනවා | කලබලෙන් වට පිට බලනවා |
| ぱくぱく （食べる） | ぐうぐう （寝る） | すらすら （読む） |
| හව්හව් ගාලා කනවා | ගොරෝ ගොරෝ ගගා (නිදාගන්නවා) | පට පට ගාලා (කියවනවා) |
| ざらざら （している） | べたべた （している） | つるつる （している） |
| ගොරෝසු | ඇලෙන සුළු | සිනිඳු, ලිස්සන සුළු |

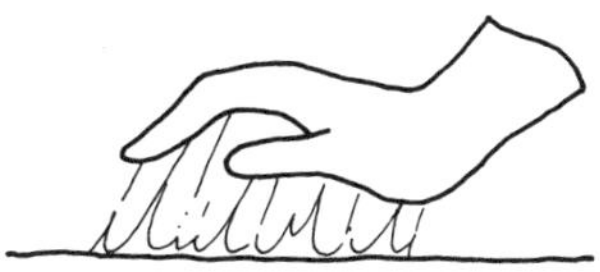

# IV. ව්‍යාකරණ විස්තර

**1.** | සාමාන්‍ය රූපය そうです | ～ලු

මෙය භාෂකයා විසින් වෙනත් ස්ථානවලින් ලබාගත් තොරතුරු තමන්ගේ අදහස් නොපවසා ශ්‍රාවකයාට දක්වන යෙදුමකි. තොරතුරු මූලාශ්‍රය ඉදිරිපත් කිරීම සඳහා ～に よると යන ආකාරයෙන් වාක්‍යයේ මුලට ප්‍රකාශ කෙරේ.

① 天気予報に よると、あしたは 寒く なるそうです。
කාලගුණ වාර්තාවට අනුව හෙට සීතල වෙනවා ලු.

② クララさんは 子どもの とき、フランスに 住んで いたそうです。
ක්ලාරා මහත්මිය ළමා කාලේදී ප්‍රංසයේ ජීවත් වෙලා හිටියා ලු.

③ バリは とても きれいだそうです。　　බාලි හරිම ලස්සනයි ලු.

සංලක්‍ෂ්‍යය 1: හතලිස්තුන්වන පාඩමෙහි ඉගෙන ගෙන ඇති ～そうです ට වඩා අර්ථය සහ එකතු කිරීමේ ක්‍රමය පිළිබඳව වෙනස් වන නිසා සැලකිල්ලට ගත යුතු ය. පහත සඳහන් උදාහරණ සසඳා බලමු.

④ 雨が 降りそうです。　　වහින්න වගේ. (හතලිස්තුන්වන පාඩම)

⑤ 雨が 降るそうです。　　වහිනවා ලු.

⑥ この 料理は おいしそうです。
මේ ආහාර රස පාටයි. (හතලිස්තුන්වන පාඩම)

⑦ この 料理は おいしいそうです。　　මේ ආහාර රහයි ලු.

සංලක්‍ෂ්‍යය 2: ～そうです (ප්‍රවාදක) සහ ～と いって いました (තිස්තුන්වන පාඩම) අතර ඇති වෙනස

⑧ ミラーさんは あした 京都へ 行くそうです。
මිලර් මහත්තයා හෙට කියෝතො යනවා ලු.

⑨ ミラーさんは あした 京都へ 行くと 言って いました。
මිලර් මහත්තයා හෙට කියෝතො යනවා කියලා කිව්වා.

⑨ හි තොරතුර ප්‍රකාශ කළ කෙනා මිලර් මහතා වන අතර, ⑧ හි තොරතුර ප්‍රකාශ කළ කෙනා මිලර් මහතා හැර වෙනත් කෙනෙකුද විය හැකි ය.

**2.**

| | | | |
|---|---|---|---|
| ක්‍රියා පද | සාමාන්‍ය රූපය | ようです | ～වගේ |
| い- නාම විශේෂණ | සාමාන්‍ය රූපය | | |
| な- නාම විශේෂණ | සාමාන්‍ය රූපය ～だ→～な | | |
| නාම පද | සාමාන්‍ය රූපය ～だ→～の | | |

～ようです යනු භාෂකයා තමන් සිටින ස්ථානයේ තත්ත්වය මත තීරණය කළ බව නිරූපණය කරන යෙදුමකි. “නිශ්චිතව තීරණය කිරීමට බැරිකමක් නොමැති නමුත්” යන අර්ථය දැක්වෙන ක්‍රියා විශේෂණ どうも සමඟ භාවිත කළ හැකි ය.

⑩ 人が 大勢 集まって いますね。
……事故のようですね。パトカーと 救急車が 来て いますよ。
සෙනඟ ගොඩක් රැස්වෙලා නෙ.
……වාහන අනතුරක් සිද්ද වෙලා වගේ නෙ. පොලිස් වාහනයි ගිලන් රථයි ඇවිල්ලා තියෙන්නෙ.

⑪ せきも 出るし、頭も 痛い。どうも かぜを ひいたようだ。
කැස්සත් එනවා, මගේ ඔළුවත් රිදෙනවා. මට හෙම්බිරිස්සාව හැදිලා වගේ.

සංලක්ෂ්‍යය: 〜そうです (හතලිස්තුන්වන පාඩම) සහ 〜ようです අතර ඇති වෙනස

⑫　ミラーさんは　忙しそうです。　　　　　　මිලර් මහත්තයා කාර්යබහුල පාටයි.

⑬　ミラーさんは　忙しいようです。　　　　　මිලර් මහත්තයා කාර්යබහුලයි කාර්යබහුලයි වගේ.

⑫ හි මිලර් මහතාගේ පිට පෙනුමෙන් ප්‍රකාශ කළ බව පමණක් දැක්වේ. නමුත් ⑬ හි යම් කිසි තත්ත්වයක් ("සම්බන්ධ කරගැනීමේ අවස්ථාව ලබාගන්නට ලෙහෙසි නැත", "බලාපොරොත්තුවෙන් සිටි සාදයට එන්නෙ නැත" ආදි) මත කළ තීරණය දැක්වේ.

**3.** 声／音／におい／味が します

⑭　にぎやかな　声が　しますね。　　　　　සෝෂාකාරී හඬක් ඇහෙනවා නෙ.

ඉන්ද්‍රියයන් හරහා කටහඬ, ශබ්ද, සුවඳ, රස ආදි දැනෙන බව දැක්වේ.

139

# හතලිස්අටවන පාඩම

## I. වචන මාලාව

48

| | | |
|---|---|---|
| おろしますⅠ | 降ろします、<br>下ろします | බාගන්නවා, බානවා |
| とどけますⅡ | 届けます | යවනවා |
| せわを しますⅢ | 世話を します | සාත්තු කරනවා |
| ろくおんしますⅢ | 録音します | ශබ්ද පටිගත කරනවා |
| いや[な] | 嫌[な] | අකැමැති, අප්‍රසන්න |
| じゅく | 塾 | අමතර පන්ති |
| せいと | 生徒 | ශිෂ්‍යයා, සිසු දරුවන් |
| ファイル | | ෆයිල්, ගොනුව |
| じゆうに | 自由に | නිදහසේ, නිදැල්ලේ |
| ～かん | ～間 | කාලය තුල |
| いい ことですね。 | | හොඳ දෙයක් නෙ. |

## 〈会話（かいわ）〉

| | |
|---|---|
| お忙（いそが）しいですか。 | කාර්යබහුල ද? (තමාට වඩා වැඩිමල් අයට කතා කරන විට යෙදේ) |
| 営業（えいぎょう） | ව්‍යාපාරය |
| それまでに | ඊට කලින් |
| かまいません。 | කමක් නැහැ. |
| 楽（たの）しみます I | විනෝද වෙනවා |

## 〈読（よ）み物（もの）〉

| | |
|---|---|
| 親（おや） | දෙමව්පියෝ |
| 小学生（しょうがくせい） | ප්‍රාථමික පාසල් සිසුවා |
| －パーセント | සියයට － |
| その 次（つぎ） | ඊ ළඟ |
| 習字（しゅうじ） | විචිත්‍ර අක්ෂර කලාව |
| 普通（ふつう）の | සාමාන්‍ය |

48

# II. පරිවර්තනය

## වාක්‍ය රටා

1. මම අධ්‍යාපනය සඳහා පුතාව එංගලන්තයට යවනවා.
2. මම දුවට පියානෝව ඉගෙන ගන්න දෙනවා.

## උදාහරණ වගන්ති

1. මේ පාපන්දු ක්‍රීඩා පන්තියෙන් දැඩි පුහුණුවක් දෙනවා ලු නේද?
   ……ඔව්. හැමදාම ළමයින්ව කිලෝ මීටර්යක් දුවවනවා.
2. දැන් මම යන්නම්.
   ……අහ්. පොඩ්ඩක් ඉන්න.
   පුතාට කියලා දුම්රිය පොළට ඇරලවන්නම්.
3. හන්ස් ඉස්කෝලේ පාඩම්වලට අමතරව වෙනත් මොනවා හරි ඉගෙන ගන්නවා ද?
   ……ඔව්. ජූදෝ ක්‍රීඩාව කරන්න කැමතියි කියලා කිව්වා නිසා, ජූදෝ ක්‍රීඩා පන්තියට ඉගෙන ගන්න යවනවා.
4. ඉතෝ සර් මොන වගේ ගුරුවරයෙක් ද?
   ……හොඳ ගුරුවරයෙක්. ළමයින්ට කැමති පොත් කියවන්න දීලා, නිදහසේ අදහස් හුවමාරු කරගන්න දෙනවා.
5. සමා වෙන්න. ටික වෙලාවක මෙතන වාහනය නවත්තන්න ඉඩ දෙනවා ද?
   ……හොඳයි.

## සංවාදය

**කරුණාකරලා මට නිවාඩු ගන්න දෙනවා ද?**

| | |
|---|---|
| මිලර්: | අංශ ප්‍රධානිතුමා, දැන් කාර්යබහුල ද? |
| අංශ ප්‍රධානි නකමුරා: | නෑ. කියන්න. |
| මිලර්: | පොඩි ඉල්ලීමක් තියෙනවා. |
| අංශ ප්‍රධානි නකමුරා: | ඒ මොකද්ද? |
| මිලර්: | මේ… කරුණාකරලා ලබන මාසෙ හත්වෙනිදා ඉඳලා දවස් දහයක් විතර නිවාඩු ගන්න ඉඩ දෙනවා ද? |
| අංශ ප්‍රධානි නකමුරා: | දවස් දහයක් ද? |
| මිලර්: | ඇත්තටම ඇමරිකාවේ මගේ යාළුවෙක් විවාහ වෙනවා. |
| අංශ ප්‍රධානි නකමුරා: | එහෙම ද?<br>මේ…ලබන මාසෙ විසිවෙනිදාට ව්‍යාපාර රැස්වීමක් තියෙනවා. ඒ වෙද්දි ආපහු එන්න පුළුවන් නේ ද? |
| මිලර්: | පුළුවන්. |
| අංශ ප්‍රධානි නකමුරා: | එහෙනම් කමක් නෑ. විනෝද වෙලා එන්න. |
| මිලර්: | බොහොම ස්තුතියි. |

## III. අදාළ වචන සහ තොරතුරු

### しつける・鍛える　හික්මවනවා, ශරීරය පුහුණු කරනවා

子どもに何をさせますか。　ළමයින්ට මොනව ද කරවන්නෙ හෝ ළමයින්ට මොනව ද කරන්න දෙන්නෙ?

●自然の中で遊ぶ
ස්වභාවික පරිසරයේ එළිමහනේ සෙල්ලම් කරනවා

●スポーツをする
ක්‍රීඩා කරනවා

●一人で旅行する
තනියෙන් ගමනක් යනවා

●いろいろな経験をする
විවිධ අත්දැකීම් ලබාගන්නවා

●いい本をたくさん読む
හොඳ පොත් ගොඩක් කියවනවා

●お年寄りの話を聞く
මහළු අයගේ කතාවලට සවන් දෙනවා

●ボランティアに参加する
ස්වේච්ඡා සේවයට සහභාගි වෙනවා

●うちの仕事を手伝う
නිවසේ වැඩට සහයෝගයක් ලබා දෙනවා

●弟や妹、おじいちゃん、おばあちゃんの世話をする
මල්ලි, නංගී, සීයා, ආච්චිව සාත්තු කර බලාගන්නවා

●自分がやりたいことをやる
තමන් කරන්න කැමති දේවල් කරනවා

●自分のことは自分で決める
තමන්ගේම දේවල් තමන්ම තීරණය කරනවා

●自信を持つ
ආත්ම විශ්වාසය තබා ගන්නවා

●責任を持つ
වග කියනවා

●我慢する
ඉවසනවා

●塾へ行く
අමතර පන්තියට යනවා

●ピアノや英語を習う
පියානෝ, ඉංග්‍රීසි ආදිය ඉගෙන ගන්නවා

# IV. ව්‍යාකරණ විස්තර

## 1. ප්‍රයෝජ්‍ය ක්‍රියා පද

| | | ප්‍රයෝජ්‍ය ක්‍රියා පද | |
|---|---|---|---|
| | | ආචාරශීලී රූපය | සාමාන්‍ය රූපය |
| I | いきます | いかせます | いかせる |
| II | たべます | たべさせます | たべさせる |
| III | きます<br>します | こさせます<br>させます | こさせる<br>させる |

(පෙළ පොතේ හතලිස්අටවන පාඩමේ අභ්‍යාස A1 බලන්න.)

ප්‍රයෝජ්‍ය ක්‍රියා පද II වන වර්ගයේ ක්‍රියා පද වශයෙන් වර නැඟේ.

උදා: かかせます　かかせる　かかせ(ない)　かかせて

## 2. ප්‍රයෝජ්‍ය ක්‍රියා පද අඩංගු වාක්‍ය

ප්‍රයෝජ්‍ය ක්‍රියා පද වර්ග වශයෙන් කර්තෘ を නිපාතයෙන් දැක්වෙන ක්‍රියා පදයක් සහ に නිපාතයෙන් දැක්වෙන ක්‍රියා පදයක් ඇත. පහත සඳහන් 1) පරිදි අකර්මක ක්‍රියා පදයක් ප්‍රයෝජ්‍ය ක්‍රියා පදයකට පත් කරන විට මූලික වශයෙන් を නිපාතයෙන්, 2) පරිදි සකර්මක ක්‍රියා පදයක් ප්‍රයෝජ්‍ය ක්‍රියා පදයකට පත් කරන විට මූලික වශයෙන් に නිපාතයෙන් දැක්වේ.

1) නාම පද (කෙනා) を ප්‍රයෝජ්‍ය ක්‍රියා පද (අකර්මක ක්‍රියා පද)　～කරවනවා/කරන්න දෙනවා

① 部長(ぶちょう)は ミラーさんを アメリカへ 出張(しゅっちょう)させます。
ප්‍රධානියා මිලර් මහත්තයාව ඇමරිකාවට ව්‍යාපාර ගමනට යවනවා.

② わたしは 娘(むすめ)を 自由(じゆう)に 遊(あそ)ばせました。
මම මගේ දුවට නිදහසේ සෙල්ලම් කරන්න දුන්නා.

සංලක්ෂ්‍යය: අකර්මක ක්‍රියා පදවලින් "නාම පද (ස්ථානය) を" ගන්නා අකර්මක ක්‍රියා පදවල කර්තෘ に නිපාතයෙන් දැක්වේ.

③ わたしは 子(こ)どもに 道(みち)の 右側(みぎがわ)を 歩(ある)かせます。
මම මගේ දරුවන්ව පාරේ දකුණු පැත්තෙන් ඇවිද්දවනවා.

2) නාම පද₁ (කෙනා) に නාම පද₂ を ප්‍රයෝජ්‍ය ක්‍රියා පද (සකර්මක ක්‍රියා පද)　～කරවනවා/කරන්න දෙනවා

④ 朝(あさ)は 忙(いそが)しいですから、娘(むすめ)に 朝(あさ)ごはんの 準備(じゅんび)を 手伝(てつだ)わせます。
උදේ කාර්යබහුල නිසා, මගේ දුව ලවා උදේ කෑම උයන්න උදව් කරවගන්නවා.

⑤ 先生(せんせい)は 生徒(せいと)に 自由(じゆう)に 意見(いけん)を 言(い)わせました。
ගුරුවරයා ළමයින්ට නිදහසේ අදහස් හුවමාරු කරගන්න දුන්නා.

### 3. ප්‍රයෝජ්‍ය ක්‍රියා පදයේ භාවිතය

ප්‍රයෝජ්‍ය ක්‍රියා පදයෙන් දැක්වෙන්නේ බල කිරීම සහ අනුමත කිරීම ය. උදාහරණයක් ලෙස දෙමව්පියන් විසින් දරුවන්ට, වැඩිමහල් සහෝදරයා විසින් බාල සහෝදරයාට, කළමනාකරු විසින් සේවකයන්ට වැනි තනතුරින් හෝ වයසින් ඉහළ අය විසින් බාල අයට යම් කිසි ක්‍රියාවක් බල කරනු ලැබෙන විට හෝ බාල අයගේ ක්‍රියාව අනුමත කරනු ලැබෙන විට යෙදේ. ඉහත සඳහන් ①, ③, ④ බල කිරීමේ උදාහරණ වන අතර, ②, ⑤ අනුමත කිරීමේ උදාහරණ වේ.

සංලක්ෂ්‍යය: සාමාන්‍ය වශයෙන් තනතුරින් හෝ වයසින් ඉහළ අයට බල කිරීමේ හෝ අනුමත කිරීමේ තනතුරක් නොදරන නිසා, ප්‍රයෝජ්‍ය ක්‍රියා පද භාවිත කර ප්‍රකාශ නොකෙරේ. යම් කිසි ක්‍රියාවක් (පහත සඳහන් ⑥ හි せつめいします) අනිත් කෙනෙකු (⑥ හි දෙපාර්තමේන්තු ප්‍රධානිතුමා) ලවා සිදු කරවා ගැනීම සඳහා නිරූපණය කරන්නට ක්‍රියා පදයේ て රූපය いただきます, ක්‍රියා පදයේ て රූපය もらいます යනාදි ප්‍රතිලාභය දැක්වෙන යෙදුම් භාවිත කරනු ලැබේ. මෙවැනි යෙදුම් ⑦ සේ තමාට සමාන හෝ පහත මට්ටමේ අයගෙන් ප්‍රතිලාභය ලබා ගත් බව ප්‍රකාශ කරන්නට කැමති වන විට භාවිත කළ හැකි ය.

⑥ わたしは 部長(ぶちょう)に 説明(せつめい)して いただきました。
   ප්‍රධානියා විසින් මට විස්තර කරන ලදී.

⑦ わたしは 友達(ともだち)に 説明(せつめい)して もらいました。
   මගේ යහළුවා මට විස්තර කරලා දුන්නා.

### 4. ප්‍රයෝජ්‍ය ක්‍රියා පදයේ て රූපය いただけませんか ～න්න ඉඩ දෙනවා ද?

විසිහයවන පාඩමෙහි ක්‍රියා පදයේ て රූපය いただけませんか ඉගෙන ගෙන ඇත. මෙය යම් කිසි ක්‍රියාවක් කරන ලෙස ඉල්ලීමක් කරන යෙදුමකි. භාෂකයා තමන් කරන ක්‍රියාව අනුමත කරන ලෙස ඉල්ලීමක් කරන විට, ප්‍රයෝජ්‍ය ක්‍රියා පදයේ て රූපය いただけませんか යන යෙදුම භාවිත කෙරේ.

⑧ いい 先生(せんせい)を 紹介(しょうかい)して いただけませんか。
   මට හොඳ ගුරුවරයෙක්ව අඳුන්නලා දෙනවා ද? (විසිහයවන පාඩම)

⑨ 友達(ともだち)の 結婚式(けっこんしき)が あるので、早(はや)く 帰(かえ)らせて いただけませんか。
   මගේ යහළුවාගේ විවාහ මංගල උත්සවය තියෙන නිසා, වේලාසනින් යන්න දෙනවා ද?

⑧ හි しょうかいします යන යෙදුමේ කර්තෘ ශ්‍රාවකයා වන අතර, ⑨ හි かえります යන යෙදුමේ කර්තෘ භාෂකයා වේ.

# හතලිස්නවවන පාඩම

## I. වචන මාලාව

| | | |
|---|---|---|
| りようしますⅢ | 利用します | පාවිච්චි කරනවා |
| つとめますⅡ<br>［かいしゃに～］ | 勤めます<br>［会社に～］ | සේවය කරනවා [සමාගමේ～] |
| かけますⅡ<br>［いすに～］ | 掛けます | වාඩිවෙනවා [පුටුවේ～] |
| すごしますⅠ | 過ごします | ගතකරනවා |
| いらっしゃいますⅠ | | ඉන්නවා, එනවා, යනවා (います, いきます, きます යන පදයේ ගෞරව රූපය) |
| めしあがりますⅠ | 召し上がります | බොනවා, කනවා (たべます, のみます යන පදයේ ගෞරව රූපය) |
| おっしゃいますⅠ | | කියනවා (いいます යන පදයේ ගෞරව රූපය) |
| なさいますⅠ | | කරනවා (します යන පදයේ ගෞරව රූපය) |
| ごらんに なりますⅠ | ご覧に なります | බලනවා (みます යන පදයේ ගෞරව රූපය) |
| ごぞんじです | ご存じです | දන්නවා (しって います යන පදයේ ගෞරව රූපය) |
| あいさつ | | ආචාරය (～を します : ආචාර කරනවා) |
| りょかん | 旅館 | සම්ප්‍රදායික ජපන් තාලයේ හෝටලය |
| バスてい | バス停 | බස් නැවතුම් පල |
| おくさま | 奥様 | (වෙන කෙනෙකුගේ) බිරිඳ (おくさん යන පදයේ ගෞරව රූපය) |
| ～さま | ～様 | මහතා/මහත්මිය (～さん යන පදයේ ගෞරව රූපය) |
| たまに | | කලාතුරකින් |
| どなたでも | | කවුරුත්, කවුරු වුණත් (だれでも යන පදයේ ගෞරව රූපය) |
| ～と いいます | | කියලා කියනවා |

## 〈会話（かいわ）〉

| | |
|---|---|
| －年（ねん）－組（くみ） | －වසර －වෙනි පන්තිය |
| 出（だ）しますⅠ ［熱（ねつ）を～］ | ගැනෙනවා, පිටවෙනවා [උණ～] |
| よろしく お伝（つた）え ください。 | මතක් කළා කියන්න. |
| 失礼（しつれい）いたします。 | මම තියන්නම්. (මේ යෙදුම しつれいします යන පදයේ යටහත් බව හඟවන රූපයක් වන අතර, ඇමතුම විසන්ධි කරන විට යෙදේ.) |
| ※ひまわり小学校（しょうがっこう） | මනඃකල්පිත ප්‍රාථමික පාසලය |

## 〈読（よ）み物（もの）〉

| | |
|---|---|
| 経歴（けいれき） | පුද්ගලික පසුබිම, වතගොත, ජීව දත්ත තොරතුරු |
| 医学部（いがくぶ） | වෛද්‍ය පීඨය |
| 目指（めざ）しますⅠ | ඉලක්කය, බලාපොරොත්තු වෙනවා |
| 進（すす）みますⅠ | උසස් අධ්‍යාපනයට යොමු වෙනවා |
| iPS細胞（さいぼう） | iPS නමැති සෛලය |
| 開発（かいはつ）しますⅢ | තාක්ෂණික නව නිර්මාණ කරනවා, නව නිපැයුම් කරනවා |
| マウス | මීයා |
| ヒト | මනුෂ්‍යයා, කෙනා |
| 受賞（じゅしょう）しますⅢ | ත්‍යාගය හිමිවෙනවා |
| 講演会（こうえんかい） | දේශනය |
| ※山中伸弥（やまなかしんや） | යමනකා ශින්යා (1962-, ජපන් ජාතික වෛද්‍යවරයෙකි) |
| ※ノーベル賞（しょう） | නොබෙල් ත්‍යාග |

## II. පරිවර්තනය

### වාක්‍ය රටා

1. අංශ ප්‍රධානිතුමා ගෙදර ගියා.
2. සමාගමේ සභාපතිතුමා ගෙදර ගියා.
3. ප්‍රධානිතුමා ඇමරිකාවට ව්‍යාපාර ගමනක් යනවා.
4. කරුණාකරලා ටික වෙලාවක් ඉන්න.

49

### උදාහරණ වගන්ති

1. ඔබ මේ පොත කියව්වා ද?

   ……ඔව්. දැනටමත් කියෙව්වා.
2. ප්‍රධානිතුමා කොහෙ ද ඉන්නෙ?

   ……ටිකකට කලින් පිටත් වුණා.
3. ඔබ නිතර චිත්‍රපටි බලනවා ද?

   ……ම්ම්. කලාතුරකින් මගේ නෝනාත් එක්ක බලන්න යනවා.
4. ඔගවා මහත්තයාගේ පුතා සකුරා විශ්වවිද්‍යාලයට පාස් වුණා කියලා දන්නවා ද?

   ……නෑ. දන්නෙ නෑ.
5. ඔබගේ නම මොකක්ද?

   ……මගේ නම වත්.
6. ඔබගේ රැකියාව මොකක්ද?

   ……බැංකු සේවකයෙක්. ඇපල් බැංකුවේ සේවා කරනවා.
7. ප්‍රධානි මත්සුමොතො මහත්තයා ඉන්නවා ද?

   ……ඔව්. මෙන්න මේ කාමරේ. කරුණාකරලා ඇතුල් වෙන්න.

### සංවාදය

**මතක් කළා කියන්න.**

ගුරුවරයා: හලෝ. හිමවරි ප්‍රාථමික පාසල.

ක්ලාරා: සුභ උදෑසනක් වේවා.
මේ කතා කරන්නෙ 5 වෙනි ශ්‍රේණියේ 2 වෙනි පන්තියේ හන්ස් ස්මිත්ගේ අම්මා.
ඉතෝ සර් ඉන්නවා ද?

ගුරුවරයා: තාම ආවෙ නෑ.

ක්ලාරා: එහෙනම් ඉතෝ සර්ට පණිවුඩයක් කියන්න පුළුවන් ද?

ගුරුවරයා: ඔව්. මොකක්ද?

ක්ලාරා: ඇත්තම කිව්වොත් හන්ස්ට ඊයෙ රෑ උණ හැදිලා. අද උදේත් තාම අඩු වෙලා නෑ.

ගුරුවරයා: ඒක හොඳ නෑ නෙ.

ක්ලාරා: ඒ නිසා අද ඉස්කෝලෙන් නිවාඩුවක් ගන්නවා. සර්ව මතක් කළා කියන්න.

ගුරුවරයා: හරි. ඉක්මනින් සුව වෙන්න කියලා ප්‍රාර්ථනා කරනවා.

ක්ලාරා: බොහොම ස්තූතියි. මම තියන්නම්.

# III. අදාළ වචන සහ තොරතුරු

## 季節(きせつ)の行事(ぎょうじ)　ඍතු උත්සව

1月1日(がつついたち)～3日(みっか)

**お正月(しょうがつ)**　අලුත් අවුරුදු උත්සවය

වසරක ආරම්භය සැමරීමට පවත්වනු ලබන උත්සවයකි. දේවාලවලට හෝ විහාරස්ථානවලට ගොස් යහපත් සෞඛ්‍යය හා සමෘද්ධිය ලබාදෙන ලෙස ඉල්ලා යාච්ඤා කරනු ලැබේ.

2月3日(がつみっか)ごろ

**豆(まめ)まき**　බෝංචි ඇට ඉසීමේ උත්සවය

සෙත්සුබුන් උත්සවයේ රාත්‍රි "යක්ෂයෝ දුරු වේවා. වාසනාව උදාවේවා." යන වාක්‍ය කියමින් වේලූ සෝයා බෝංචි ඇට විසුරුවනු ලබයි.

3月3日(がつみっか)

**ひな祭(まつ)り**

හින උත්සවය

මෙය ගැහැණු ළමයින් සිටින පවුල්වල අලංකාර බෝනික්කන්ගෙන් සරසා සමරනු ලබයි.

5月5日(がついつか)

**こどもの日(ひ)**　ළමා දිනය

ළමුන්ගේ වර්ධනය හා ළමයින්ගේ යහපත් ශරීර සෞඛ්‍යය අපේක්ෂාවෙන් පවත්වන උත්සවයකි. මුල් කාලයේදී පිරිමි ළමුන්ගේ වර්ධනය උදෙසා පවත්වන ලදී.නමුත් වර්තමානයේදී පිරිමි සහ ගැහැණු දරුවන් සඳහා සමරනු ලැබේ.

7月7日(がつなのか)

**七夕(たなばた)**　තනබතා උත්සවය

ක්ෂීර පටය දෙපැත්තේ සිටින වේගා තාරකාව සහ ඇල්ටෙයාර් තාරකාව වසරකට එක වතාවක් පමණක් එකිනෙකට එක්වීම සිදුවන බව චීන පුරාවෘත්ත මඟින් කියවේ.

8月13日(がつにち)～15日(にち)

ඔබොන් උත්සවය යනු මිය ගිය මුතුන් මිත්තන්ගේ ආත්මයන්ට සංග්‍රහ කර මළවුන්ගේ දුක් වේදනා සමනය කරනු පිණිස පවත්වනු ලබන බෞද්ධ චාරිත්‍රයකි. පවුලේ සොහොන් වෙත යාමද සිදු කරනු ලබයි.

**お盆(ぼん)**

ඔබොන් උත්සවය

9月15日(がつにち)ごろ

**お月見(つきみ)**　සරත් සඳ බැලීම

පුරසඳ දෙස බලා ප්‍රීති වන දිනය.

12月31日(がつにち)

**大(おお)みそか**　අළුත් අවුරුදු උදාව

නව අවුරුදු උදාව පිළිගැනීම සඳහා වසරේ අවසාන දිනයේදී නිවාස හා වටපිටාව පිරිසිදු කිරීම සහ සම්ප්‍රදායික ආහාර ඔසේචි රියෝරි (අවුරුදු කෑම) පිළියෙළ කිරීම සිදු කරනු ලැබේ. මේ දින මධ්‍යාම රාත්‍රියේ විහාරස්ථානවල ඝණ්ඨාර නාද වේ.

# IV. ව්‍යාකරණ විස්තර

## 1. 敬語(けいご) (ආචාරශීලී පද)

けいご යනු ශ්‍රාවකයා හෝ මාතෘකාවට ලක් වූ අය කෙරෙහි ගෞරවය දැක්වෙන යෙදුමකි. ගෞරවාර්ථ පද භාවිත කරන්නේ ද නැත්ද යන්න තීරණය වන්නේ අනෙක් අය, මාතෘකාවට ලක් වූ අය, අවස්ථාවන්ට අනුව ය. මූලික වශයෙන් (1) වයසින් ඉහළ අය, නොඅඳුනන අය, සමීප සබඳතා නොමැති අය සමඟ කතාබහ කරන විට, (2) වයසින් ඉහළ අය පිළිබඳව පවසන විට, (3) විධිමත් අවස්ථාවන්හිදී පවසන විට යනාදි අවස්ථාවන්වල භාවිත කෙරේ. මෙම පොතේ හතලිස්නවවන පාඩමෙහි そんけいご (ගෞරව වාචී පද), පනස්වන පාඩමෙහි けんじょうご (නිහතමාන වාචී පද) පිළිබඳව ඉගෙන ගනිමු.

## 2. 尊敬語(そんけいご) (ගෞරව වාචී පද)

ගෞරව වාචී පද ලෙස ක්‍රියාවක හෝ තත්ත්වයක උක්තය කෙරෙහි ගෞරවය දැක්වේ.

1) ක්‍රියා පද

එම ක්‍රියාව සිදු කරන කෙනා කෙරෙහි ගෞරවය දක්වයි.

(1) ගෞරව වාචී ක්‍රියා පද (පෙළ පොතේ හතලිස්නවවන පාඩමේ අභ්‍යාස A1 බලන්න.)

කර්මකාරක ක්‍රියා පදවලට සමාන ආකාරයෙන් Ⅱ වන වර්ගයේ ක්‍රියා පද ලෙස වර නැඟේ.

උදා: かかれます　　かかれる　　かかれ(ない)　　かかれて

① 中村(なかむら)さんは ７時(じ)に 来(こ)られます。　　නකමුරා මහත්තයා හතට එනවා.

② お酒(さけ)を やめられたんですか。　　ඔබ මත්පැන් පානය කිරීම නැවැත්තුවා ද?

(2) お ක්‍රියා පදයේ ます රූපය に なります

මෙම යෙදුම සාමාන්‍ය වශයෙන් සලකනු ලැබෙන්නේ (1) හි ගෞරව වාචී ක්‍රියා පදවලට වඩා ආචාරශීලී ලෙස ය. みます, ねます වැනි එක වරණක ます රූපයේ ක්‍රියා පද සහ Ⅲ වන වර්ගයේ ක්‍රියා පද නම්, මෙම යෙදුමට පත් නොවේ. නමුත් පහත සඳහන් (3) හි විස්තර කරනු ලබන විශේෂ ගෞරව වාචී පද ඇති ක්‍රියා පද නම් ඒවා යෙදේ.

③ 社長(しゃちょう)は もう お帰(かえ)りに なりました。　　සමාගමේ සභාපතිතුමා දැනටමත් ගියා.

(3) විශේෂ ගෞරව වාචී පද (පෙළ පොතේ හතලිස්නවවන පාඩමේ අභ්‍යාස A4 බලන්න.)

සමහර ක්‍රියා පදවල විශේෂ ගෞරව වාචී පද තිබේ. (2) ට සමාන මට්ටමේ ගෞරවය දැක්වේ.

④ ワット先生(せんせい)は 研究室(けんきゅうしつ)に いらっしゃいます。
වත් සර් පර්යේෂණ කාමරේ ඉන්නවා.

⑤ どうぞ 召(め)し上(あ)がって ください。　　කරුණාකරලා කන්න බොන්න.

සංලක්ෂ්‍යය 1: いらっしゃいます (ක්‍රියා පදයේ ශබ්දකොෂ රූපය: いらっしゃる), なさいます (ක්‍රියා පදයේ ශබ්දකොෂ රූපය: なさる), くださいます (ක්‍රියා පදයේ ශබ්දකොෂ රූපය: くださる), おっしゃいます (ක්‍රියා පදයේ ශබ්දකොෂ රූපය: おっしゃる) Ⅰ වන වර්ගයේ ක්‍රියා පදවලට අඩංගු වේ. මෙම වරනැඟීමේ ආකාරය සැලකිල්ලට ගත යුතු ය.

උදා: いらっしゃいます(×いらっしゃります)　　いらっしゃる
　　いらっしゃらない　　いらっしゃった　　いらっしゃらなかった

(4) お／ご～ください

මෙම වාක්‍ය රටාව යනු ක්‍රියා පදයේ て රූපය ください (දහහතරවන පාඩම බලන්න.) යන යෙදුමේ ගෞරව වාචී ආකාරයක් වේ.

Ⅰ වන සහ Ⅱ වන වර්ගයේ ක්‍රියා පද නම් お ක්‍රියා පදයේ ます රූපය ください යන යෙදුමට, Ⅲ වන වර්ගයේ ක්‍රියා පද (නාම පද します) නම්, ご නාම පද ください යන යෙදුම පත් වේ.

⑥ どうぞ お入(はい)り ください。　　කරුණාකරලා ඇතුලට එන්න.

⑦ 忘れ物(もの)に ご注意(ちゅうい) ください。

ඔබ සතු දේවල් ගෙනියන්න අමතක නොකිරීමට සැලකිලිමත් වන්න.

みます, ねます වැනි එක වරණක ます රූපයේ ක්‍රියා පද නම් මෙම ආකාරයට පත් නොවේ. ඉහත සඳහන් (3) හි විස්තර කරන ලද විශේෂ ගෞරව වාචී පදයක් තිබෙන ක්‍රියා පදයක් නම්, විශේෂ ගෞරව වාචී පද ක්‍රියා පදයේ て රූපය ください යන ආකාරය ලෙස යෙදේ.

⑧ また いらっしゃって ください。　　ආයෙත් එන්න.

2) නාම පද, නාම විශේෂණ සහ ක්‍රියා විශේෂණ

නාම පද, නාම විශේෂණ, ක්‍රියා විශේෂණ යන පදවලට お හෝ ご එක් කිරීමෙන් එම නාම පදයේ හිමිකරු හෝ එම තත්ත්වයේ සිටින කෙනා කෙරෙහි ගෞරවයක් දැක්වේ. එවිට お සහ ご අතරින් කොයි එක ද එකතු වෙයැයි යන්න භාවිත කෙරෙන පදය අනුව තීරණය වේ. සාමාන්‍ය වශයෙන් බොහෝ විට お ජපන් සම්භවයක් ඇති පදවලට, ご චීන භාෂාවෙන් ලබාගත් පදවලට එක් වේ.

| | | | |
|---|---|---|---|
| お එක් වන පදවල උදාහරණ | | ご එක් වන පදවල උදාහරණ | |
| නාම පද | お国(くに), お名前(なまえ), お仕事(しごと)<br>お約束(やくそく), お電話(でんわ) | නාම පද | ご家族(かぞく), ご意見(いけん), ご旅行(りょこう) |
| な- නාම විශේෂණ | お元気(げんき), お上手(じょうず), お暇(ひま) | な- නාම විශේෂණ | ご熱心(ねっしん), ご親切(しんせつ) |
| い- නාම විශේෂණ | お忙(いそが)しい, お若(わか)い | ක්‍රියා විශේෂණ | ご自由(じゆう)に |

සංලක්ෂ්‍යය 2: けいご (ආචාරශීලී පද) භාවිත කරන්නේ නම් ක්‍රියා පදයක් පමණක් නොව බොහෝ විට එම වාක්‍යයෙහි යෙදෙන අනිත් පදවලට ද ආචාරශීලී පද යෙදේ.

⑨ 部長(ぶちょう)の 奥様(おくさま)も ごいっしょに ゴルフに 行(い)かれます。

ප්‍රධානිතුමාගේ නෝනාත් එකට ගොල්ෆ් ක්‍රීඩා කරන්න යනවා.

## 3. ආචාරශීලී පද සහ ලිවීමේ විලාසය

මාතෘකාවට ලක් වූ කෙනා කෙරෙහි ඇති ගෞරවයක් දැක්වෙන අතර, ශ්‍රාවකයා කෙරෙහි ගෞරවයක් දැක්වීමේ අවශ්‍යතාවයක් නොමැති නම් ⑩ වැනි සාමාන්‍ය けいご (ආචාරශීලී පද) විලාසයේ වාක්‍යවල යෙදේ.

⑩ 部長(ぶちょう)は 何時(なんじ)に いらっしゃる?

ප්‍රධානිතුමා කීයට ද එන්නෙ?

## 4. ～まして

ආචාරශීලීව පවසන්නට කැමති නම් ක්‍රියා පදයේ ます රූපය まして යන ආකාරයට ක්‍රියා පදයේ て රූපය පත් කළ හැකි ය.

⑪ ハンスが ゆうべ 熱(ねつ)を 出(だ)しまして、けさも まだ 下(さ)がらないんです。

හන්ස්ට ඊයෙ රෑ උණ හැදිලා. අද උදෙත් තාම උණ බැහැලා නෑ නෙ.

## 5. ～ますので

සාමාන්‍ය රූපය ので යන යෙදුම වඩාත් ආචාරශීලී බවට පත් කරන්නට කැමති නම් ආචාරශීලී රූපය ので යන යෙදුම භාවිත කළ හැකි ය.

⑫ きょうは 学校(がっこう)を 休(やす)ませますので、先生(せんせい)に よろしく お伝(つた)え ください。

අද එයා ඉස්කෝලෙන් නිවාඩු ගන්න නිසා සර්ට මතක් කළා කියන්න.

# පනස්වන පාඩම

## I. වචන මාලාව

| | | |
|---|---|---|
| まいります I | 参ります | එනවා, යනවා (いきます, きます යන පදයේ යටහත් බව හඟවන රූපය) |
| おります I | | ඉන්නවා (います යන පදයේ යටහත් බව හඟවන රූපය) |
| いただきます I | | කනවා, බොනවා, ගන්නවා (たべます, のみます, もらいます කියන පදයේ යටහත් බව හඟවන රූපය) |
| もうします I | 申します | කියනවා (いいます යන පදයේ යටහත් බව හඟවන රූපය) |
| いたします I | | කරනවා (します යන පදයේ යටහත් බව හඟවන රූපය) |
| はいけんします III | 拝見します | බලනවා (みます යන පදයේ යටහත් බව හඟවන රූපය) |
| ぞんじます II | 存じます | දන්නවා (しります යන පදයේ යටහත් බව හඟවන රූපය) |
| うかがいます I | 伺います | අහනවා (ききます, いきます යන පදයේ යටහත් බව හඟවන රූපය) |
| おめに かかります I | お目に かかります | හමුවෙනවා (あいます යන පදයේ යටහත් බව හඟවන රූපය) |
| いれます II [コーヒーを～] | | වක්කරනවා [කෝපි～] |
| よういします III | 用意します | සූදානම් කරනවා |
| わたくし | 私 | මම (わたし යන පදයේ යටහත් බව හඟවන රූපය) |
| ガイド | | මාර්ගෝපදේශකයා |
| メールアドレス | | ඊ මේල් ලිපිනය |
| スケジュール | | ෂෙඩූලය |
| さらいしゅう* | さ来週 | තව සති දෙකකින්, ලබන සතිය නොව ඊට පසු සතිය |
| さらいげつ | さ来月 | තව මාස දෙකකින්, ලබන මාසය නොව ඊට පසු මාසය |
| さらいねん* | さ来年 | තව අවුරුදු දෙකකින්, ලබන අවුරුද්ද නොව ඊට පසු අවුරුද්ද |
| はじめに | 初めに | මුලින්ම, ඉස්සෙල්ලාම, පලමුව |
| ※江戸東京博物館 (えどとうきょうはくぶつかん) | | එදො තෝකියෝ කෞතුකාගාරය |

## 〈会話(かいわ)〉

| | |
|---|---|
| 緊張(きんちょう)しますⅢ | බය වෙනවා, තැති ගන්නවා |
| 賞金(しょうきん) | ත්‍යාග මුදල |
| きりん | ජිරාෆ් |
| ころ | කාලයේදී |
| かないますⅠ ［夢(ゆめ)が～］ | ඉෂ්ට වෙනවා [හීනය～] |
| 応援(おうえん)しますⅢ | දිරිමත් කරනවා, “චියර්” කරනවා |
| 心(こころ)から | හදවතින්ම |
| 感謝(かんしゃ)しますⅢ | ස්තුතිවන්ත වෙනවා |

## 〈読(よ)み物(もの)〉

| | |
|---|---|
| お礼(れい) | ස්තුතිය |
| お元気(げんき)で いらっしゃいますか。 | සනීපෙන් ඉන්නවාද? (おげんきですか යන පදයේ විනීත රූපය) |
| 迷惑(めいわく)を かけますⅡ | කරදර කරනවා, වදයක් වෙනවා |
| 生(い)かしますⅠ | උපයුක්ත කරගන්නවා, උපයෝගි කරනවා |
| ※ミュンヘン | මියුනිච් (ජර්මනියේ පිහිටි නගරයකි) |

## II. පරිවර්තනය

### වාක්‍ය රටා

1. මම ඔබට මේ මාසේ ෂෙඩ්‍යුලය එවනවා.
2. මම ඔබ ළඟට හෙට තුනට එන්නම්.
3. මම ඇමරිකාවෙන් ආවා.

### උදාහරණ වගන්ති

1. බරයි වගේ නෙ. ගන්න ද?
   ……සමා වෙන්න. කරුණාකරලා ගන්න.
2. ගයිඩ් මහත්තයා, මේක බැලුවට පස්සෙ කොහෙද යන්නෙ?
   ……එදො තෝකියෝ කෞතුකාගාරයට බලන්න ගෙනියනවා.
3. ගුප්ත මහත්තයා එන්නේ දෙකට නෙ. කවුද එයාව ගන්න යන්නෙ?
   ……ඔව්. මම ගන්න යන්නම්.
4. පොඩ්ඩක් ටිකට් පත පෙන්නන්න.
   ……මෙන්න.
   බොහොම ස්තුතියි.
5. මේ ඉන්නෙ මිලර් මහත්තයා.
   ……හමුවීම සතුටක්.මම මිලර්.
   ඉදිරියේදි ඔබ සමග සහයෝගයෙන් වැඩ කරන්න බලාපොරොත්තුවෙන් ඉන්නවා.
6. පවුලේ අය කොහෙද ඉන්නෙ?
   ……නිව්යෝර්ක් වල ඉන්නෙ.

### සංවාදය

**හද පත්ලෙන්ම ස්තුතිවන්ත වෙනවා.**

නිවේදිකා: ජනග්‍රහණයට සුභ පැතුම්.
ඔබ කරපු කතාව විශිෂ්ටයි.
මිලර්: බොහොම ස්තුතියි.
නිවේදිකා: කතාව කරන කොට බය වුණා ද?
මිලර්: ඔව්. හරියට බය වුණා.
නිවේදිකා: කරීක පුහුණුව අමාරු වැඩක් ද?
මිලර්: ඔව්. කාර්යබහුල නිසා පුහුණු වෙන්න වෙලාව වෙන් කරගන්න අමාරු වුණා.
නිවේදිකා: ත්‍යාග මුදල මොන වගේ දෙයකට ද වියදම් කරන්නෙ?
මිලර්: ම්ම්. මගේ හීනය සත්තුන්ට කැමති නිසා පුංචි කාලේ ඉඳලා අප්‍රිකාවට යන එක.
නිවේදිකා: එහෙනම් අප්‍රිකාවට යනවා ද?
මිලර්: ඔව්. අප්‍රිකාවේ ස්වභාවික පරිසරයේ ජිරාෆ්, අලි එහෙම බලන්න හිතන් ඉන්නවා.
නිවේදිකා: පුංචි කාලේ හීනය සැබෑ වෙනවා නෙ.
මිලර්: ඔව්. සන්තෝසයි.
මට උදව් කරපු සියළු දෙනාටම මගේ හද පත්ලෙන්ම ස්තුතිවන්ත වෙනවා.

## III. අදාළ වචන සහ තොරතුරු

### 封筒(ふうとう)・はがきのあて名(な)の書(か)き方(かた)

### තැපැල් ලිපිනය සහ ලබන්නාගේ නම ලියන ආකාරය

封筒(ふうとう)　ලියුම් කවරය

はがき　තැපැල් පතක්

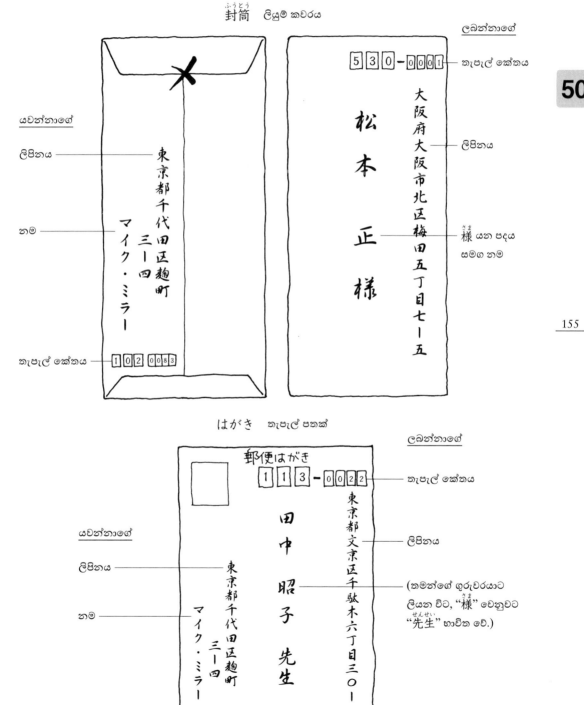

# IV. ව්‍යාකරණ විස්තර

## 1. 謙譲語 I (නිහතමාන වාචී පද I (ක්‍රියා පද))

නිහතමාන වාචී පද I යනු භාෂකයා හෝ භාෂකයාගේ පාර්ශවයේ කෙනා කරන ක්‍රියාවට ලක් වන අනෙක් කෙනා හෝ අනෙක් කෙනාගේ පාර්ශවයේ කෙනා කෙරෙහි ගෞරවයක් දැක්වීම සඳහා භාෂකයා හෝ භාෂකයාගේ පාර්ශවයේ කෙනා කරන ක්‍රියාව නිහතමානීව ප්‍රකාශ කරන යෙදුමකි.

1) お／ご～します

(1) お ක්‍රියා පද (I, II වන වර්ගයේ ක්‍රියා පද) ます රූපය します

① 重そうですね。お持ちしましょうか。

බරයි වගේ නෙ. ගන්න ද?

② 私が 社長に スケジュールを お知らせします。

මම සමාගමේ සභාපතිතුමාට ෂෙඩ්‍යුලය දැනුවත් කරන්නම්.

③ 兄が 車で お送りします。

අයියා ඔබව වාහනයෙන් ගෙනියනවා.

① හි (බඩු මල්ල) අරන් සිටි අනෙක් කෙනා (බඩු මල්ල හිමිකරු, මෙම අවස්ථාවේ ශ්‍රාවකයා) කෙරෙහි, ② හි "දැනුවත් කරනවා" යන ක්‍රියාවට ලක් වන "සමාගමේ සභාපති" කෙරෙහි, ③ හි වාහනයෙන් ඇරවන අනෙක් කෙනා (මෙම අවස්ථාවේ ශ්‍රාවකයා) කෙරෙහි භාෂකයන්ගේ ගෞරවය දැක්වේ.

මෙහිදී මතක තබා ගත යුත්තේ මෙම ආකාරයෙන් みます, います වැනි එක වර්ණක ます රූපයේ ක්‍රියා පද වලට භාවිත කළ නොහැකි බව ය.

(2) ご ක්‍රියා පද (III වන වර්ගයේ ක්‍රියා පද)

④ 江戸東京博物館へ ご案内します。

ඔබව එදො තෝකියෝ කෞතුකාගාරය බලන්න එක්ක යනවා.

⑤ きょうの 予定を ご説明します。

මම ඔබට අද ෂෙඩ්‍යුලය ගැන විස්තර කරලා දෙනවා.

මෙම ආකාරය III වන වර්ගයේ ක්‍රියා පදවලට යෙදේ. ඉහත සඳහන් වූ ක්‍රියා පද හැර しょうかいします, しょうたいします, そうだんします, れんらくします යනාදි ක්‍රියා පද තිබේ. නමුත් でんわします, やくそくします වැනි ක්‍රියා පදවලට ව්‍යතිරේකයක් ලෙස ご නොව お එක් කෙරේ.

2) විශේෂ නිහතමාන වාචී පද (පෙළ පොතේ පනස්වන පාඩමේ අභ්‍යාස A3 බලන්න.)

සමහර ක්‍රියා පදවලට විශේෂ නිහතමාන වාචී පද ඇත.

⑥ 社長の 奥様に お目に かかりました。

මට සමාගමේ සභාපතිතුමාගේ නෝනාව මුණ ගැහුනා.

⑦ あしたは だれが 手伝いに 来て くれますか。

……私が 伺います。

හෙට කාට හරි උදව් කරන්න එන්න පුළුවන් ද?

……මම එන්නම්.

## 2. 謙譲語(けんじょうご) II (නිහතමානී වාචී පද II (ක්‍රියා පද))

භාෂකයා හෝ භාෂකයාගේ පාර්ශවයේ කෙනා කරන ක්‍රියාව පිළිබඳව අනෙක් කෙනා කෙරෙහි ආචාරශීලීව පවසන ආකාරයකි.

⑧ 私(わたくし)は ミラーと 申(もう)します。　　　මම මිලර්.

⑨ アメリカから 参(まい)りました。　　　මම ඇමරිකාවෙන් ආවා.

⑧ හි いいます වෙනුවට もうします, ⑨ හි きました වෙනුවට まいりました භාවිත කිරීමෙන් භාෂකයා විසින් තමාගේ ක්‍රියාව අනෙක් කෙනා කෙරෙහි ආචාරශීලීව පවසනු ලැබේ.

මෙවැනි නිහතමානී වාචී පද ලෙස いたします, [～て] おります යනාදි ක්‍රියා පද තිබේ.

50

監修　කර්තෘ මණ්ඩල අධීක්ෂණය
鶴尾能子（Tsuruo Yoshiko）　石沢弘子（Ishizawa Hiroko）

執筆協力　කර්තෘ මණ්ඩලය
田中よね（Tanaka Yone）　澤田幸子（Sawada Sachiko）　重川明美（Shigekawa Akemi）
牧野昭子（Makino Akiko）　御子神慶子（Mikogami Keiko）

シンハラ語翻訳　සිංහල පරිවර්තක
加納満（Kanou Mitsuru）

シンハラ語校閲　සිංහල භාෂා සෝදුපත් පරීක්ෂක
අංජලී රත්නායක（Anjalie Ratnayake）

本文イラスト　නිදර්ශක චිත්‍ර නිර්මාණ ශිල්පී
向井直子（Mukai Naoko）　山本和香（Yamamoto Waka）　佐藤夏枝（Sato Natsue）

装丁・本文デザイン　පිටකවරය නිර්මාණය සහ පිටු සැකසුම් ශිල්පී
山田武（Yamada Takeshi）

# みんなの日本語　初級Ⅱ　第2版
## 翻訳・文法解説　シンハラ語版

### 2024年11月29日　初版第1刷発行

編著者　スリーエーネットワーク
発行者　藤嵜政子
発　行　株式会社スリーエーネットワーク
　　　　〒102-0083　東京都千代田区麹町3丁目4番
　　　　　トラスティ麹町ビル2F
　　　　電話　営業　03（5275）2722
　　　　　　　編集　03（5275）2725
　　　　https://www.3anet.co.jp/
印　刷　萩原印刷株式会社

ISBN978-4-88319-960-0 C0081
落丁・乱丁本はお取替えいたします。
本書の全部または一部を無断で複写複製（コピー）することは著作権法
上での例外を除き、禁じられています。
「みんなの日本語」は株式会社スリーエーネットワークの登録商標です。

# みんなの日本語シリーズ

## みんなの日本語 初級Ⅰ 第2版

- 本冊（CD付） ……………… 2,750円（税込）
- 本冊 ローマ字版（CD付） …… 2,750円（税込）
- 翻訳・文法解説　　　各2,200円（税込）
  英語版／ローマ字版【英語】／中国語版／韓国語版／
  ドイツ語版／スペイン語版／ポルトガル語版／
  ベトナム語版／イタリア語版／フランス語版／
  ロシア語版（新版）／タイ語版／インドネシア語版／
  ビルマ語版／シンハラ語版／ネパール語版
- 教え方の手引き …………… 3,080円（税込）
- 初級で読めるトピック25 …… 1,540円（税込）
- 聴解タスク25 ……………… 2,200円（税込）
- 標準問題集 ………………… 990円（税込）
- 漢字 英語版 ………………… 1,980円（税込）
- 漢字 ベトナム語版 ………… 1,980円（税込）
- 漢字練習帳 ………………… 990円（税込）
- 書いて覚える文型練習帳 …… 1,430円（税込）
- 導入・練習イラスト集 ……… 2,420円（税込）
- CD 5枚セット ……………… 8,800円（税込）
- 会話DVD …………………… 8,800円（税込）
- 会話DVD　PAL方式 ……… 8,800円（税込）
- 絵教材 CD-ROMブック …… 3,300円（税込）

## みんなの日本語 初級Ⅱ 第2版

- 本冊（CD付） ……………… 2,750円（税込）
- 翻訳・文法解説　　　各2,200円（税込）
  英語版／中国語版／韓国語版／ドイツ語版／
  スペイン語版／ポルトガル語版／ベトナム語版／
  イタリア語版／フランス語版／ロシア語版（新版）／
  タイ語版／インドネシア語版／ビルマ語版／
  シンハラ語版／ネパール語版
- 教え方の手引き …………… 3,080円（税込）

- 初級で読めるトピック25 …… 1,540円（税込）
- 聴解タスク25 ……………… 2,640円（税込）
- 標準問題集 ………………… 990円（税込）
- 漢字 英語版 ………………… 1,980円（税込）
- 漢字 ベトナム語版 ………… 1,980円（税込）
- 漢字練習帳 ………………… 1,320円（税込）
- 書いて覚える文型練習帳 …… 1,430円（税込）
- 導入・練習イラスト集 ……… 2,640円（税込）
- CD 5枚セット ……………… 8,800円（税込）
- 会話DVD …………………… 8,800円（税込）
- 会話DVD　PAL方式 ……… 8,800円（税込）
- 絵教材 CD-ROMブック …… 3,300円（税込）

## みんなの日本語 初級 第2版

- やさしい作文 ……………… 1,320円（税込）

## みんなの日本語 中級Ⅰ

- 本冊（CD付） ……………… 3,080円（税込）
- 翻訳・文法解説 ………… 各1,760円（税込）
  英語版／中国語版／韓国語版／ドイツ語版／
  スペイン語版／ポルトガル語版／フランス語版／
  ベトナム語版
- 教え方の手引き …………… 2,750円（税込）
- 標準問題集 ………………… 990円（税込）
- くり返して覚える単語帳 …… 990円（税込）

## みんなの日本語 中級Ⅱ

- 本冊（CD付） ……………… 3,080円（税込）
- 翻訳・文法解説 ………… 各1,980円（税込）
  英語版／中国語版／韓国語版／ドイツ語版／
  スペイン語版／ポルトガル語版／フランス語版／
  ベトナム語版
- 教え方の手引き …………… 2,750円（税込）
- 標準問題集 ………………… 990円（税込）
- くり返して覚える単語帳 …… 990円（税込）

---

- 小説 ミラーさん
  —みんなの日本語初級シリーズ—
- 小説 ミラーさんⅡ
  —みんなの日本語初級シリーズ—
  ……………………… 各1,100円（税込）

---

スリーエーネットワーク

ウェブサイトで新刊や日本語セミナーをご案内しております。
https://www.3anet.co.jp/